Beim Barte des Propheten ist mancher Eid geschworen worden. Dies allein könnte als Beweis dafür gelten, wie wichtig der Bart als Symbol männlicher Würde zu allen Zeiten gewesen ist. Das Verdienst, seine Bedeutung mit wissenschaftlicher Akribie dokumentiert zu haben, gebührt Karl Gottlob Schelle und seiner «Geschichte des männlichen Bartes unter allen Völkern der Erde» (1797 in Leipzig erschienen). Schelle liefert eine Kulturgeschichte der kinnzierenden Haartracht, von der ersten Bartkunde bis zu seiner Zeit.

In ihrem Nachwort zeigt Ingeborg Kappler, warum der Bart bis heute in wechselnder Ausprägung als modisches Accessoire wie auch als Zeichen der Männlichkeit über Jahrtausende hinweg gepflegt worden ist.

Karl Gottlob Schelle

Die Geschichte des männlichen Bartes

Mit einem Nachwort von Ingeborg Kappler

Harenberg

Titeletikett: Albrecht Dürer

Frontispiz: Johann I. von Sachsen (Lucas Cranach der Ältere)

Die bibliophilen Taschenbücher Nr. 396

Gesamtherstellung: Druckerei Hitzegrad, Dortmund
Printed in Germany

Inhalt

Geschichte des männlichen Barts unter allen Völkern der Erde bis auf die neueste Zeit.

Für Freunde der Sitten und Völkerkunde.

Nach dem Französischen frey bearbeitet
und
mit einer Theorie der Haare nach ihren Naturzwecken
versehen.

Leipzig, 1797.
In der Weygandschen Buchhandlung.

Vorrede des Originals.

Schon lange sind Sitten und Gebräuche ein ergiebiger Gegenstand der schriftstellerischen Aufmerksamkeit, und es ist nicht erst seit heute, daß man über die Unbeständigkeit und Veränderlichkeit der Mode schreibt. Nicht nur Schriftsteller, die für das Vergnügen des Publikums arbeiten; auch die ernstesten und scharfsinnigsten Denker haben sich mit dieser interessanten Materie beschäftigt. Mehrere haben sie von einer ernsten Seite betrachtet, haben ihren Ursachen nachgeforscht, haben mehrere Motiven dazu in der menschlichen Natur entdeckt. Das Studium der Verhältnisse der Vorzeit, diese wichtige Beschäftigung, welche das Auge des unwissenden Leichtsinns so lange nur auf mühsame Untersuchungen und unnütze Entdeckungen führte, ist jetzt, Dank sey es den glücklichen Bemühungen der Gelehrten, die es fruchtbar gemacht haben, der Art von Verachtung enthoben, zu welcher es durch die Lächerlichkeit, die darauf haftete, für immer verdammt zu seyn schien. Die Unterstützung, welche Geschichte und Philosophie in den Werken der Alterthumsforscher fand, klärte die Geister über diese Art Kenntnisse auf, gegen die man vorher eingenommen war, und ohne die es doch keinen gründlichen Geschichtschreiber, keinen tiefen Literator und wahren Philosophen gibt.

Der größte Theil der Dinge, die der oberflächliche Blick für geringfügig hält, erscheint dem tiefer eindringenden Beobachter als ein Gegenstand, der eine sorgfältigere Bearbeitung verdient, und er hält sie der Einzeichnung in die Tagebücher einer besondern Gattung von Geschichte werth. Sammlungen der Art haben vor dem größten Theil gelehrter und literärischer Produkte, und selbst vor der allgemeinen Geschichte den Vortheil voraus, daß sie allgemein gefallen und allen Arten Lesern nützlich werden können. Sie entwickeln die Gegenstände genauer; sie können, ohne sich zu erniedrigen, bis zu Details herabsteigen, welche die allgemeine Geschichte vorbey zu gehen sich genöthigt sieht. Die Mannigfaltigkeit der gewählten, fast immer interessanten Züge gefällt dem müßigen Leser, der sich nur spielend und durch den Reiz des Vergnügens zu unterrichten sucht; während daß dieselben Thatsachen den denkenden Leser aufklären, der oft zu sehr beschäftigt, um die Annalen der Nation zu durchwühlen, gleichwohl ihre Sitten, ihre Charakter und Gebräuche kennen zu lernen wünscht. Vorzüglich um dieser letztern Klasse von Lesern zu gefallen, haben wir gegenwärtigen Versuch der Geschichte des männlichen Barts gemacht.

Man glaubt wohl, der von uns gewählte Gegenstand sey von zu wenig Gewicht, als daß man ihm eine so lange Abhandlung, und mehr als einige Stunden zur Lektüre widmen dürfe. Aber wenn man bemerkt, daß alles, was die Geschichte des menschlichen Geschlechts aufzuklären dient, unsere Aufmerksamkeit auf sich ziehen muß, und unser Nachdenken darüber rechtfertigt: wie viel Ausdrücke, Anspielungen, Vergleichungen, Phrasen, die man nicht verstehen kann, wenn man nicht einige Lektüre in den Alterthümern, den Sitten und Gebräuchen unserer Vorfahren hat, gibt es da, zumahl bey Schriftstellern aus dem Mittelalter nicht! Auch könnte es ja der Fall seyn, daß diese Materien Gegenstand unserer Unterhaltung im gesellschaftlichen Umgang würden? Wir würden uns aber selbst schämen, wenn wir uns genöthigt sähen, ein dumpfes Stillschweigen zu beobachten, und wenn wir für stupid gehalten würden, weil wir nicht über Dinge unterrichtet wären, deren Kenntniß so leicht zu erlangen steht.

Viel Gebräuche, die uns jetzt bisarr scheinen, sind jedoch an und für sich selbst nichts weniger, als lächerlich; und wenn wir sie so finden, so ist dieß nur der Fall, weil wir sie mit den Unsrigen vergleichen, weil wir die Zeit ihrer Entwickelung, die Gründe und Umstände, die zu ihrer Entstehung Veranlassung gegeben haben, nicht wissen. Jedes Jahrhundert zeichnet sich von dem vorhergehenden durch seine Meynungen, seine Systeme, seine Art zu denken und zu sehen, durch Geschmack und Charakter der Menschen aus; ein Charakter, der mit der Zeit nicht nach dem, was die innern Triebfedern der menschlichen Natur betrifft, sondern nach der äußern Farbe sich ändert, welche unendlich verschieden seyn kann, und die man sich hüten muß, mit den wesentlichen Bestandtheilen des Charakters zu verwechseln. Aber wenn sich die Sitten ändern, wenn sich eine Menge neuer Verhältnisse hervor thut, so würde es sehr bisarr und sonderbar lassen, wenn man die alten Manieren und Moden seiner Väter noch aushängen wollte. Wir müssen uns deshalb, wenn wir über unsere Vorfahren richtig urtheilen wollen, in die Zeit, worin sie lebten, zu versetzen, sich in ihre Verhältnisse gleichsam hinüber zu empfinden suchen, um zu finden, daß wir oft selbst so, wie sie, würden geurtheilt und gedacht haben, wenn wir unter ihnen gelebt hätten.

Wäre es in der That nicht ungerecht, wenn man die Sitten und Gebräuche der Vorwelt als so viele lächerliche Seiten derselben ansähe, und nur die Unsrigen für weise und vernünftig hielt? Ein solches Urtheil würde wenigstens einen Schein von Wahrheit haben, wenn alle Nationen, wenigstens alle civilisirte Nationen in diesem Punkte übereinstimmten, dieselben Gebräuche beobachteten, dieselben Moden hätten. Aber wie so ganz anders verhält sich dieß nicht! Ohne unser Europa zu verlassen, welch' eine Verschiedenheit in Gebräuchen, Sitten und Moden bemerkt man da nicht bey Deutschen, Franzosen, Italiänern, Spaniern, Engländern und den Völkern des Norden! Gleichwohl hält eine jede von diesen Nationen ihre Gebräuche für sehr vernünftig, und findet gar nichts lächerliches an denen, die sie bey ihren Nachbarn herrschen sieht. So wahr ist es, daß sich jede Nation privilegirt; daß sie allein in ihrer Art sich zu kleiden, zu meubliren, im Kreis ihres Privatlebens und in ihrem öffentlichen Charakter Geschmack zu zeigen glaubt; aber dieß Urtheil ist bloß Wirkung der Gewohnheit und des Vorurtheils. So erscheint uns z. B. die Form einer Tracht, die man anfänglich für bisarr und geschmacklos hielt, so bald das Auge daran gewöhnt ist, als natürlich und gut gewählt.

Welches ist also, wird man fragen, die Ursache dieser Bisarrerie in den Moden, die jederzeit fast bey allen Nationen geherrscht hat, die wir kennen? Dieß ist eine Frage, deren Entscheidung ich den Philosophen überlasse. Ich mache hier nur die allgemeine Bemerkung, daß die Existenz der Moden aus der Nothwendigkeit die unmittelbarsten Bedürfnisse der menschlichen Natur zu befriedigen und dem Triebe zur Verschönerung der Gegenstände seines Daseyns entspringt, der sich bey verschiedenen Individuen, Nationen und Zeitaltern nur anders modificirt. Aber auch noch einige andere Ursachen lassen sich von den Revolutionen, welche die Moden ehemahls erlitten haben, und die sie so oft noch erleiden, zur Beantwortung des sich hier darbietenden Problems angeben. Von dieser Art sind z. B. Klima, Gesetzgebung und Staatsverfassung, Erziehung, zuweilen Religion, Liebe zu größerer Bequemlichkeit, ein rafinierter Geschmack, ein reizendes Aeußere, Eitelkeit, Neid, Stolz, sich vor andern durch ein neues Kleidungsstück, einen neuen Hausrath auszuzeichnen.

Man kann nicht in Abrede seyn, daß gewisse Moden ihren Ursprung der Phantasie einiger Individuen verdanken, die durch einen gewissen Anzug dasjenige ersetzen wollten, was ihnen an natürlicher Annehmlichkeit abging. Andere, die sich nicht so wie jene dabey interessirt fühlten, folgten gleichwohl ihrem Beyspiel, wenn es nicht gar zu auffallend gegen alle Vernunft verstieß. Oft hatte Schmeicheley daran viel Theil. Gesetzt, ein regierender Herr, ein Großer gab einer gewissen Art sich zu kleiden, zu erscheinen, seinen Beyfall, affektirten einen gewissen Geist, so ahmte ihm alles, was ihn umgab, um ihm zu gefallen, darin nach. Diese Nachahmung erstreckte sich sogar bis auf solche Moden, wodurch der erste Urheber derselben gewisse natürliche Fehler zu verbergen suchte.

Hierzu kommt, daß die Idee, und die Art zu denken, die bey dem größten Theile der Menschen eines gewissen Zeitalters, in Absicht dieser Gegenstände obwalteten, dazu beytragen mußten, gewissen Gebräuchen über andere den Vorzug zu verschaffen. So war, um uns nicht von unserm Gegenstande zu verirren, die Achtung, die man in den letzt vergangenen Jahrhunderten für den Bart hegte, und die ihn als das natürliche Zeichen der Weisheit, der Reife des Geistes und als das glückliche Erbtheil ansehen ließ, welches den Mann von dem Weibe auf eine beyden Geschlechtetn gleich ehrenvolle Art unterschied; diese Achtung, sage ich, war viele Jahrhunderte hindurch Ursache, daß man es für einen großen Schimpf ansah, wenn jemand seines großen Barts beraubt wurde; und daher schrieb sich dann der sonderbare Glaube, daß man es für ein der Gottheit würdiges Geschenk hielt, wenn man ihr die Erstlinge seines Barts darbrachte.

Wäre es daher wohl unmöglich, daß man eine allgemeine Mode, eine gleichförmige Art sich zu kleiden, zu wohnen, sich zu grüßen und mit seines Gleichen zu leben, erfinden könnte; eine Mode, die für alle Nationen gleich leidend würde? Ein solches Unternehmen würde mit eben so viel Schwierigkeiten verknüpft seyn, als sich bey dem Versuch, eine allgemeine Sprache zu erfinden, hervorgethan haben. Es läßt sich gar nicht in Abrede seyn; jede Nation ist von ihren Sitten und Gebräuchen eingenommen, und sieht auf Moden und Manieren anderer Nationen mit Verachtung herab. Die Mode legt eine Art von Nöthigung auf, der sich die weisesten Menschen unterwerfen müssen, wenn einmal eine Mode in Aufnahme kommt. Abweichung von der allgemeinen Norm in Sachen der Mode, ist, wie in jeder andern Sache tadelnswerth. Man würde sich selbst lächerlich machen, wenn man nicht das thät, was andere achtbare Menschen thun; man würde sich der Censur und dem Spott aussetzen, wenn man von der allgemeinen Bahn abwich.

Einige, nicht sowohl weise, als misantropische Personen würden sich sehr zur Unzeit durch den Anblick solcher ihren Augen lächerlichen Sitten und Gebräuche empört gefühlt haben. Aber was könnte man bessers thun, als die Menschen beobachten, sie beklagen, ihre Bisarrerien belächeln, da man ja schon im voraus weiß, daß die Moden, die uns heut gefallen, und die wir allein als vernünftig ansehn, in funfzig Jahren vielleicht das Schicksal derer haben werden, die jetzt unsern Widerwillen erregen. Wer steht uns dafür, daß die Moden unserer Großväter nicht aus ihrer Asche wieder zurück kehren werden? Die Launen der Menschen sind ein unerschöflicher Quell von Geschmack und Fantasie. Was ihnen heut gefällt, muß sich morgen des Schicksals gewärtigen, ihnen unerträglich zu seyn. Der denkende Mann, den Lektüre, Weltumgang, ein gewisser Sinn, die Dinge richtig zu fassen, von der Wahrheit überführt haben, daß Mode nicht bloß auf unsere Kleider, sondern auch auf unsern Geist, unsern Geschmack, unsere Sitten, kurz auf unsern ganzen innern Menschen den unbestreitbarsten Einfluß behauptet, erstaunt über nichts. Alles ist für die Mehrheit der Menschen gut oder schlecht, je nachdem man sich in dieser oder jener Lage befindet, vor welcher der Mimus des Lebens spielt.

Einleitung des Uebersetzers;

die zugleich

Grundlinien zu einer Theorie der Haare des menschlichen Körpers nach ihren Naturzwecken befaßt.

Ein Alter sagte: nichts, was in den Kreis der Menschheit falle, könne für Menschen ohne Interesse seyn; und die neuere Welt hat dieser menschlich gefühlten Wahrheit dadurch die schönste Huldigung verschaft, daß sie allem, was uns mit dem Menschen, seiner physischen und geistigen Natur, seinem Denken und Handeln, seinen Trieben, Neigungen und Leidenschaften, seinen Sitten und Gewohnheiten näher bekannt zu machen dient, das lebhafteste Interesse schenkt. Der Verfasser gegenwärtiger Schrift machte es sich zum besondern Geschäft, einen invividuellen Gegenstand der Sitten und Gebräuche der Menschen nach allen seinen Abänderungen, die er unter den verschiedenen Nationen der Erde, unter verschiedenen Menschenklassen und Individuen erlitt, am Leitfaden der Geschichte zu verfolgen und ihn mit Hinsicht auf den Charakter der dabey vorkommenden Völker und Personen zu behandeln. Man durfte glauben, daß die durch eine historische Behandlung seines Gegenstandes bezielte Mannigfaltigkeit und die dadurch dargebotene Veranlassung zu Reflexionen und Vergleichungen dem deutschen Publikum keine ganz uninteressante und fruchtlose Lektüre gewähren könne (vielleicht wäre es für eine gewisse Klasse von Lesern, unter die sich Uebersetzer selbst zu zählen kein Bedenken trägt, nicht ohne Interesse, wenn sich der Verfasser noch öfter die Freyheit genommen hätte, den raschen Gang der Erzählung durch Zurückführung der Daten auf allgemeine Gesichtspunkte zu unterbrechen und das vorwärtsstrebende Verlangen des neubegierigen Lesers durch verweilende Rückblicke auf das schon Mitgetheilte anzuhalten), und man hat deshalb gegenwärtige deutsche Uebertragung versucht.

Die gegenwärtiger Geschichte des Barts vorangeschickten Untersuchungen über Ursprung, Form, Farbe, Größe, Verschiedenheit, Zweck der Haare hätten vielleicht etwas kürzer und populärer ausfallen können. Allein nicht bloß die gelehrte Form, auch die Richtigkeit mancher Behauptungen und Raisonnements möchte nicht ohne Grund in Anspruch zu nehmen seyn. Oft würden seine Behauptungen in diesen Untersuchungen weniger willkührlich, halbwahr oder schief befunden werden, hätte er nur, anstatt sich an ältere Physiker und Aerzte zu halten, aus neuern Quellen, die es aber für ihn noch nicht gab, geschöpft. Er würde dann nicht Erscheinungen aus unbekannten Ursachen erkärt, nicht zu Erklärungsgründen seine Zuflucht genommen haben, die man sich willkührlich schuf; und er hätte dann nicht Wirkungen des belebten (organischen) Körpers nach bloßen Verwandtschaftsgesetzen todter Stoffe (nach chemischen Processen) beurtheilt. Aber, um gerecht zu seyn, gestehe ich gern, daß er auch noch jetzt über das Problem, das er sich vorlegte, wenig gedacht finden würde, so wie er bey der Herausgabe seines Werks zuerst eine, obgleich noch sehr mangelhafte Theorie der Haare gab.

Ich wage es daher, mit Vorbeygehung des anatomischen *) Theils dieser Untersuchung, der für das große Publikum der Nichtärzte wenig Interesse haben dürfte, selbst einige Ideen über den vom Verfasser abgefaßten Gegenstand vorzutragen, und es wird mich freuen, wenn die Aufmerksamkeit eines denkenden Naturforschers auf diesen nicht unwichtigen Gegenstand der Nachforschung gelenkt werden sollte, da er wirklich als noch ganz neu und unbearbeitet angesehen werden kann.

Zuvörderst, scheint mir, müsse die Untersuchung über die Haare und eine Theorie derselben nach dem Prinzipe der Naturzwecke zu Stande gebracht werden, wodurch man von selbst jeden beliebigen Zweck, den Menschen durch das Haar zu erreichen gedächten, und jede mechanische Erklärung

*) Durch chemische Analyse des Haares möchte auch wenig für eine bestimmte Einsicht in die Zusammensetzung desselben zu hoffen seyn.

rung des Daseyns der Haare ausschließt. Alles an einem organischen Körper muß als zweckmäßig beurtheilt werden *), weil man

*) Dieß heißt nicht so viel als: jeder Theil eines organischen Körpers, z. B. das Blut bey Thieren, sey ein lebendiger Theil. Thierisches Leben äußert sich, was man auch dagegen sagt, nur durch Empfindung und willkührliche Bewegung, und Empfindung und der letzte Grund der willkührlichen Bewegung kommt allerdings nur einem geistigen Princip zu, das wir Seele nennen. Aber Empfindung und willkührliche Bewegung sind nur vermittelst der Nerven, die ein Substratum haben müssen, das keine Flüssigkeit seyn kann (denn wie läßt sich da eine Fortpflanzung der Eindrücke denken, wo wegen der kubischen Gestalt einer Materie die Theile allaugenblicklich ihren Ort verändern, und kein steliges Continuum bilden?), möglich; und der Begriff einer chemischen Organisation, den man zur Behauptung der gegentheiligen Meynung zu Hülfe nimmt, widerspricht sich selbst. Das Blut steht nur unter dem Einfluß der

ein Produkt der Art nur aus diesem Gesichtspunkt betrachtet versteht, anstatt daß eine mechanische Erklärung, — als sey das Haar z. B. bloß das Produkt eines Ueberflusses von Säften, die, mechanisch d. h. ohne für die Erhaltung des organischen Körpers berechnet zu seyn, und dieselbe nach organischen Gesetzen zu befördern, das Haar hervorbringen — der Natur der organischen Körper widerstreitet, und das Haar gänzlich unerklärt läßt. Damit wird jedoch nicht geleugnet, daß das Haar außer diesem Hauptzweck noch einen Nebenzweck, z. B. den, zur Zierde und Schönheit des Körpers zu dienen, haben könne, so wie die äußere organische Körperwelt der Gräser, Kräuter, Pflanzen und Bäume außer der zweckmäßigen Konstruction ihrer Theile zu einem Ganzen, das sich durch organische Gesetze erhält, und außer der äußern Nutzbarkeit für die Thier-

Lebenskraft, ist aber eben so wenig organisirt, als belebt. Deshalb kann man Herrn Professor Reils Theorie der Lebenskraft, zu der noch neuerlich Herr Professor Schmid übertrat, in dieser Hinsicht nicht beystimmen.

und Menschenwelt, auch noch den Absichten der Natur gemäß zur Verschönerung der sonst öden Erde, zur Bekleidung nackter Thäler und Berge mit wohlthätigem Grün dient.

Dieser gedoppelten Ansicht gemäß will ich einige Gesichtspunkte anzugeben suchen, aus welchen das Daseyn der Haare am menschlichen Körper betrachtet werden kann.

In Absicht des ersten Gesichtpunkts (der Nützlichkeit der Haare für den organischen Körper) befördern die Haare I) die innere Oekonomie des Körpers, tragen zur Erhaltung desselben als Organe, die, unter der Haut angelegt, sich über die Oberfläche derselben erstrecken, bey; II) dienen sie dem Körper von außen zum Schutz.

I) Die Haare haben außerordentlich viel Capacität für den Wärmestoff. Wärmestoff dehnt die Körper aus, vermindert den Zusammenhang der Theile. Ein Organ des Körpers, in dem sich Wärmestoff leicht anhäuft, befördert durch diese Eigenschaft die Transspiration *). Hieraus folgt, wie mich dünkt, zweyerley:

1) Die Haare, welche über den ganzen Körper, auch wo wir sie mit bloßen Augen nicht sehen, verbreitet sind — wovon die Betrachtung eines menschlichen Körpers durch das Mikroscop überzeuget — sind natürliche Ableiter für feinere Stoffe, die zur innern Oekonomie des Körpers nicht weiter verarbeitet werden können, und deren längeres Daseyn im Körper eine Störung der Verrichtungen desselben zur Folge haben würde. Daß die Haare dieß sind, zeigt der eigenthümliche Geruch der Haare gewisser Menschen, der zwar allerdings auf eine eigenthümliche Anlage dazu bey diesen Menschen, aber auch zugleich auf die Eigenschaft

*) Man unterscheidet in der Physiologie Transspiration und Exhalation; letztere Ausdünstung ist mechanisch; erstere geschieht durch Organe. Die Ausdünstung durch Haare muß organischer Natur seyn, da die Haare einen eigenthümlichen Geruch haben. Auch weiß man, daß das Haar mit Gefäßen versehen ist.

der Haare als Ableiter überhaupt, schließen läßt. Auch hat das Haar in gewissen Krankheiten einen eigenthümlichen Geruch, welches gleichfalls auf die genannte Eigenschaft desselben führt.

2) Sie befördern durch die vermehrte Wärme der Theile, an welchen sie sich befinden, den freyen Umlauf der Säfte. Zur Erreichung dieses Zwecks scheint die Natur vorzüglich diejenigen Theile des thierischen Körpers mit vielen Haaren bekleidet zu haben, wo in verwickelten und feinen, leicht verstopfbaren Gefäßen a) ein äußerst ausgearbeiteter Saft zubereitet werden soll, oder wo durch die Feinheit gewisser Gefäße b) eine Verstopfung, oder durch äußere Reibung gewisser Theile c) eine Entzündung zu besorgen wäre. Wahrscheinlich haben die Haare an den männlichen Geschlechtstheilen neben beyden letztern b, c, noch besonders den erstgenannten (den die Natur aber durch einerley Mittel erreicht); die Haare an den weiblichen Geschlechtstheilen den gedoppelten letzten b, c, Zweck. Auch könnte man sagen, daß die Haare an den Geschlechtstheilen (ob sie selbige gleich nicht eigentlich bedecken) der Schamhaftigkeit zu Hülfe kom-

men; wiewohl dieser und der lezt vorhergehende c. Gesichtspunkt nicht unter diese Rubrik gehört. Ich gebe sie bloß an, um von den Haaren dieser Theile nicht wieder an einem andern Ort, den ihm der Leser selbst anweisen kann, reden und das Raisonnement darüber theilen zu müssen. — Die Haare unter den Armen haben vielleicht gleichfalls den Zweck, jede Stöhrung oder Hemmung der Verrichtungen der innern Theile zu verhüten. Denn da ein Paar starke Pulsschlagadern ihren Lauf nach der Gegend unter den Armen nehmen, so dienen sie diesen vielleicht durch die vermehrte Wärme und durch Verdünstung gewisser Stoffe zum Schutz.

II) Wenn mancher der so eben angegebenen Naturzwecke der Haare zur Beförderung der innern Oekonomie des Körpers nicht sogleich in die Augen fällt, und etwas tiefer liegt, so ist dagegen der Zweck des Haars als Schutzmittel von außen gegen die Einflüsse eines rauhen kalten Klima's und zur Abhaltung der Nässe vom Körper so klar, daß er auch dem nicht wissenschaftlich gebildeten Kopfe offen liegt. — Wirklich lehrt die Erfahrung, daß dem Wilden, der sich noch nicht durch Kunst vor dem Einfluß der Kälte in dem Grade, wie der kultivirte Mensch verwahren kann, über dem ganzen Körper Haar, und zwar dichtes Haar wächst; und dieß ist bey kultivirten Menschen nur darum nicht der Fall, weil die Anlage dazu durch Kunst (durch Bekleidung und Wohnung außerhalb der freyen Luft) unterdrückt wird, und sich nur nicht entwickelt. So liegen, wie ein großer Denker bemerkt, in Vögeln derselben Art Keime zur Auswickelung einer neuen Schicht Federn, auf den Fall, daß sie in einem kalten Klima leben; welche Keime aber sich nicht entwickeln, so lange sich diese Vögel in gemäßigten Erdstrichen aufhalten. — Das Haar gewährt gegen Kälte Schutz, wie fern es, so wie z. B. Stroh, ein Federbett, kein guter Leiter des Wärmestoffs ist, und die natürliche Wärme des Körpers zusammenhält; da hingegen z. B. Eisen ein guter Leiter des Wärmestoffs ist, und glühend Eisen bald verkühlt. Gegen Nässe schützt das Haar, wie fern es öligte Bestandtheile enthält; und es läßt sich aus dieser Eigenschaft der Haare die Erscheinung erklären, daß Wasser von den Haaren wieder abgleitet, während es die Kleider durchnäßt; wie man wissen wird, wenn man sich auf Spatziergängen von starkem Regen überraschen ließ.

Vor allen andern Theilen des menschlichen Körpers versah die Natur den Kopf mit Haar; und in der That war er dieses Schutzes mehr als ein anderer Theil des Körpers benöthigt, da er der oberste Theil des Körpers ist, und ihn durch die Stelle, die er am Körper einnimmt, jeder schädliche Einfluß der Witterung von allen Seiten und zuerst trifft. Ueberdieß widersteht der Kopf einer Beschädigung nicht durch Elastizität; und die Natur verhütet daher möglichen Schaden von hinten zu und von oben herab, wo wir uns nicht so, wie von vorn vermittelst des Gesichtssinnes, vor einer Annäherung an einen beschädigenden Gegenstand verwahren können, durch das Haar.

Die Haare der Augenbraunen haben, wie mir scheint, den Zweck, den Schweiß nicht in die Augen dringen zu lassen, und ihn auf die Seiten von dem Auge abzuleiten. Auch bricht die Natur durch sie, durch die Knochen der Augenhölen und durch die dickern und längern obern Augenwimpern das von oben einfallende Tageslicht; und es ist daher mit dünnen Augenbraunen und zarten Augenwimpern auch eine größere Empfindlichkeit der Augen und davon herrührende Röthe der Augenlieder, besonders bey sehr hervorliegenden Augäpfeln, verknüpft; anstatt daß ein tiefer liegendes Auge, das dichte buschichte Augenbraunen, und lange und starke Augenwimpern beschatten, auch bey starkem Sonnenlicht freyer um sich blickt. Ueberdieß schützen Augenbraunen und Augenlieder die Augen vor Staub: jene, wenn er von oben herabfällt; diese, wenn er sich von unten und in gerader Richtung gegen das Auge bewegt.

Endlich dient der Bart, — worunter ich nicht nur die Haare am Kinn, sondern auch die Haare, welche sich über die ganze Oberlippe hinziehn, und die von den Backen bis hinter das Ohr herab wüchsen, wenn man ihnen zu dieser weiten Ausbreitung Zeit ließe, so daß im Naturstande nur der mittlere Theil des Gesichts von Haaren frey seyn würde, — den Theilen, die er bedeckt, und an die er grenzt, zum Schutz. Höchst wahrscheinlich wollte die Natur durch das Haar am Kinn die zarten Theile des Halses vor Kälte verwahren; die Haare der Oberlippe erfüllen ihren Absichten gemäß für die Oberlippe selbst, und für die benachbarte Nase; die Haare an den Backen für diesen Theil des Gesichts und für das empfindliche Ohr denselben Zweck; wovon man sich leicht überzeugen kann, wenn man sich an den Eindruck erinnert, den bey uns eine scharfe kalte Winterluft auf diese Theile — der schwachen Natur am Halse kam die gefällige Modegöttin bey dem männlichen Geschlecht durch starke Bollwerke von Halstüchern, bey ihrem eigenen Geschlecht durch die weitreichende Hülle des Busens zu Hülfe, und die galanten Herren und Damen erfuhren da, meiner Berufung darauf leider zur Schande! diesen Eindruck nicht, — zu machen pflegt.

Der zweyte oben angegebene Hauptgesichtspunkt, woraus sich das Daseyn der Haare betrachten läßt, war der, daß die Haare zur Zierde und Schönheit des Körpers dienen. — Sollte die Natur, die in der unbelebten Körperwelt so verschwenderisch Schönheit austheilte, nur bey dem Menschen, der allein von Schönheit gerührt wird, und welchem Häßlichkeit seine eigene Gattung zum Gegenstande des ästhetischen Mißfallens machen müßte, dem Gesetze der Schönheit nicht gehuldigt haben? Wie so gar nicht glaublich ist dieß! Ich nehme daher an, daß das Haar an gewissen Theilen diesen Zweck negativ und positiv befördert. Negative Schönheit kommt dem Haare zu, wenn es bloß dem Gefühl von Häßlichkeit in der Seele nicht Raum gibt; positive, wenn es ein wahres Gefühl von Schönheit in der Seele erweckt.

Negative Schönheit legt Diderot in den Versuchen über die Mahlerey dem Haar an den natürlichen Theilen des Mannes in Absicht auf Kunst bey, und er sagt: „sie würde diese natürlichen Theile des Mannes, wenn sie von Haar entblößt wären, als einen schmächtigen Darm, als einen Wurm von mißfälliger Gestalt zeigen" (warum sollte man der Natur nicht eben so viel Delikatesse zugestehen, als der Kunst?); „während der Weg der unendlich angenehmen Linie, welche die natürlichen Theile des Weibes bilden, in ihrem Laufe durch eine dazwischen liegende Flocke unterbrochen werde; diese Flocke, vereinzelt, verschmelze sich mit Nichts, und bilde in dem Gemählde des Weibes einen Fleck, statt daß an dem Manne, diese Art natürlicher Bekleidung, von ziemlich dickem Schatten bereits an seinen Brüsten, nach den Seiten und der Wölbung des Unterleibes zu, freylich etwas heller werde, gleichwohl aber noch immer, obschon dünner, darauf vorhanden sey; und so, ohne Unterbrechung, sich selbst gedrängter, erhöhter, buschichter, um die natürlichen Theile, wiederfinde." Die züchtigere Natur hat wohl auch, eben weil sie Natur und nicht Kunst ist, in Absicht dieses Schleyers der natürlichen Theile des Weibes Recht. —

Welch eine Mißgestalt bildete nicht ein kahler Kopf! Durch seine Bekleidung mit Haar gewinnt deshalb der Kopf zuvörderst negative Schönheit; er macht nun keinen unangenehmen Eindruck mehr. Aber das Kopfhaar ist auch von wesentlich positiver Schönheit. Nicht bloß die Dichter rühmen uns an dem Weibe die Schönheit eines langen seidenen Silberhaars, das wellenartig den weißen Nacken herabfließt, und ein artiges Gesicht angenehm umgrenzt; jedes natürliche Gefühl empfindet hier den Dichtern gleich. Und welchen Theil des Körpers könnte man — wenn von Schönheit des Haars die Rede ist — wohl nennen, der in allgemeinerem Ruf von Schönheit wäre, als ein Paar volle schwarze Augenbraunen zu einem von Röthe der Gesundheit durchglühten Gesicht? Dieß wissen diejenigen Schönen sehr wohl, die sich schwarze Augenbraunen mahlen, um das arme Männergeschlecht in das Netz ihrer natürlichen und nicht natürlichen Reize zu verstricken, es wie jenen Griechischen Beller zu täuschen, der das künstliche Roß des Bildners für ein natürliches nahm. Nur Schade! daß sie ihre Kunst nicht so gut, als jener Griechische Künstler die seinige, verstehn, und Schwarz auf Weiß gesetzt, schwarze Augenbraunen einem blaßweißen Gesicht nicht die besten Dienste thun. Aber die kunstsinnigen Schönen erreichen doch ihren Zweck. —

Auch der Bart geht in Absicht auf Schönheit nicht leer aus. Die Natur wollte den Mann durch den Bart, den sie dem untern Theile des Gesichts zuvörderst zum Schutze gab, doch gewiß nicht verunstalten. Wir können uns, da wir an die Verstümmelung der Natur in Absicht dieses Punkts gewöhnt sind, kaum noch denken, daß ein nicht rasirter Bart schön seyn könne. Weiblich schön ist er freylich nicht; aber weibliche Schönheit kommt auch dem Manne nicht zu. Und in der That gibt ein rasirtes Gesicht dem Manne ein weibisches Ansehn; und der junge Telemach bey Fenelon, sagt, da er zuerst einen Griechischen Popen mit unrasirtem Bart erblickt, aus wahrem Naturgefühl: einen solchen Bart wünschte er immer gehabt zu haben; ob er sich gleich getäuscht hätte, wenn er mit diesem Ausspruch den Bart auch der Jugend für angemessen hielt. Die Jugend, wie das Weib, sollten den Absichten der Natur gemäß, die männliche, ehrfurchterweckende Physiognomie des Mannes nicht theilen, und sie würden dadurch — da Annehmlichkeit der wahre Ausdruck ihrer Gesichtsbildung ist — zur Karrikatur. — Wollte man sich von einem unrasirten männlichen Gesicht eine richtige Idee machen, (und ein vorurtheilloser Mensch muß sich in den Standpunkt der Natur versetzen können) so muß man sie sich nur nicht von den Juden abziehen, weil die eigene, unangenehme Physiognomie des Juden auf unser Urtheil über den Bart überhaupt Einfluß gewinnt, und der Jude überdieß seinen Backenbart rasirt, wodurch der Bart am Kinn sein richtiges Verhältniß zum ganzen Gesicht verliert. Man müßte vielmehr den Naturmenschen, wie ihn anatomische Tafeln zeichnen, oder auch den Bart an Griechischen männlichen Physiognomien zum Muster nehmen.

Noch erwähne ich einer Erscheinung, die eigentlich außerhalb der Grenzen gegenwärtiger Abhandlung liegt, aber doch als Anhang angesehen werden kann. Es ist bekannt, daß viel und starkes Haar für ein Zeichen von Stärke gilt. Die Erscheinung ist wahr. Aber der Grund der Stärke liegt nicht in den Haaren, wie man wohl fälschlich glaubt; vielmehr sind die vielen und starken Haare erst eine Folge der einem Körper der Art beywohnenden Stärke selbst, und wir schließen nur aus dem Haare auf die Stärke, aus der Folge auf den Grund, und man hält dann die Folge selbst für den Grund. Die größere Stärke mancher Menschen hat ihren Grund in einer stärkern Muskelkraft, und diese erzeugt, treibt dann auch mehr Haare. Daß Simson durch Abschneidung seines Kopfhaars seine Stärke verlohren haben, und nachdem sie wieder gewachsen seyen, dieselbe auch wieder erhalten haben soll, möchte sich schwerlich aus physiologischen Grundsätzen rechtfertigen lassen. Ein anderes wäre es, wenn man alle Haare am ganzen Körper mit ihrer Wurzel ausrottete, welches vielleicht für den lebendigen Körper eine ähnliche Folge haben könnte, die bey einem Baume eintritt, den man ganz seiner grünen Blätter beraubt, indem er dann verwelkt.

Karl Gottlob Schelle.

Bey.

Beyträge zur Geschichte des männlichen Barts.

Erstes Kapitel.

I. Etymologie des Worts Bart.
II. Sein Ursprung, seine Natur.
III. Verschiedene Meynungen über den Ursprung der Haare am menschlichen Körper.
IV. Meynungen der alten Philosophen und Aerzte.
V. Meynungen der Neuern.

I. Ursprung des Worts Bart.

Durch den Ausdruck **Bart** versteht man das Haar, das vom funfzehnten bis zum zwanzigsten Jahr aus dem männlichen Kinn hervorwächst. Dieses Wort stammt von dem lateinischen Barba her, von welchem **Guichart** behauptet, es sey von dem hebräischen **Ahab** gebildet worden, von welchem wieder **Ahib** entspringt, das man: erste Fruchtbarkeit, erstes Hervorkeimen, erster Ertrag von Feld- und Gartenfrüchten erklärt; von Ahab habe man Baba und durch Zusatz eines r Barba gemacht. Aber dies ist eine von denjenigen Etymologien, welche, wenn sie auch wahr wahr sind, sich doch nicht erweisen lassen.

Wahrscheinlicher ist es, daß das Wort Barbe aus dem Celtischen abstammt, in welchem der Bart Barb heißt. Von diesem Wort kommt her: Barbwr, Barbier; Barf und Barv; Barba im Lateinischen, Spanischen, Italiänischen; Bars bey den Tartarn in der Krimm; Baard in Flamändischen; Beard im Angelsächsischen und Englischen; Bart im Deutschen; Part in der alten Theutonischen Sprache; Parta im Finnländischen; Varve im Gaskonischen. Barber im Englischen und Balbier im Französischen entsprechen dem deutschen Balbier, Barbier. Man sehe deshalb Herrn Bullets Celtisches Wörterbuch unter dem Wort: Barb. Da der Bart ein Zeichen von Mannheit ist, so müssen Barb, Barf, Barv von Bar, welches in der Celtischen Sprache einen Mann bedeutet, gebildet seyn.

II. Ursprung des Barts.

Die Meynungen der alten Anatomen und Physiker über den Ursprung und die Natur der Haare sind getheilt.

Meynungen des Averröes und Galen.

Averröes sagt in seinem Kap. Colligat, das Haar sey ein trockner Körper, den man ausdehnen könne; es entstehe aus dem Ueberfluß von Nahrung; denn es enthalte, indem es mit Macht hervortreibe, in sich noch etwas Fett.

Nach Galen und andern Aerzten ist die Materie die sich in dem Haar erzeugt, ein ausgeschiedener, feuchter, dunstartiger, grober und erdiger Theil.

Meynung des Hyppokrates.

Hyppokrates lehrt in seinem Buch von den Drüsen, es gebe unter der Haut eine drüsichte Substanz, die, indem sie sanft feuchte, ihr die Nahrung für das Haar gebe. Deshalb findet man überall Drüsen, wo es feuchte Theile gibt. Denn die Natur, setzt er hinzu, scheine die Drüsen gebildet zu haben, um für die Feuchtigkeiten, aus welchen sich das Haar bilde und Nahrung erhalte, als Behälter zu dienen, indem sie die überflüßigen Säfte, die sich in den Außentheilen des Körpers befinden, in sich aufnehme. Deshalb gebe es auch an den trocknen Theilen des Körpers weder Drüsen noch Haare. Auch sehe man deshalb hinter den Ohren, wo sich die Drosseladern vereinigen, Haare, weil es da Drüsen gebe; aus demselben Grunde finde man deren unter den Achseln, an den

Schenkeln und Füßen u. s. f., und weil das Gehirn die größeste Drüse sey, so finde man auf dem Kopf so ungleich mehr Haare, als an den übrigen Theilen des Körpers. Dies ist die Meynung des Hyppokrates. In seinem Werk über die Prinzipien sagt er, das Haupthaar werde aus einer dicken und zähen Materie erzeugt.

Meynung des Aristoteles.

Es scheint, als sey Aristoteles der Meynung Hyppokrates gefolgt. Denn in seinem dritten Buch über die Thiere im eilften Kapitel sagt er: jede Art Haare hat an ihrer Wurzel eine grobe und klebrige Feuchtigkeit, die feinere Stoffe anzieht, wenn man sie schnell daran bringt, sobald man ein Haar ausgerissen hat. Diese Feuchtigkeit umgiebt die Wurzel des Haars, um sie noch mehr zu befestigen.

Indeß giebt es Schriftsteller, welche der Meynung sind, das Schleim- und Rusartige der Säfte diene nicht dazu, die Haare zu bilden und zu erhalten; denn, sagen sie, Galen selbst und die neuern griechischen Aerzte verordnen, daß man bey Behandlung der Alopecie *) die bestmöglichen Nahrungsmittel anwende, um gutes Blut zu

*) Die Alopecie ist eine Krankheit, in welcher die Haupthaare, die ihre natürliche Farbe verlieren, weiß werden, ausgehen und leere Plätze auf dem

erzeugen. Galen erzählt, ein junger Mensch, der sich diese Krankheit durch den Genuß von Erdschwämmen zugezogen gehabt habe, sey durch den Gebrauch guter Fleischspeisen davon wieder hergestellt worden. Diese Krankheit werde bei denjenigen, deren Haut durch Reibung nicht roth werde, für unheilbar gehalten, weil das gute Blut nicht so weit durchdringen könne.

Aristoteles schreibt Problem. 22. Sect. 10., die Wolle, die nach ihm nur eine Menge Haare ist, werde durch dieselben Nahrungsmittel, als das Fleisch genährt. Das Haar nährt sich daher nicht von ausgeschiedenen hefen- und rusartigen Säften. Hierzu nehme man, daß, wenn man irgend ein Haar ausreißt, es, wie derselbe Aristoteles sagt, scheint, als käme Blut zum Vorschein; es gibt daher in der Wurzel des Haars Blut. Uebrigens würde, wenn es wahr wäre, daß die Haut die Farbe des Haars während der Dauer von Krankheiten verändere, daraus folgen, daß es sich nicht aus einem groben, zähen und klebrigen Stoffe bilde; weil der geringste Zufall, der eine Verände-

Kopfe zurück lassen. Sie wird von dem Griechischen Wort Alopex (ἀλωπηξ) so genannt, das einen Fuchs bedeutet; weil sich der Fuchs im Sommer einmal maust, und während der Zeit des Mausens einen Theil seiner Haare verliert.

rung in der Haut hervorbrächte, und die geringste Flüssigkeit der Säfte, die Substanz und Farbe desselben verändern würden. Dieß bestätigt Hyppokrates in seinem Buch: de Natura Pueri, worin er sagt: die Feuchtigkeiten, welche die lebendigen Theile in sich aufnehmen, mögen seyn, von welcher Farbe sie wollen, weiß, roth oder schwarz; so wird das Haar immer davon modifizirt. Man sehe Riolan. 5tes Buch der Antropograghie, Kap. 52 Seite 861 und folgend., der Ausgab. von 1629.

Meynungen der Neuern.

Unsere neuern Anatomen scheinen die Erklärung der Natur und des Ursprungs der Haare und des Barts mit mehr Glück, als die Alten, versucht zu haben; ob sich gleich in Hinsicht der Art, wie sie sich über diese Gegenstände erklären, einige Verschiedenheit unter ihnen findet. Ich werde mich damit begnügen, hier einige von denjenigen anzuführen, welche diese Materie ausdrücklich behandelt haben, und die es mir besser getroffen zu haben scheinen, uns ein haltbares System über den Gegenstand zu geben, den wir behandeln.

Riolans Meynung

Riolan unterscheidet in dem Werke, das wir so eben angeführt haben, zwey Arten Haare; diejenigen, die sich mit den übrigen Theilen des Körpers bilden, und solche, welche erst nach der Geburt eines Kindes zum Vorschein kommen. Die erstere Art Haare erzeugt sich nach diesem berühmten Arzt aus dem überflüßigen Saamen, das heißt, aus seinen gröbsten Theilen; wie die Knochen, die Nägel, die Hornhaut, die, wie Aristoteles in seinem Buch von der Erzeugung der Thiere sagt, alle einerley Ursprung haben.

Riolan beweist seine Meynung folgendermaßen: die Materie des Haars, sagt er, steht in einem wunderbaren Verhältniß mit dem Saamen; da das Haar der Kinder von derselben Substanz, Gestalt und Farbe ist, von welcher das Haar des Einen oder des Andern seiner Eltern, seines Vaters oder seiner Mutter ist. Dasselbe läßt sich von der andern Art Haare sagen. Dieses kömmt nicht eher zum Vorschein, bis man gebohren ist, und es kann noch aus dem Saamen entstanden seyn, der von dem zu bildenden Körper nicht ganz aufgezehrt und ausgetrocknet worden ist, wenn wir uns auf dasjenige beziehen wollen, was Seneca in seinen Untersuchungen über Gegenstände der Natur (Quaestiones naturales) in 29 Kap. sagt: der Saame enthält alles, was zu dem künftigen Menschen gehört; und das Kind trägt seit der Empfängniß seiner Mutter die Uranfänge des Barts, des grauen Haars, die Umrisse seines Körpers und die Züge seines Gesichts, wie in einem Miniaturbild, an sich.

Dieser Autor beweist sein System durch Erfahrung. Er sagt, zum Beyspiel, das Haar fange genau zu der Zeit an zu treiben, als der Saamen in einem Körper erwache; wo er das Haar hervortreibt, indem sich seine Materie belebt, die in den haarigen Theilen lange Zeit schlummerte. Dieselbe Erfahrung, setzt er hinzu, machen wir, wenn die Vergiftung des Saamens sich den Saamengefäßen mittheilt; es erfolgen dann allgemeine Alopecien, wie man dieß in der eingewurzelten Lustseuche bemerkt. Hierzu, sagt er, füge man zwei Umstände hinzu; den einen, daß es überall, wo sich viel Saame findet, auch viel Haare gibt, und wo der eine fehlt, es auch an den anderen gebricht. Der zweyte Umstand besteht darin, daß die Verschnittenen, uud überhaupt alle diejenigen, welche die Enthaltsamkeit in Absicht des Geschlechts beobachten, fast nie graue Haare bekommen; anstatt daß diejenigen, welche sich der Wollust ergeben, gar bald Grauköpfe werden. Man sehe Aristoteles im Buch de Articulis.

Dagegen dringt sich, wie derselbe Aristoteles in dem Buch de Generat. Animal. cap. 2. sagt, der Einwurf auf, daß das Haar während der Krankheit augenscheinlich mehr, als im gesunden Zustande; und im Alter mehr, als in der Jugend wächst. Allein, sagt er, Aristoteles Antwort folgt gleich unmittelbar darauf; denn Aristoteles gesteht selbst, die Flüssigkeit, die zur Zeit der Krankheit nirgend anderwärts abgeleitet werden könne, verwandle sich in Haar; aber da dieß ein unnatürlicher Zustand, und er nicht von Dauer sey, so höre dieses unnatürliche Wachsthum wieder auf, so wie der Kranke durch den Genuß guter Lebensmittel wieder genese, oder so wie der Greis noch älter werde. Dieß ist die Hypothese von Riolan.

Scaligers Meynung.

Nach Scaligers Meynung nährt sich das Haar nicht durch seine innere Substanz, sondern durch seine Wurzel; auch will er nicht, daß man sage, das Haar wachse wieder, wenn man es abgeschnitten hat, sondern man soll nach ihm sagen, es vermehre sich nur wieder und werde wieder groß, nach Art der Steine, die in dickem Wasser durch Hinzukunft einer neuen Materie wachsen, welche den Platz der erstern einnimmt. Deshalb wächst das Haar in der Nähe seines Nahrungsstoffes, und nicht durch Vertheilung seines Nahrungsstoffes in alle seine Theile, durch die er ergossen wäre. Aber wenn es wahr ist, daß, wenn das Haar bey einem Menschen bleicht, dieß immer zuerst an der Spitze nicht an der Wurzel geschieht; wenn es wahr ist, daß einige Personen in einer einzigen Nacht bleiche Haare bekommen haben: müßte das nicht darum geschehen seyn, weil das Nahrungsmittel bis zum äußersten Ende jedes Haares geführt worden wäre, und sich von einem Ende bis zum andern vertheilte?

Was die bewirkende Ursache des Haars betrifft, so lehrt uns derselbe Riolan, es seyen nach einigen die dicken und rusigen Theile, die es bewirken, daß sich das Haar in dem Maaß verdicke und abhärte, als es aus der Haut durch seine eigene Thätigkeit hervortreibe, ungefähr wie die Koralle, die im Wasser nur einem weichen Grase glich, sich verhärtet, sobald sie der Luft ausgesetzt ist.

Riolan hält die vegetative Kraft in Verbindung mit den verändernden und bildenden Kräften, mit denen sie im Grunde nur eine und dieselbe Kraft sey, für die bewirkende Ursache des Haars; er nennt sie die haarerzeugende Kraft; er läßt sie durch die vernünftige Seele des Menschen in ihrer Thätigkeit leiten und sie vielmehr an diesem als an einem andern Ort des Körpers beschäftigen.

Alberts des Großen Meynung.

Das Barthaar kommt nach Albert dem Großen von einer scharfen Wärme her, die sich gegen die vordern Theile drängt und wieder nachläßt; sie wird in ihrer Wirkung durch die häufigen Bewegungen des untern Kinnbackens unterstützt, der in der Nähe, und dem Orte ganz entgegen gesetzt ist, von welchem aus die Erhitzung der Wärmematerie geschieht.

Dionys Meynung.

Dionys, ein gelehrter Anatom, der über die Natur und den Ursprung der Haare sehr gelehrte Untersuchungen angestellt hat, hat uns über diesen Gegenstand Kenntnisse und Aufklärungen verschaft, die den Alten entgangen sind. Ich führe die eigenen Worte dieses geschickten Mannes an. Um besser zu begreifen, sagt er, wie sich die Haare bilden, ist es nicht unzweckmäßig, die Structur der Haut zu untersuchen, aus der sie hervorgehen. Die Untersuchungen einiger neugierigen Zergliederer (Anatomen) haben uns gezeigt, das die Haut aus Fibern und aus allerley Arten Gefäßen gebildet wäre, die durch ihre Verschlingungen ein Gewebe bildeten, das überall und in jeder Hinsicht eine Trennung unmöglich gemacht hätte; daß eine Million kleiner Drüsen unter diesem Gewebe liegen; daß eine jede dieser Drüsen sich an eine kleine Arterie schließe; daß daraus eine kleine Vene und ein lymphatisches Gefäß hervorgehe, das, indem es von der Drüse ausgeht, dieses Gewebe durchbricht, und sich an der äußern Oberfläche der Haut endigt, über welcher sich eine große Anzahl kleiner pyramidenförmiger Anfänge erheben, die an den äußersten Enden sehmichter und membraneuser Nervenfäden, die in ihre Zusammensetzung eingehen, gebildet werden; daß diese Anfänge mit den Ausscheidungsgängen der Drüsen in ebensovielen Punkten oder Oeffnungen eines dünnen und sehr weichen Netzes, das über die ganze Oberfläche ausgespannt sey, zusammen hängen; daß aus dem Umfang einer jeden von diesen Oeffnungen ein membraneuser röhrenförmiger Körper hervorgehe, der jedes Bündel Fibern einschließe und es bis zur Epidermis bringe, in deren innerer Oberfläche die Spitze dieser Pyramiden sich befinde.

Diese Ideen von der Structur der Haut, die von Malpighi noch besser erklärt worden ist, gibt uns den Aufschluß, daß diese Bedeckung aus zwei Hauptheilen besteht, die ein netzartiger Körper und das Gewebe der eigentlichen Haut sind.

Der netzartige Körper der Haut, oder das hautartige Netz, das Malpighi entdeckt hat, ist eine sehr feine Membran, die von einer Menge kleiner netzförmiger Oeffnungen durchschnitten wird, und unmittelbar unter der Epidermis liegt, mit der er sehr genau zusammenhängt.

Man fühlt dieses kleine Netz sehr bestimmt, vorzüglich in den flachen Hand, an den Fingerspiken und noch mehr an der Zunge, wo die Structur desselben noch feiner als anderwärts ist.

Durch die kleinen rautenförmigen Oeffnungen dieses Netzes erzeugen sich die Haare der Haut, die häutigen Wärzchen und die Ausführungsgänge dieses Organs, und alles wird dadurch in seiner regelmäßigen Ordnung erhalten; durch diese Einrichtung erhalten die Wärzchen auch ihre Biegsamkeit, die sie fähig macht, die Gefühlsempfindung hervorzubringen.

Wenn man über diesen Gegenstand mehr wissen will, muß man **Malpighi** in seiner **Abhandlung über das Gefühlsorgan** und **Ruisch** in seinem ersten Brief, der die Beschreibung, die Malpighi davon gegeben hatte, noch weit deutlicher macht, zu Rath ziehen.

Bergarus und **Vercelloni** halten dafür, daß diese unendliche Zahl von häutartigen Drüsen, die **Stenon** und andere Schriftsteller auf der Haut zu sehen geglaubt haben, nichts anders als die äußersten Enden von Arterien seyen, die sich auf ihr in Form von Bläschen ausbreiten; und **Boerhave** glaubt, diese kleinen Körperchen seyen vielmehr eben so viele Behälter einer öligen Materie, als wahre Drüsen. Man bemerke an diesen Behältern eine kleine Oeffnung, die ihr Ausführungsgang sey, durch das Gewebe der Haut dringe und in diese Behälter die Feuchtigkeit absetze, die aus den Arterien komme, anfangs sehr fein sey und sich während seines Aufenthalts in diesen Aufbewahrungsgefäßen durch die Verdünstung ihrer flüchtigen Theile verdicke; man erhalte daraus, wenn man sie zusammendrücke, eine weiße wachsähnliche und wurmartige Materie; woraus man Grund hat zu schließen, das es bey weitem keine so große Anzahl häutiger Drüsen gebe, als Stenon uns vermuthen läßt. Dionys Anat. Seit. 153. 154. von den enthaltenden und enthaltenen Theilen, erste anatomische Demonstr.

Die Kenntniß dieser Structur der Haut, setzt Dionys hinzu, hat uns gezeigt, auf welche Art der Schweiß erfolgt; man betrachtet die Haut mit Recht als das allgemeine Absonderungswerkzeug und die Ausleerung, welche durch die unmerkliche Transspiration geschieht, ist für den Körper sehr heilsam. Man weiß nun, das eine große Menge Blut, die durch eben so viel Arterien geht, als es Drüsen gibt, zum Theil durch eben so viel kleine Venen zurück geführt wird, und daß sich, indem es durch die porösen Theile der kleinen Drüsen geht, eine seröse Feuchtigkeit daraus ausscheidet, die, indem sie durch das Aussonderungsgefäß geht, die Materie des Schweißes ausmacht.

Man bemerkt, sagt derselbe Autor, dreyerley Dinge, die zur Bildung der Haupthaare, die sich

sich von andern Haaren nur durch ihre Länge unterscheiden, beytragen; weshalb man sie auch unter derselben Gattung befaßt. Das erste ist die Materie; das zweyte der thierische Vegetationstrieb; das dritte ein zusagender Ort. Die Materie der Haupthaare und der andern Haare am Körper sind Säfte, die dünn und geschmeidig zubereitet worden sind, damit sie durch enge Oeffnungen gehn können. Die Wärme, oder die Thätigkeit der Gährung ist nothwendig, um aus dieser Materie Haare zu bilden; aber sie muß nur mäßig seyn; denn wenn sie heftig wirkt, verbrennt sie die Wurzeln, macht, daß sie ausgehen, oder verhindert sie zu wachsen, was man bey den Aethiopiern bemerkt; ist sie zu schwach, so treibt sie nicht genug Feuchtigkeiten auf die Oberfläche, und verfeinert die Materie nicht genug, um Haare daraus zu bilden. Außerdem verlangt es ein Band der Vereinigung, wie die Haut, das mäßig warm und feucht ist, und das fast überall Poren hat, durch welche das Haar hervorwachsen kann. Auch sehen wir in jedem Porus ein Haar, ausgenommen in der flachen Hand und auf der Fußsohle, wo sie nicht hervordringen können, weil die Poren dieser Theile zu sehr zusammengezogen sind; aber es giebt Orte, wo sie mehr, als anderwärts wachsen; dieß hängt davon ab, daß die Haut an diesen Orten dichter und mit eigenthümlichen Säften getränkt ist; so wachsen zum Beyspiel die Haare am Vorderhaupt nicht so lang und stark, als am Hinterhaupt, weil die Haut für das Haar da feuchter, fetter und dichter ist. Darin liegt auch der Grund, warum das Vorderhaupt sich eher von Haaren entblößt und kahl wird, als ein anderer Theil des Kopfs. Sieh. ebendas. Seit. 512.

An derselben Stelle: Anatom. Seit. 511 bemerkt Dionys, daß Einige die Haare in die Reihe der Körpertheile setzen, die bloß mechanisch hervorgetrieben seyn; daß sie sagen, sie seyen lange, hervorgeschossene, kalte und trockene Körper. Man will ihnen nicht den Namen wesentlicher Theile des Körpers zugestehen, weil sie kein mit dem Ganzen zusammenhängendes Leben haben, und weil man sie von dem Körper trennen könne, ohne daß ihm dadurch ein Nachtheil erwüchs. Man sagt, sie seyen nur ausgeschiedene Theile, durch die rauchartigen Dünste des Bluts gebildet, durch die Wärme auf die Oberfläche des Körpers getrieben, und durch ihren Gang durch die Poren der Haut verdichtet. Aber diese Meynung, sagt er, ist veraltet, und alle geschickten Anatomen kommen darin überein, daß die Haare, wie die Nägel, die Hornhaut, und so fort, sich erzeugen und wachsen, nämlich durch Blutgefäße, die ihnen Nahrung zuführen, und das Ueberflüßige wieder zurück führen. Aber diese Nahrung wird vorzüglich durch die kleine oval-runde Drüse vorbereitet, welche die Wurzel jedes Haares umschließt; die Blut- und Lymph- Gefäße veroffenbaren sich durch Krankheiten, die sie anschwellen, wie man in derjenigen sieht, die man den **Weichselzopf** nennt *), deren die Polen un-

*) Der Weichselzopf, lateinisch Plica Polonica ist eine Krankheit, die man so nennt, weil sich die Haare in derselben in eine Art Knaul falten und krümmen. Diese Krankheit, die man in Frankreich selten trift, ist in Polen desto gemeiner. Sie hat das Eigene, daß die Haare nicht nur zuweilen Blut und Eiter von sich geben, sondern auch schmerzen, sobald man sie berührt; sie rauben das Gesicht, machen, daß sich die Nägel krümmen, und verursachen viele andere Uebel. Indeß ist der Weichselzopf, wenn man Herrn Davison, dem ersten Leibarzt des Königs von Polen, Johann Sobiesky Glauben beymißt, keine eigentliche Krankheit. Ich habe, sagt er in meinem Leben mehr als zwey Tausend Kranke der Art gehabt, ohne daß je der geringste gefährliche Zufall dabey Statt gefunden hätte. Die Voreingenommenheit der Polen, sagt er, ist in dieser Hinsicht so groß, daß sie, so bald sie nur die geringste Unpäßlichkeit verspüren, sogleich den Weichselzopf im Anzuge glauben, und in eine schwere Krankheit zu verfallen

terworfen sind, und während welcher Blut aus den äußersten Enden der abgeschnittnen Haare fließt. Durch das Mikroskop sieht man, daß die Haare, wie Röhren hohl, und mit einigen Haargefäßen versehen sind.

Herr **Chirac**, ein berühmter Arzt, dem Herr **Heister** in seiner Abhandlung über Anatomie folgt, bezeugt, daß die Haare an die äußere Haut befestigt seyen; daß man sie aber in Fett, und bisweilen sehr tief eingepflanzt finde; sie gehen aus ova-

sich einbilden, wenn sie selbigen von sich abhielten; und das geht so weit, daß sie, um sich davor zu sichern, den Weichselzopf so viel wie möglich befördern, indem sie ihre Haare nicht kämmen, sondern sie vielmehr mit Honig, Oel und andern flüssigen Stoffen durchreiben, die ihn herbeyführen, und wodurch sie zusammenbacken müssen. Außerdem trägt ihre natürliche Unreinigkeit viel dazu bey; das läßt sich daraus schließen, daß die Kosacken und Sklaven, die mit geschornem Kopfe gehen, diese Krankheit nicht bekommen. Dieses erzählt Herr Bernier in seinem Auszug verschiedner, der Madame de la Sabliere zum Neujahrsgeschenk überschickter Stücke. Er bezeugt, Herr Chirac, ein berühmter Arzt, habe eine sehr gelehrte Abhandlung über diese vorgebliche Polnische Krankheit geschrieben. Man sehe das Journal des Savans vom 19 Juni 1688. S. 56. die Holländ. Ausgab.

len Körperchen hervor, deren Beschreibung uns derselbe Chirac gibt. Diese ovalen Bläschen sind nach ihm aus zwey Häutchen zusammengesetzt; aus einer äußern und einer innern. Die äußere ist sehmicht; eine Menge Fäden, die sich bündelförmig erheben, bilden ihr Gewebe. Sie ist nach innen zu mit einer drüsigten Haut bekleidet, die nach Chirac mit der cortikal-Substanz des Gehirns einige Aehnlichkeit hat. In dieser Kapsel bemerkt man die Wurzeln der Haare, welche mit einer Flüssigkeit durchnäßt sind, die sich da beständig ergießt, ehe der Körper des Haares anfängt. Man findet an der Wurzel eine markigte Substanz, die ihnen ohne Zweifel ihre Nahrung verschafft. Der Körper des Haares ist aus kleinen Wurzeln zusammengesetzt, die sich auf einen Punkt vereinigen. Er ist mit einer großen Anzahl schwärzlichter Linien umgeben, die sich von der Wurzel bis zur äußersten Außenseite erstrecken; zum augenscheinlichen Beweis, daß diese Linien Blutgefäße sind, aus welchen das Haar seine Nahrung zieht.

Ruisch spricht von den Haaren in einem Brief und in seinem anatomischen Schatz. Er glaubt, daß sie nichts anders sind, als eine Fortsetzung von Nervenbüscheln. Er betrachtet sie als mit Gefäßen versehene Theile. Herr Lewenoeck ist derselben Meynung, was die Structur der Kapseln betrifft. Wenn die Haare Ausdehnungen fortgesetzter Nervenbüschel; wenn sie mit Gefäßen versehen sind, wenn sie mit einer Flüßigkeit benetzte Wurzeln haben, so folgt 1) das sie wachsen müssen, 2) daß man Schmerz empfinden muß, wenn man sie ausreißt. Die Nerven, von denen man sie trennt, leiden dann eine Veränderung in Hinsicht der natürlichen Verbindung, worin sie mit ihnen standen.

Nach andern Schriftstellern, deren St. Hilar Erwähnung thut, ist die Materie des Haars ein dicker, klebriger, erdigter, aus Blut oder einer andern Flüßigkeit erzeugter und auf eine specifische Art zubereiteter Saft, dessen Dichtheit oder erdigte Natur sich aus der Härte der Haare, aus ihrer Klebrigkeit, ihrer Festigkeit und Biegsamkeit ergibt. Sie sagen, die Haare werden durch diesen, durch Wärme in die zur Einpflanzung derselben bestimmten Theile des Körpers geführten Saft erzeugt, belebt, vermehrt, in die Länge getrieben, und, wenn sie ihre natürliche Länge erreicht haben, ernährt; und der Saft, den sie vermöge ihrer Wurzeln aus dem Körper ziehen, werde eben so durch die Poren derselben in die äußersten Punkte gebracht, nähre sie eben so, gehe eben so in ihre Substanz über, wie die Ernährung bey den Pflanzen vor sich geht.

Sie setzen hinzu, dieser Saft werde in allen Theilen, aus welchen er in das Haar übergeht, vorbereitet und erzeugt; diese Erzeugung geschehe dann, wenn diese Theile für dieselbe die erforderliche Disposition erhalten; und so wie einige diese Stimmung früher, andere später erhielten, so erkläre sich die Thatsache daraus, daß sie an einigen Theilen des Körpers, wie am Kopf, an den Augenliedern, den Augenbraunen bald zum Vorschein kommen; an andern hingegen, wie am Bart, an den Geschlechtstheilen, unter den Achseln, an der Brust später wachsen.

Die bewirkende Ursache des Haars ist nach **Diemerbroeck** eine zweckmäßige Wärme, die auf eine für sie empfängliche Materie wirke, welche sie dazu fähig mache, diese Art Belebung anzunehmen, die den Haaren eigen sey. Diese Wärme, die auf eine so für sie empfängliche Materie wirke, forme, belebe und treibe die Haare in die Höhe; und so in die Höhe getrieben, werden sie durch die kältere Temperatur, die sie nunmehr umgebe, trocken und hart. Daher komme es auch, daß die Haare, die man mit auf die Welt bringe, deshalb, weil sie sehr lange an einem sehr feuchten Orte gewesen wären, zur Zeit der Geburt sehr weich und naß seyen; aber bald durch die Luft trocken und hart werden. Man bemerke noch; wenn die Wärme sehr heftig sey, so senge sie die Wurzeln des Haars, mache daß sie ausgehen, oder nicht wachsen, wie man an den Aethiopiern sehe; und wenn sie zu schwach sey, so treibe sie die rauchförmigen Dünste nicht genug auf die Oberfläche und trockne die Materie nicht genug, um Haare daraus zu bilden.

Nach allem, was wir bisher von den ver-verschiedenen Meynungen über den Ursprung und die Natur der Haare gesagt haben, scheint es uns, daß die Untersuchungen der neuern Anatomen über die der alten Philosophen und Aerzte ohne Widerrede den Vorzug verdienen. Die Entdeckungen, welche die erstern in der Anatomie mit Hülfe der Mikroskope gemacht, und die viel Licht in den physischen Wissenschaften verbreitet haben, geben uns diese Sprache von Zuversichtlichkeit, und bestimmen uns zu der Behauptung, daß man durch sie die Eigenschaften der Haare besser erklärt, und daß diese Erklärung der Erfahrung entspricht.

Zweytes Kapitel.

I. Ueber die Form oder Figur der Haare.
II. Ueber ihre Eintheilung.
III. Ueber ihre Größe.
IV. Ueber ihre Farbe.
V. Ueber ihre Verschiedenheit.
VI. Sind die Haare lebende Theile des menschlichen Körpers?

I. Ueber die Form oder Figur der Haare.

Wir haben unsern Lesern schon zu erkennen gegeben, daß das Barthaar von derselben Beschaffenheit, als die übrigen Haare, ist, und es läßt sich daher auch alles, was wir in diesem und dem folgenden Kapitel über letztere sagen werden, auf jene anwenden.

Herr Chirac, ein berühmter Arzt fand in seinen Bemerkungen über die Structur der Haare, daß sie in Hinsicht ihrer Wurzel mit den zwiebelartigen Pflanzen Aehnlichkeit hätten, ungefähr wie eine, durch eine Art von knorpelichter Kapsel geformte Zwiebel, die von innen mit einer drüsenartigen Haut, welche die Wurzel des Haars unmittelbar bedeckt, auf die sonderbare Weise eingelegt ist, daß es zwischen dieser Kapsel und der drüsenartigen umgebenden Haut gegen unten zu einen kleinen Zwischenraum gibt, der mit Blut angefüllt ist und die ganze Wurzel des Haars umgibt. Er fand auch in Hinsicht des besondern Gewebes des Haars, daß es mit einer Vogelfeder in sofern Aehnlichkeit habe, als sie gleichfalls inwendig ein halmartiges Gewebe hat, das eine Art von einem kleinen drüsenförmigen Körper bildet. Man sehe das Journal der Gelehrten den 18 Theil. Seit. 54. Holl. Ausg.

Herr **Heister** sagt in seiner **Anatom.**: man muß an dem Haar bemerken 1) den Theil, der außerhalb der Haut ist; er ist rund, er erscheint durch das Mikroskop als durchsichtig, er ist nervenartiger Natur; aber man bemerkt daran keine Höhlung noch Aeste; die äußerste Spitze ist gespalten und gleicht einem Pinsel; 2) denjenigen Theil, der innerhalb der Haut ist, oder die Wurzel, die man ihrer Gestalt wegen den Bulbus (Zwiebel) nennt; es hat den Anschein, als wenn er hohl und gefäßartig, wie die Wurzel der Vogelfedern sey. Der gefäßartige Theil der Haare ist mit Bläschen umgeben, die man an Schweinsborsten und groben Haaren bemerkt. Man sehe Herr **Lewenoeck** in den Act. Erud. 1683. Seit. 511. Ruisch Epist. I. Thes. 10. Seit. 1.

Badloo hat gesagt, die Haare würfen Aeste. Er gibt uns selbst ihre Figur an; aber so viel Genauigkeit man auch auf die Beobachtung derselben vermittelst der besten Mikroskope angewandt hat; man entdeckt davon nichts. Man sieht nur einen sehr glatten und durchsichtigen Körper, und es ist daraus klar, daß die Haare, die dieser Anatom beobachtet hat, etwas außerordentliches haben mußten.

Man wird sich leicht überzeugen, sagt der forschende und gelehrte Malpighi, Oper. posth. daß das Haar hohl, und aus kleinen Röhren geformt ist, wenn man die Pferdehaare, u. s. f., und überhaupt die Schweinsborsten untersucht, wo man diese kleinen Röhren noch deutlicher bemerken wird. Die Schweinsborste besteht aus einem cylindrischen fast durchsichtigen Körper, ist aus einer Menge kleiner Röhren zusammengesetzt, die einer kanellirten Säule gleichen. Diese kleinen Röhren, die rund geformt sind, werden an der äußersten Spitze des Haars breiter und offener; denn das Haar öffnet sich und spaltet sich in zwey Theile, und gibt dadurch den kleinen Röhren mehr Freyheit, sich auszudehnen, und das geht so weit, daß man sie immer deutlicher bemerkt und sogar ihre Zahl berechnen kann.

Diese Röhren sind ganz hohl, mit einer großen Menge kleiner Membranen besetzt, die von der Seite, wie soviel kleine Klappen angebracht sind.

Was Malpighi in Absicht der Structur des Haares bemerkt, kommt gewissermaßen demjenigen gleich, was andere an dem Haar der Katzen, der Ratten, der Mäuse und verschiedener anderer Thiere durch genaue Beobachtung und scharfe Untersuchung vermöge guter Mikroskope bemerkt haben. Das Haar der Maus, das unter dem aller bekannten Thiere am durchsichtigsten ist, scheint nur eine einzige durchsichtige Röhre zu seyn, die eine markigte, aus Fibern zusammengesetzte Substanz befaßt; und diese Linien bilden eben so viel dunkle Linien, die bey einigen Haaren quer über, bey andern schneckenförmig laufen. Diese markigten und dunkeln Theile sind nichts anders, als kleine gewundene Fibern, und sie sind mehr, als an andern Theilen des Haars zusammengezogen. Mir scheint, sie dienen dazu, eine sanfte und unmerkliche Ausleerung des Körpers zu befördern; und vielleicht dienen die Haare eben so gut zur Beförderung der Transpiration der behaarten Thiere, als daß sie selbige gegen Kälte und Nässe schützen sollen.

Zu diesen Bemerkungen von Malpighi fügen wir hinzu, daß uns die Figur der Haare rund scheint; aber das Mikroskop überzeugt uns, daß es auch dreyeckigte und viereckigte so gut, als runde Haare gibt. Sie nehmen die Gestalt der Art, wie die Löcher, durch die sie gehen, und durch die sie sich formen, gestaltet sind, eben so an, als das Bley, dessen sich die Glaser bedienen, die Gestalt des Lochs annimmt, in welches man es laufen läßt. Die Haare können sich in zwey oder drey Theile absondern; dieß kann man an ihren äußersten Enden sehen, wenn sie sich spalten.

II. Eintheilung der Haare.

Es giebt zwey Arten Haare; sie werden entweder von dem Kinde schon mit auf die Welt gebracht, und man nennt sie dann angebohren (congeniti); von der Art sind die Haare des Kopfs, der Augenbraunen und der Augenlieder; oder sie zeigen sich erst, nachdem das Kind schon gebohren ist, wie die des Kinns, der Achseln, der Geschlechtstheile. Diese letztern nennt man Nachgebohrne, Nacherzeugte, (postgeniti). Sie kommen nach der Geburt erst dann zum Vorschein, wenn die Zeit der Mannbarkeit bey Knaben; und die der Reinigung bey Mädchen eintritt. Bey Mädchen treiben deshalb am Kinn keine Haare hervor, weil die monatliche Reinigung die Materie davon ausleert, und ihr Blut nicht Lebhaftigkeit des Umlaufs genug hat, um einen Bart hervorzutreiben (?)

III. Farbe der Haare.

Die Hauptursache der Verschiedenheit der Farbe, die verschiedene Haare auszeichnet, ist in der Verschiedenheit der Säfte zu suchen, die sich mit dem Saft vermischen, wovon die Haare ernährt werden. Wir haben bisher gesagt, der Körper des Haars sey von einer großen Zahl schwarzer Linien umgeben, die sich von der Wurzel bis zum äußersten Ende derselben erstrecken; und diese Linien seyen eben so viel Blutgefäße, die zur Ernährung der Haare bestimmt sind. Es folgt daraus 1) daß bey denjenigen Personen, wo diese Gefäße groß genug sind, um viel Blut aufnehmen zu können, die Haare schwarz seyn werden; 2) daß bey denjenigen Menschen, bey welchen diese Gefäße nicht weit genug sind, nichts als eine Art Lymphe, oder Oel in dieselben kommen wird; daher kommt es, daß ihre Haare weiß oder blond ausfallen. Bey den Bewohnern der nordischen Gegenden sind diese Gefäße wegen des kalten Klima's enger; deshalb können sie nur Oele und Lymphe aufnehmen, und die Haare werden in diesen Climaten weißfarbig seyn. Aber in den mittägigen Gegenden, wo jene Gefäße erweiterter sind, und wo das Blut häufiger zuströmt, müssen die Haare deshalb schwarz seyn. 3) Daß bey Erwachsenen die Haare schwärzer seyn müssen, als bey Kindern. Denn außerdem, daß sich die Blutgefäße an den Haaren der

Erwachsenen erweitern, gewinnen die Fibern, welche die Nahrung dahin treiben, auch an Kraft; das Blut wird mithin zur Wurzel mit grösserer Heftigkeit geführt. 4). Daß das Blut durch die Haare fließen kann, wie dieß bey der Krankheit, welche der Weichselzopf (Plica) heißt, und den Polen eigen ist, geschieht. 5) Daß die Haare bey Greisen weiß werden müssen; denn alles trocknet aus, wenn man altert: und so kann das Blut nicht mehr überall hindringen, wohin es sich sonst Bahn brach. Wir werden daher sagen, daß die Farbe der Haare nach des Ländern, den Temperamenten, dem Alter und der Beschaffenheit der Säfte, die ihm zur Nahrung dienen, verschieden ist; aber man bemerkt nie grünes, blaues u. s. f. Haar, obgleich bisweilen in dem Körper Säfte sich erzeugen, die so gefärbt sind. Die Bewohner warmer Gegenden, wie die Mohren, haben schwarzes, rohes und gelocktes Haar; das Haar der Bewohner gemäßigter Erdstriche ist blond oder roth und oft braun und aschfarbig; und Menschen, die in kalten Gegenden leben, wie die Dänen, haben weißes, weiches und gerades Haar. Auch das Temperament verändert das Haar. Aber wie viel Verschiedenheit man auch in Absicht der Farbe der Haare bemerkt; sie mag nun durch das Land, das man bewohnt, oder durch das Temperament, durch die verschiedenen Lebensepochen bewirkt werden:

so verwandelt doch das hohe Alter alle diese Farben gewöhnlich in eine, und macht es weiß. Dieß ist dann bey Greisen aus Ueberfluß an Lymphe der Fall, durch die ihr Blut gewässert ist; oder durch das Zusammenschrumpfen der Poren, die nur einer sehr wässerigten Feuchtigkeit zur Nahrung dieser Theile den Zugang gestatten.

Riolan unterscheidet zwey Arten Ursachen, worin er die Verschiedenheit der Farbe des Haars sucht; innere und äußere, wie er sie nennt. Der innern gibt es nach ihm zweyerley: große oder geringe Wärme, die er die bewirkende Ursache nennt; und natürliche oder zufällige Feuchtigkeit, in größerer oder geringerer Menge. Die äußern Ursachen sind die Beschaffenheit der Luft, die uns umgibt, und die flüßigen oder festen Nahrungsmittel. Selbst die Haut hat nach Aristoteles in dessen Buch von den Farb. und anderwärts, daran Theil. Jedoch setzt er die Verschiedenheit in Absicht des Haars bey Menschen und Thieren fest, daß die Haut zwar eine Ursache von der Farbe des Haars bey Thieren, aber nicht bey Menschen sey; denn oft haben Menschen von einer sehr weißen Haut schwarzes Haar, und dieses ändert sich nicht, wenn sich jene verändert. Aristoteles setzt noch hinzu, das Haar nehme bey Menschen noch etwas von der Beschaffenheit der Haut an, nicht in sofern diese

die

die Ursache der Farbe desselben sey, sondern nur, wiefern sie der Ort sey, durch welchen das Haar gehen müsse.

Um die verschiedenen Farben der Haare zu erklären, setzt Riolan als Grundsatz fest, alle Farben der Haare lassen sich auf zwey zurück bringen, auf die schwarze und weiße oder die blonde; alle übrigen Farben seyen nur gemischte, wie die gelbrothe, rothe und Fleischfarbe. Es ist wahr, sagt er, daß die blonde und röthlichte Farbe sich bisweilen bey demselben Menschen vermischen, so daß das Haar gegen die Wurzel zu blond und gegen die Spitze roth ist. Das Haar ist blond, sagt Aristoteles im angeführten Buche, wenn die Feuchtigkeit in seiner natürlichen Farbe eingetrocknet ist. Man muß dieß von der natürlichen Feuchtigkeit und nicht von jener zufälligen und naturwidrigen Feuchtigkeit verstehen, die bey Hautfehlern und gegen das Alter hin das Haar zu bleichen pflegt, indem sie dann rings um die Wurzel desselben eine Art von Nahrung bringt, die Aristoteles schimmlicht nennt.

Trocknet die Flüßigkeit ganz auf, so ändert das Haar wieder seine Farbe, und das blonde wird schwarz. Man begreift unter dem blonden auch das graue Haar; auch ist es kein Erzeugniß der Natur, sondern die Wirkung von Krankheiten, vom Alter, oder von sonst einem beträchtlichen Zufall, der sie oft in dem Zeitraum einer Nacht verändert. Das Haar wird schwarz, wenn die natürliche Feuchtigkeit desselben aus Mangel an Wärme roh bleibt. Das schwarze Haar nimmt daher seinen Ursprung aus einer Menge natürlicher Feuchtigkeit und aus Mangel innerer Wärme bey uns Europäern; aber nicht bey den Aethiopiern, bey welchen die Sonnenwärme die Ursache davon seyn kann, ob man gleich bisweilen in den gemäßigsten Erdstrichen Menschen findet, die eben so schwarz sind, als die Aethiopier.

Das Kastanienbraune Haar, fährt Riolan fort, das rothe und gelblichtrothe Haar kommen daher, daß die Feuchtigkeit, die einigermaßen getrocknet ist, es doch nicht so weit ist, als sie es seyn müßte, damit es schwarz werden könnte. Aus diesem Mangel an Wärme halten diese beyden Farben zwischen der schwarzen und blonden das Mittel; und so wie es verschiedene Grade von Trockenheit der Feuchtigkeit gibt, so gibt es auch verschiedene Arten von Haar mit gemischter Farbe. Die rothen sind die ausgetrocknetsten, die gelblichtrothen kommen nach ihnen und die kastanienbraunen zuletzt; auch haben sie mehr Feuchtigkeit, als die beyden andern Arten. Man sehe Aristoteles von der Farbe und der Erzeugung der Thiere. So raisonnirt Riolan, auf die Prinzipien des Aristoteles gestützt. Unsere neuern Physiker, die in der Anatomie viel nützliche Entdeckungen gemacht, und besondere Untersuchungen über die Natur des Bluts, über den Nahrungssaft und die Säfte der belebten Körper angestellt haben, sind es auch, denen man mehr Licht über die Ursachen der verschiedenen Farben der Haare verdankt.

Die Verschiedenheit der Farben beym Haar, sagt St. Hilar, kommt von der Verschiedenheit der Flüssigkeiten her, die sich mit dem Saft vermischen, wovon sie sich nähren. Vermischt sich damit Schleim, so fallen sie ins weiße. So sehen wir, daß schleimichte Personen, die von ihrer Geburt an kalten Temperaments sind, weiße Haare haben. Vermischt sich etwas rußartiges damit, das von zu vieler Wärme, und zu vieler Durchkochung der Säfte herkommt, so sind sie schwarz. So haben diejenigen, die sehr hitziger Natur sind, und bey denen sich wegen des heftigen Vorsichgehens der Lebensverrichtungen, viel Kohlenstoff erzeugt, schwarzes Haar. Vermischt sich Galle damit, so werden sie roth, wie dieß bey gallichten Personen der Fall zu seyn pflegt. Hat in der einen Gegend der Haut Schleim; und haben in einer andern Stelle derselben die rus- und kohlenartigen Theile, oder die Galle das Uebergewicht, so sind sie von verschiedener Farbe, an einem Orte weiß, an einem andern schwarz, an einem dritten blond oder roth. Aehnliche Farben sieht man selbst auf der Haut durchscheinen, wenn sich dergleichen Flüßigkeiten daselbst fest setzen und sich ihr mittheilen. So haben einige Menschen auf der einen Seite des Kopfs weiße, auf der andern schwarze Haare; und man sieht bey Hunden und Pferden von gemischter Farbe, dieselbe Verschiedenheit von Farbe an ihrer Haut und an ihrem Haar, weil ihre Haut von ihrer Geburt an mit diesen oder andern Säften getränkt worden ist, und diese Farben dauern so lange als die Säfte, die sie bewirkten, dieselben bleiben. Mischen sich durch Zufall in einem folgenden Zeitpunkt die Säfte anders, so ändern sich dann auch die Farben. So wird bey Pferden und Hunden von gemischter Farbe das Haar in dem Maaße, als sie sich dem Alter nähern, durch übermäßige Vermehrung und Vermischung des Schleims weiß, und die Flecken der Haut, die vorher schwarz waren, werden gleichfalls weiß.

Daraus folgt, fährt St. Hillar fort, daß die Aegyptier, die Araber, die Indier, die Spanier, die Italiäner größtentheils schwarze Haare haben. Der Grund davon ist, wie er sagt, daß sie warme Gegenden bewohnen, sich des Weins und warmer Nahrungsmittel bedienen; dieß erzeugt in ihnen viel Kohlenstoff, der durch die Wärme sich anhäuft und darauf mit dem Nahrungssaft der Haare vermischt, ihm diese Farbe mittheilt, welche dann vermittelst dieses Saftes den Haaren selbst mitgetheilt wird. Die Holländer hingegen, die Engländer, die Schotten und die andern mitternächtlichen Völker haben Haare, die ins Weiße spielen, weil sie ein kaltes Land bewohnen; dieß erzeugt in ihnen viel Schleim, welcher dem Nahrungssaft der Haare diese Farbe gibt. Aus demselben Grunde sieht man Wenige unter ihnen, die ganz schwarze Haare hätten; und Mehrere, bey denen die Farbe ihres Haars bis in die Hälfte des männlichen Alters das Mittel zwischen weiß und schwarz hält. Hierzu nehme man noch, daß es mehrere Personen unter diesen Nationen gibt, die bey guter Zeit weiß werden; was in den warmen Ländern nicht der Fall ist, wo die Haare weit später weißen.

Der Beweis, daß dieß die wahre Ursache von der Verschiedenheit nnd der Veränderung der Farbe an Haaren ist, ist der, daß sie nicht immer diejenige Farbe behalten, die sie seit der Geburt hatten, sondern daß nach der Verschiedenheit des Temperaments bey Menschen, wo sich im Körper andere Säfte erzeugen uud anhäufen, auch die Farbe des Haars anders zu seyn pflegt. Deshalb werden sie bey galligten Menschen durch Mittheilung der Galle roth, und bey schleimichten Personen weiß; und wenn die Haut mit andern fehlerhaften Säften getränkt ist, so nehmen sie die Farbe dieser Säfte an. So werden sie in dem Maaß, als man sich dem Alter nähert, von Tag zu Tag weißer, und zwar nicht aus Mangel an Nahrungsstoff; sondern weil sich bey dem kaltblütigern Greis in dem Körper viel Schleim erzeugt, der sich mit dem Nahrungssaft der Haare vermischt.

Aus denselben Grundsätzen erklärt unser Verfasser, wie die Haare des Kopfs leichter weiß werden, als dieß an andern Theilen des Körpers geschieht. Der Grund davon ist nach ihm: der Kopf sey derjenige Theil des Körpers, wo sich der meiste Schleim anhäuft; und da sich derselbe in die Haut desselben verbreite, so könne es nicht anders seyn, als daß er sich in dem Alter genauer mit dem Nahrungsstoff der Haare vermische, als in der Jugend, einem Zeitpunkt, wo sich die rohen Säfte besser ausarbeiten, theils wegen der größern Wärme, theils wegen der größern Ausdünstung. Nun bewirke aber diese genau Vermischung des Schleims mit diesem Stoff erstens die weiße Farbe, die sich sodann den Haaren mittheile; aber in andern Theilen, die mehr Wärme haben, häufe sich der Schleim später an; und deshalb werden da die Haare später weiß.

Der Verfasser leitet aus der Beschaffenheit der Haare noch die charakteristischen Merkmahle des Temperaments in Absicht auf Körper und Seele her. So zeigt nach ihm die weiße Farbe einen schleimigten; die rothe einen galligten Körper an; und ein Körper, der das Mittel zwischen beyden Farben hält, ein Temperament, das schleimicht und gallicht zugleich sey. Zuweilen schließt man sogar aus der Beschaffenheit der Haare auf verborgene Krankheiten und auf Neigungen der Seele. So wurde man in dem mosaischen Gesetz vorzüglich durch die Farbe der Haare auf die Kenntniß und Heilmethode des Aussatzes geführt.

Lange, weiche und gerade Haare weisen auf einen sanften und gütigen Charakter hin; krauses Haar läßt uns einen unbeständigen oder cholerischen Charakter, eine entschiedne Anlage und Neigung zu großen Thaten ahnden; weiches Haar läßt uns Kleinmuth; hartes Haar, überhaupt, wenn es in das Schwarze spielt, läßt uns Festigkeit des Geistes und des Körpers erwarten. Rohe und lange Haare an den Armen bezeichnen einen stolzen und unbeugsamen Geist.

IV. Verschiedenheit in den Haaren.

Man bemerkt eine große Verschiedenheit unter den Haaren. Aristoteles unterscheidet, feines und grobes, langes und kurzes, gerades und krauses Haar. Das weiche Haar ist nach diesem Philosophen schleimichter und klebriger Art; denn Weichheit ist immer die Wirkung einer klebrigten Feuchtigkeit. Das harte Haar erzeugt sich aus einer dichtern und trocknern Materie als das weiche Haar; denn Härte ist der Weichheit immer entgegen gesetzt. Das Haar der Frauen ist weicher, als das der Männer, weil die Säfte bey den Weibern mehr Feuchtigkeit haben, als bey den Männern, und weil ihr Körperbau zarter ist.

Das Haar wird durch Ueberfluß von Nahrung weich und durch Enthaltsamkeit roh. Das gerade Haar ist weicher und weniger roh, als das krause Haar. Derselbe Aristoteles setzt hinzu, das Haar sey länger oder kürzer, je nachdem man gute oder schlechte Nahrungsmittel zu sich nehme. Ein gewisser Schriftsteller schreibt es sogar einem Wunder zu, daß das Haar nur eine bestimmte Länge erreicht, so viel Nahrungsstoff auch an seiner Wurzel vorhanden seyn mag; allein das ist ja auch mit dem ganzen Körper, der über seinen Maasstab der Gattung nicht hinauswächst, der Fall.

Die Haare, sagt Herr Heister, Anatom. Seit. 75. 76 sind an gewissen Theilen kraus; an andern sind sie es nicht. Es gibt Schriftsteller, welche der Meynung sind, das krausigte derselben habe in ihrer Trockenheit seinen Grund; aber das ist nicht wahr. Es gibt Haare, die sich kräuseln, und diese sind oft noch nässer, als andere, die sich nicht kräuseln. Man sieht das täglich an dem Haupthaar, u. s. f. Das Haupthaar kräuselt sich am Feuer. Da hier die Feuchtigkeit verdünstet, so nähern sich die festen Theile, und nehmen nach ihrer Natur verschiedene Richtungen an. Die gekräuselte Gestalt derselben muß man noch aus einer andern Ursache erklären. Sie kommt ohne Zweifel nur von der Gestalt her, welche die Haare in den Poren annehmen. Gehen sie aus denselben gekrümmt hervor, so behalten sie dieselbe Gestalt. So bald sie der Luft ausgesetzt werden, so ziehen sich ihre Theile nach derselben Richtung zusammen, die sie bey ihrem Hervorwachsen erhielten.

Derselbe Heister bemerkt noch, daß die Länge der Haare nach den verschiedenen Theilen des Körpers verschieden ist. Sie sind zum Beyspiel am Kopfe sehr lang; und auch da sind sie nach den verschiedenen Subjekten und Ländern noch verschieden. Sie sind bey den Bewohnern des heißen Erdstrichs sehr kurz und kraus, so wie sie bey den Bewohnern der gemäßigten Erdgegenden länger und gerader sind.

Ihre Beschaffenheit ändert sich, wie eben erwähnt, nicht weniger nach der Verschiedenheit der Subjekte und der Verschiedenheit des Landes. Sie sind trocken und roh bey den Aethiopiern und bey denen die einen trocknen Körper haben. Sie sind weich bey den Kindern und bey denen, die einen mehr nassen Körper haben. Das Haar desselben Bartes ist an der einen Stelle roher als an der andern. Das Haar des Backenbarts oder der Oberlippen ist es mehr, als anderes; aber es krümmt sich nach unten zu, um dem Gesicht nicht zu schaden; und das ist mit dem weichen und harten der Fall.

Die Größe der Haare ist nicht bey allen Personen gleich. Es giebt Personen, die sehr kurzes; andere, die sehr langes Haar haben; dies hängt von dem eigenthümlichen Nahrungssaft derselben ab, der sich bey der einen Person in weit größerer Menge, als bey der andern findet. Die eine hat feines und zartes, die andere grobes Haar, je nachdem die Poren, aus denen sie hervorwachsen, länger oder kürzer sind. Einige haben gerades andere gekrümtes Haar, und dieß hat wieder in der Gestalt der Hautporen seinen Grund. Sind sie gerad, so sind es die Haare auch; aber sind sie gekrümmt oder länglich, so sind die daraus hervorwachsenden Haare gekräuselt. Man hat die Bemerkung gemacht, daß diejenigen, die einen nassen Körper haben, auch ein weicheres Haar; und diejenigen dagegen, die trocknerer Natur sind, ein gröberes Haar auszeichnet.

Die Zeit, wo die Haare zum Vorschein kommen, ist nicht für alle Theile des Körpers gleich. An dem Kopfe, den Augenliedern, den Augenbraunen werden sie zugleich mit den Theilen, die sie einnehmen, erzeugt. Das Haar des Barts, unter den Achseln, u. s. w. kommt in einem gewissen Alter zum Vorschein. Es gibt Haare, die immer wachsen, andere wachsen nach der Geburt nicht mehr.

Bevor ich mein Raisonnement über die Verschiedenheit der Haare endige, muß ich noch erklären, wie sich die Haare ästeln, und wie sie Farbe gewinnen. 1) Herr Chirak hat bemerkt, daß die Haupthaare nur vereinigte Fäden seyen, die sich trennen lassen. 2) Die Haupthaare können weiß werden, wenn man die schwärzliche Materie ihrer Gefäße verdünsten läßt.

V. Sind die Haare lebende Theile?

Es gibt Männer, welche glauben, die Haare seyen Theile des lebenden Körpers. Hier sind die Gründe, die sie für ihre Behauptung beybringen. 1) Erzeugung, Ernährung, Wachsthum, sind, wie sie sagen drey, Verrichtungen des vegetativen Lebens, das dem Körper sein Leben gibt. 2) Die Veränderung der Farbe in den Haaren, nach der Menge des körperlichen Nahrungsstoffes, der sie nährt. Auch bemerkt man, daß die Nägel Gefäße haben, die Stoff zu ihrer Ernährung enthalten. 3) Krankheiten sind Veränderungen und Anlagen der lebenden Theile; nun weiß man aber, daß die Haare und Nägel Krankheiten unterworfen sind. 4) Nur lebendigen Theilen kommt es zu, sich wieder zu erzeugen, und wieder zu wachsen. Die Haare und Nägel erzeugen sich wieder, wenn sie verlohren gehen, oder abgeschnitten werden. Man sieht Narben bis in die Mitte der Nägel. 5) Galen selbst und mehrere nach ihm haben die Nägel und Haare für einfache Theile des Körpers genommen.

Aber andere Neuere erkennen die Haare und Nägel nicht für wahrhaft lebende Theile, die mit wirklichem Leben begabt wären. Sie geben folgende Gründe an: 1) weil sie nicht wachsen und nur für eine Zeitlang Nahrung in sich aufnehmen, und nach dem Zeugniß der Erfahrung im todten Körper eben so gut, als im lebenden wachsen. Die Nägel sind dazu bestimmt, sich besser anhalten zu können; sie dienen auch zur Verschönerung und Vertheidigung der Finger; sie haben den Zweck, den Körper zu reiben; den Zweck aller Beschäftigungen mit der Hand, des Zerreißens, Spaltens und so fort. Das Haar dient den Theilen, wo es sich erzeugt, zur Verschönerung, zur Beschützung vor der Ausdünstung und Aufnahme kohlenstoffartiger Aussonderungen. Sie sind also nur Theile des Körpers in einem allgemeinen Sinn, in Hinsicht ihres Zusammenhangs mit dem Körper, und des Gebrauchs, wozu sie dienen. 2) Ihre Erzeugung und Ernährung ist keine wahre Erzeugung und Ernährung, wie sie an den übrigen Theilen des Körpers Statt findet, weil sie sich nur von Aussonderungsstoff, der dem Körper zu nichts mehr dient, erzeugen und ernähren (?) 3) Was die Krankheiten betrifft, die man ihnen zuschreibt, so sind es weniger Krankheiten der Haare, als vielmehr solcher Theile, aus welchen sie ihren Ursprung nehmen, und mit denen sie in unmittelbarem Zusammenhang stehen. 4) Ihre Erneuerung und Reproduction beweist zwar, das Haar und Nägel leben, und daß Nahrungsstoff ihnen zugeführt wird, der sie auch nach schon erfolgtem Absterben des Körpers noch fortwachsen macht; aber das beweist keineswegs, daß sie Theile des lebenden Körpers ausmachen.

Wie es sich auch mit der Meynung der alten Aerzte, und einiger Neuern, die ihnen gefolgt sind, in dieser Hinsicht verhalten mag, so ist doch durch anatomische Beobachtungen so viel gewiß 1) daß, da der Ursprung der Haare unter der Haut zu suchen ist, es große Wahrscheinlichkeit hat, daß sie mit Nerven zusammenhängen; dieß beweißt deutlich genug der Schmerz, den man empfindet, wenn man sie ausreißt; 2) daß der Stoff, der sie ernährt, von anderer Art seyn müsse, als der, wovon sich andere Theile des Körpers nähren; 3) daß dieser Stoff nicht bloßes Exkrement ist, wie die Alten behaupteten; 4) daß die Haare als Theile der Haut betrachtet werden müssen, weil sie in allen ihren Punkten, auch wo man sie nicht so deutlich sieht, mit Haaren bedeckt ist.

Drittes Kapitel.

I. Zweck der Haare.
II. Warum haben nur Männer einen Bart, und die Weiber nicht?
III. Hat es bärtige Weiber gegeben?
IV. Wächst der Bart an Verstorbenen noch?

I. Zweck der Haare.

Die alten und neuern Naturforscher der belebten Körperwelt, sind nicht weniger verschiedener Meynung, wenn sie über den Nutzen der Haare am menschlichen Körper sprechen, als sie es in Hinsicht des Ursprungs und der Natur der Haare sind.

Nach den alten Aerzten haben die Haare einen dreyfachen Zweck. Der erste besteht nach ihnen darin, die Theile, die das Haar umhüllt, zu bedecken und zu stärken. Busbecq erzählt, er habe zu Konstantinopel einen Janitscharen gesehen, der auf dem Kopf eine so große Menge Haare gehabt habe, daß ihn ein Stoß mit einem Flintenkolben nicht habe verwunden können. Der zweyte Zweck ist, den Körper zu verschönern.

Eine dürre Wiese ohne Gras
Ist häßlich wie ein kahler Kopf,
Wie ein verstümmelt Thier,
Ein blätterloser Baum.

Ein dritter und zwar der wichtigste Nutzen der Haare besteht darin, daß sie den Schmutz und die kohlenstoffartigen Theile des ganzen Körpers aufzehren. Deshalb lehren Rhösis und Avincennius, es sey zur Erhaltung des Gesichts sehr gut, wenn man sich die Haare oft abschneiden lasse; denn das Haar ziehe die dunstartigen Theile der Säfte an. Celsus ist der Meynung, man solle sich bey eingewurzelten Schnupfen rasiren lassen. Arist. ließ sich nach Diogenes von Laerte Bericht zur Erhaltung seiner Gesundheit oft die Blatte des Kopfs schären, und Galen sagt uns, dieß sey zu seiner Zeit so Sitte gewesen. Levinus von Lemnos räth dagegen in seinem Werk: **die verborgenen Wunder der Natur**: wer sich wohl befinde, solle sich weder auf dem Kopfe, noch am Kinn rasiren lassen. Der Grund, den er zur Unterstützung seines Raths gibt, ist der: daß man dadurch sich schwäche, und daß es die Menschen schlaff und weichlich mache, indem es den Lebensgeist und die natürliche Wärme zerstreue, die Kühnheit und den Muth vermindere. Aber die Erfahrung beweist das Gegentheil; denn die Athleten ließen sich am ganzen Körper rasiren. Man sehe Lucians Dialog.

Herr Heister glaubt in seiner Anatomie, die Haupthaare haben den Nutzen, den Kopf warm zu halten und ihn zu zieren; aber er gesteht, es sey nicht leicht, den Nutzen der übrigen Haare, außer dem der Augenbraunen und Augenlieder, zu entdecken.

Dionys glaubt, der wahre Nutzen der Haare des Körpers und des Kopfs sey nicht, die Theile zu beschützen, zu bedecken und zu erwärmen, dem Körper zur Zierde zu dienen und dem Menschen ein ehrwürdiges Ansehen zu geben; sondern er hält sich überzeugt, daß sie vorzüglich dazu bestimmt seyen, um viele ausgeschiedene Theile aus dem Körper zu leiten, so wie man im Nacken durch die Haut Fäden von Zwirn oder Baumwolle zieht, um überflüßige Feuchtigkeiten auszuleeren. Gleichwohl ist es nicht unvortheilhaft, sie abzuschneiden, um sie an denjenigen Punkten, die der Feuchtigkeit am nächsten sind, desto fähiger zu machen, von den zu verflüchtigenden Stoffen durchdrungen zu werden. Diese Meynung hat sich durch die Erfahrung an solchen Menschen bestätiget, die sich leichter fühlten nachdem sie sich den Kopf und andere Theile des Körpers hatten rasiren lassen, und die sich übel befinden, wenn sie es unterlassen, sich derselben zu entledigen.

Riolan hält nicht dafür, daß der Bart dem männlichen Geschlecht in der Absicht gegeben sey, um das Gesicht vor Kälte zu schützen. Sonst, sagt er, hätte die Natur den Weibern unrecht gethan, die ein empfindlicheres Gesicht haben, als die Männer. Eben so wenig glaubt er, die Männer haben einen Bart, damit er ihnen zur Zierde dienen, und ihnen ein ehrwürdigeres Ansehn geben solle. Es scheint ihm vielmehr, der Bart habe den Zweck, das Zeichen der Mannbarkeit zu seyn, und Vätern und Müttern einen Wink zu geben, daß sie dann die Knaben von den Mädchen zu trennen hätten.

Dieser Schriftsteller sagt noch, es sey zu vermuthen, der Bart habe den Zweck, den Kohlenstoff in den Säften wegzuschaffen, der bey dem männlichen Geschlecht in größerer Menge vorhanden sey, als bey dem weiblichen; und ein Theil davon habe den Bart gebildet, weil sich das Ganze nicht habe in Haar verwandeln können. Deshalb leeren die Männer, die heißeres Blut haben, als die Weiber, diese Art Ausscheidungsstoff durch das

Haut- und Barthaar aus. Die Weiber hingegen entladen sich dessen bloß durch das Haupthaar.

II. Warum die Weiber keinen Bart haben.

Es ist hier nur die Frage wie man den natürlichen physischen Grund auffinden will, warum die Männer einen Bart haben, und die Weiber nicht. Mehrere Schriftsteller, die uns Abhandlungen über den männlichen Bart hinterlassen haben, sind auf den Einfall gerathen, der Urheber der Natur habe dem Manne den Bart geschenkt, um durch diese eigenthümliche Zierde seinen Vorrang vor dem Weibe zu bezeichnen. Nur der Mann, sagen sie, ist zur Herrschaft gebohren, und er trägt ein Abzeichen seiner Vollmacht, das deshalb keinen Zweifel mehr übrig läßt. Dieser Bart, welcher sein Kinn ziert, und der ihn bald furchtbar bald bloß ehrwürdig macht; dieser Bart — wenn man ihn genau betrachtet —, entdeckt den Weibern die Absichten der Natur, und lehrt sie Demuth, Unterwerfung, Gehorsam. Der Schöpfer des Universums konte keine Zierde für den Mann wählen, die seiner Wahl würdiger gewesen wäre. — Ich will mir nicht anmaßen zu untersuchen, ob diese Gründe viel für sich haben möchten, und ob der Urheber der Natur dadurch, daß er dem Manne am Kinn einen Bart gab, eine andere Absicht habe beurkunden wollen, als daß er dadurch die Aufrechthaltung des männlichen Ansehens über das Weib bezweckt habe. Wäre dem so, würde dann Gott nicht allen Männern das Verlangen eingepflanzt haben, ihre Bärte wachsen zu lassen, um sich durch dieses äußere Zeichen vor den Weibern mehr Achtung zu verschaffen? Warum gibt es dann in Hinsicht des Barts unter den Menschen so viel Verschiedenheit? denn wir wissen ja, daß bald ganze Nationen unter einander wetteiferten, sich durch einen langen Bart auszuzeichnen, während ihn andere sich abscheren ließen. Man wird in der Folge dieses Werks sehen, daß kein Gegenstand menschlicher Gebräuche mehr Veränderungen erlitten habe, als der Bart.

Was es auch mit der Absicht des Schöpfers, die er durch diese Verschiedenheit zwischen Mann und Weib in dieser Hinsicht hat erreichen wollen, für eine Bewandniß haben mag; ich suche hier in der physischen Beschaffenheit des Mannes einen natürlichen Grund dieser Verschiedenheit auf.

Schriftsteller, die über physiologische Gegenstände geschrieben haben, haben die Bemerkung gemacht: 1) das männliche Gesicht trockne leicht ein — man bemerkt dieß gewöhnlich bey denen, die viel Bart haben —; aber das weibliche Gesicht erhalte sich besser. 2) Die Männer haben eine starke Ausdünstung durch die Haut, da hingegen bey den Weibern nur eine leichte Hautausdünstung Statt finde. Der Mann erhält daher ein dickes schwarzes Blut, während das Blut im weiblichen Körper flüssiger bleibt. 3) Die Fibern haben bey dem Mann weit mehr Stärke, als bey dem Weibe. Sie können daher das Blut mit weit mehr Stärke forttreiben. Dieß wären denn Verschiedenheiten zwischen Mann und Weib; könnten sie wohl auch noch diejenige hervorbringen, wovon wir reden? Man wird mir sogleich entgegnen, die Weiber dürften dieser Annahme zufolge auch anderwärts keine langen Haare haben. Ich gestehe, daß sich diese Schwierigkeit nicht ganz heben läßt. Könnte man nicht sagen, das Blut fließe in großer Menge nach den Theilen, die zur Zeugung dienen, und die Achsel sey eine sehr heiße Gegend des Körpers, und das Blut könne an diesen Orten auch bey dem Weibe Haare erzeugen?

Der Gegenstand, den ich mir in dieser Schrift vorgesetzt habe, nämlich die verschiedenen Gebräuche in Beziehung auf den Bart unter den Menschen darzustellen, erlaubt mir nicht, in eine weitere Untersuchung über diesen Gegenstand einzugehen, den ich den Aerzten und Physiologen überlasse. Das Gewisseste ist, daß bey den Weibern eine Verschiedenheit in Absicht der Structur ihrer Haut, in Absicht der Säfte, woraus sich das Haar erzeugt, in Absicht der Art, wie die Feuchtigkeiten durch die Bewegung des Bluts und durch die Transspiration ausdünsten, von welchen Feuchtigkeiten wir kurz vorher gesehen haben, daß sie den Haaren zur Nahrung dienen, Statt findet.

Die Wahrheit zu gestehen, ist es ausgemacht, daß alle Weiber Bart haben, aber in geringerer Menge, als die Männer, und der Art nach ihn viel weicher und zarter haben. In der That ist die Haut des Mannes ganz haarig; aber die des Weibes ist es weniger. Auch hat ja selbst ein Mann immer mehr oder weniger Haare, als der andere. Hierzu kommt, daß man die Haare am Kopfe, Gesicht, Achseln leicht; aber sehr schwer diejenigen entdeckt, die auf der ganzen Oberfläche der Haut existiren. Auch die glätteste Haut hat in jeder porösen Oeffnung ein kleines Haar, das daraus hervorgeht, und das seine Wurzel in einer dieser kleinen Drüsen hat, womit die Haut an ihrer innern Oberfläche überall übersäet ist. Das kleine Haar sieht man mehr oder weniger, nachdem es blond oder braun ist. Man hat sogar Menschen gefunden, die eine eben so behaarte Haut hatten, als Bäre; aber das ist eine Seltenheit, auf die man keine Regel bauen kann.

Aus allem diesen, scheint mir, könne man chließen 1) daß die Weiber einen Bart haben, obgleich er seiner Stärke und Art nach dem des Mannes nicht gleich kommt; man schreibe nun diese

Verschiedenheit dem Nahrungssaft des Barts oder der Structur der weiblichen Haut, oder jeder andern Ursache zu. Immer kann man, wie ich sagte, daraus schließen, daß die Verschiedenheit zwischen Mann und Weib in dieser Hinsicht nur auf dem Mehr oder Weniger beruht.

2) Scheint es sehr wahrscheinlich, daß der Urheber der Natur, da er beyde Geschlechter von einander unterscheiden wollte, sie auch durch diejenigen Eigenschaften, die nur zur Zierde dienen, habe auszeichnen wollen, und daß er vielleicht in dieser Hinsicht dem Manne den Bart in der Gegend des Mundes als eine männliche Zierde, welche, wie es scheint, das Weib sehr übel gekleidet, und einen unangenehmen Eindruck an ihm gemacht haben würde, gegeben habe, und daß man also bey dem ersten Anblick die Verschiedenheit des Geschlechts durch die äußern Zierrathen erkennen könne. Deshalb haben Knaben vor dem Zeitalter der Mannbarkeit noch keinen Bart, der bey ihnen nur wächst, wenn sie fähig werden, ihres Gleichen zu erzeugen.

III. Hat es bärtige Weiber gegeben?

Wir haben so eben gesagt, man könne streng genommen den Bart nicht in dem Sinne für ein Antheil des Mannes ansehen, daß man ihn dem Weibe ganz absprechen könnte. Man hat gesehen, daß die Haut des weiblichen Gesichts, ob sie gleich bey dem größten Theil dieses Geschlechts sehr glatt ist, immer noch Haare hat, und daß sie sich von den Barthaaren des männlichen Geschlechts nur ihrer Menge, Stärke und Länge nach unterscheiden. Jetzt fragt es sich, ob es eben so bärtige Frauen als es die Männer sind, oder doch fast so sehr bärtige Frauen gibt. Es ist allgemein bekannt, daß man bey mehrern unter ihnen, wenn sie ein gewisses Alter erreicht haben, Haare bemerkt, die an Stärke, Farbe und selbst an Größe denen der Männer gleichen.

Hippocrates erzählt, Phaetuse, Pytheas Frau und Namysica, Gorgippus Frau, haben Bärte gehabt. Alexander von Alexandrien bezeugt, daß wenn Amphictyen, einem Ort in der Nachbarschaft von Halicarnaß ein großes Unglück bevorstehe, ein langer Bart, welcher der Priesterin der Minerva plötzlich wuchs, das Volk zu Vorkehrungen dagegen auffordere; und dieß sey schon zweymahl der Fall gewesen. Derselbe Schriftsteller lehrt uns, in Carien sey der Glaube herrschend gewesen, bärtige Frauen hätten vortrefliche Anlagen, Orakel zu sprechen. „Auch bemerkt man die sonderbare Er„scheinung, die sich an der Priesterin der Miner„va ereignet haben soll: daß ihr nämlich, so bald „die Amphictyenser, die Bewohner dieser Gegen„den, ein Unglück zu treffen droht, ein großer

„Bart wachse, gleichsam als stehe dieses außeror„dentliche Ereigniß mit einem zukünftigen Unglück „in Verbindung; so wie in Carien es ein Zeichen „von Vorherverkündigung wichtiger Begebenheiten „war, wenn den geweihten Frauen an den Wan„gen oder an dem Kinne Haar wuchsen." Es scheint als hätten diese Frauen nur wegen Unterdrückung ihrer monatlichen Reinigung, da sie vielleicht schon etwas bey Jahren seyn mochten, einen Bart bekommen (?)

Man erzählt, daß unter den Damen von dem Hofstaat der Erzherzogin von Oesterreich, die im sechzehnten Jahrhunderte ihren Hof zu Grätz in Steuermark hatte, ein junges Frauenzimmer, mit Namen Antonia Helena gewesen sey, welche von ihrem frühen Alter an einen vollkommenen, zu einem völligen Knebelbart angewachsenen Bart noch vor der Zeit ihrer Reinigung an sich getragen habe. Auch versichert derselbe Beobachter, zu Paris eine junge Deutsche von ungefähr fünftehalb Jahren gesehen zu haben, die am ganzen Körper mit Haaren bedeckt gewesen sey, und einen außerordentlich großen Backenbart gehabt habe. Ein Portugisischer Arzt gesteht, ein kleines Mädchen von drey Jahren mit einem großen Bart gesehen zu haben.

Man erzählt von einer Santa Paula, einer Jungfrau von Avila in Spanien, welche, um den Verfolgungen eines jungen ausschweifenden Mannes zu entgehen, der ihr Gewalt anthun wollte, sich in eine, dem heiligen Laurentius geweihte Kapelle, die außerhalb der Stadt lag, flüchtete; sie habe die Kniee des Kruzifix umfaßt und Gott mit Inbrunst gebeten, er solle ihr Gesicht verändern. Sie wurde erhört, und der Bart wuchs ihr so voll, daß sie der junge Mann nicht mehr erkennen konnte *).

Ich theile einen Auszug von einem Portugisischen Briefe mit, der 1754 von Lissabon aus

*) Das ist doch nur alles, was der strengste Moralist, alles, was sogar der Eremit in der Wasserkufe von einer modernen Daphne verlangen kann! Dafür wurde aber auch die schöne Jungfrau für ihre Tugend nach ihrem Wunsche belohnt; ein Wunsch, der unsern Schönen, die das, ihnen von der stiefmütterlichen Natur versagte gefährliche Geschenk durch keine Kunst der Toilette von dem unerbittlichen Himmel erzwingen können, leider nicht zu Theil wird. — Indeß möchte wohl mancher neumodische Skeptiker, dem der Sänger der Kunst zu lieben die Herzensgeheimnisse der frühesten Heelyne, der schönen Sünderin von Magdala und der schlauen Maria verrathen hat, mit seinen erborgten Waffen gegen die Wahrheit der Bitte, welche die Jungfrau von Avila that und welcher auch Erhörung tröstlich zugesagt ward, (obgleich vergeblich) zu Felde ziehn!

an den Verfasser des Journals ausländischer Angelegenheiten geschrieben wurde. „Ich habe zu Lis„sabon den 12 May dieses Jahrs ein Mädchen „mit Namen Marie, die den ersten May 1747 zu „Alcande, einem Marktflecken in der Provinz Ex„trematura bey Santa-Cruz gebohren war, und „deren Eltern Manuel Ausanes und Maria von „Sylva waren, gesehen. Dieses Kind, das noch „nicht über sieben Jahr zählt, ist schon fast vier „Fuß hoch, hat einen äußerst dicken Kopf, robuste „und giganteskische Gliedmaaßen; sein ganzes Ge„sicht ist mit großen Haaren von verschiedenen Far„ben und verschiedener Größe bedeckt; auf der Stirn „sind sie beynah einen Zoll lang, und haben die Far„be des Haars von gemeinen Affen; an den Au„genbraunen sind sie anderthalb Daumen lang und „so wie die der Augenlieder von einem sehr dunklen „Schwarz; diejenigen, welche den noch übrigen „Theil des Gesichts bedecken, sind einen Daumen „lang und sehr weiß; an der Oberlippe sind sie kür„zer und von heller Kastanienfarbe; an dem übri„gen Theil des Körpers sind sie ganz weiß und „buschicht; am Rückgrad hat sie deren noch mehr, „sie sind auch weiß und sind etwas länger als einen „Daumen lang. Das sonderbarste ist, daß die „Haupthaare dieses behaarten Mädchens mit den „übrigen Haaren gar nichts gemein haben; sie ha-

„ben die gewöhnliche Länge und Feinheit der Kopf„haare, und ihre Farbe ist dunkelbraun.“

St. Gregorius der Große erzählt in seinen Dialogen, eine Dame mit Namen Gala, eine Tochter des Consul Symmachus sey sehr jung verheyrathet und noch in demselben Jahr Wittwe geworden. Da sie ein sehr heißes Temperament hatte, so versicherten sie die Aerzte, sie würde, wenn sie sich nicht wieder verheyrathete, wie ein Mann einen Bart bekommen, und dieß traf auch wirklich zu. Diese fromme Dame zog diese äußere Ungestaltheit ihres Körpers, um sich der Liebe Jesus Christus zu versichern, den Vergnügungen des Ehestandes vor.

Heinrich Kornmann erzählt dem Zeugniß eines gewissen Schriftstellers zufolge, die Weiber, welche den Berg Climax in Aethiopien am rothen Meere bewohnen, hätten alle einen langen Bart. „Der Berg Climax in Aethiopien am rothen „Meere bietet dem Reisenden die eigene Erscheinung „dar, daß man Weiber mit langen Bärten daselbst „findet: und es gehorchen ihnen Tiger und Parder „auf der Jagd.“ Es scheint aber, als wenn dieser Schriftsteller übel unterrichtet sey und seine Erzählung trägt ganz den Charakter einer Fabel an sich. Auch sagt man, daß in Georgien bärtige Frauenzimmer zu sehen seyen. Aber alle diese Beyspiele und viele andere, die man anführen könnte, sind so viele natürliche Wunder und bisarre Erzeugnisse der Natur, die nie beweisen werden, daß der Bart kein eigenthümliches Geschenk des Mannes sey.

Der Verfasser der Belustigungen des Herzens und Geistes erzählt im dreyzehnten Theile einen sehr sonderbaren Umstand, der fast unglaublich scheint. Ein gewisser Franz Severino, Canzellist bey dem geheimen Conseil zu Neapel, einer der lasterhaftesten Menschen, hatte eine Schwester und eine Niece bey sich, deren Güter er an sich bringen wollte. Dieser Barbar schloß die beyden Frauenzimmer in eine unterirdische Gruft ein, wo er ihnen zu ihrer ganzen Nahrung nur ein wenig Brod und Wasser, und zu ihrer ganzen Bekleidung nur eine einfache wollene Decke reichen ließ, in der Hofnung, sich ihrer dadurch so bald als möglich zu entledigen. Diese armen Frauenzimmer lebten ganzer sechzehn Jahr so, bis der Sohn von der Einen derselben seine Studien geendigt hatte, zu seinem Oncle zurück kam, sich nach seiner Mutter erkundigte, die er nicht sah, und den Oncle zugleich zur Rechenschaft wegen seines Vermögens zog. Der Oncle suchte ihn so lange er konnte, mit Täuschungen zu hintergehen, und bezahlte seinen Neffen mit Unwahrheit. Dieser, der es endlich müde ward, sich als einen Tropf behandeln zu laßen, kam im August 1647 zu Severino, und wollte wissen, was aus seiner Mutter und seiner Schwester geworden wäre.

Der Oncle sagt ihm nach mancherley Ausflüchten, sie wären gestorben. Der Neffe fragt ihn, wo sie begraben seyen, und der Onkle antwortet nur durch Invektiven. Da der Streit sich von beyden Seiten so sehr erhitzt, spricht man so laut, daß es die armen Gefangenen hören konnten und beyde so sehr zu schreyen anfingen, als es ihre Kräfte zuließen. Der Sohn, nur zu sehr auf das, was zwischen ihm und seinem Oncle vorging, geheftet, hört nichts; aber es hörte sie jemand, der in diesem Augenblick an dem Hause auf der Seite, wo das unterirdische Gefängniß war, vorbey ging. Das Volk auf der Straße lief zusammen; man wußte nicht, was es seyn könnte; man riß die Mauer nieder und entdeckte mit Erstaunen zwey arme Frauenzimmer. Kaum hatten sie noch menschliche Gestalt. Sie waren nur noch unförmliche Skelette; ihre Körper waren ganz von einem groben und struppigten Haar bedeckt; sie hatten am Kinn einen langen Bart, der bis auf die Brust reichte, und ihre Nägel an Händen und Füßen waren lang und einwärts gebogen wie die Krallen der Raubvögel.

IV. Wächst der Bart bey Verstorbenen noch?

Einige Alten und selbst einige Neuern haben daran gezweifelt, ob der Bart noch bey Verstorbebenen wachse. Alexander von Aphrodisia behandelt das als Chimäre, was man über dieses Wachsen sagt. Er versichert, die Haut und das Fleisch, die nach dem Tode zusammen fallen und eintrocknen, entblößen dadurch alle Theile der Haare bis auf ihre Wurzel; sie würden dadurch dem Schein nach länger, aber sie wachsen und vermehren sich nicht. Aristoteles scheint der Meynung zu seyn, daß die Haare an Kadavern länger werden; aber er glaubt nicht, daß sie an ihnen noch des Wachsthums fähig seyen. Plinius folgt ihm hierin, so wie auch Albert der Große und mehrer ältere und neuere Schriftsteller.

Es ist gewiß, wie Hieronymus Cardanus versichert, daß man mehrere Beyspiele an Kadavern hat, an welchen Bart und Nägel noch gewachsen sind *). Wir lesen in dem Leben des heiligen Gautencius, daß seine Nägel und Haare, da er sechs Monate lang unbeerdigt blieb, während dieser Zeit nicht unterlassen haben, zu wachsen. Amand Bischof

*) Auch der große Haller versichert diese Beobachtung an Mumien, die der Fäulniß widerstanden, gemacht zu haben. Daß aber Nägel und Haare noch Jahre und Jahrhunderte lang nach dem Tode wachsen, gehört in die Geschichte der Legenden, die Betschwestern männlichen und weiblichen Geschlechts sehr erbauen können.

zu Utrecht stirbt gegen das Jahr 660; und hundert und funfzig Jahr nachher fand sichs, daß diesem Heiligen der Bart und die Nägel gewachsen waren. Der Verfasser des Lebens vom heiligen Eloy, Bischof von Noyon, den man für den heiligen Ouen hielt, versichert, Haare und Bart seyen ihm nach seinem Tode von neuem in Grabe gewachsen, ob man gleich, setzt er hinzu, Sorge dafür getragen habe, ihn der angenommenen Sitte gemäß, sobald er gestorben sey, zu rasiren. „Und „was das bewundernswürdigste ist: Bart und „Haare desselben, die, so wie das Lebenslicht bey „ihm erloschen war, ihm waren rasirt worden, „wuchsen ihm in Grabe wieder, und jedermann „staunte dieß unerhörte Wunder an.“ **Audoin. Leben des heilg. Eligius.** Auch liest man in der Geschichte der Beysetzung des heiligen Eduards, Königs von England, der 1066 starb, man habe seinen Körper noch völlig unversehrt gefunden, er sey noch mit seinem königlichen Ornat angethan gewesen, und habe einen langen weißen Bart gehabt. Diese Beysetzung geschah 1163 durch den heiligen Thomas von Canterburg in Gegenwart des Königs Heinrich des Ersten.

Erasmus Bartolin erzählt, er habe das Kadaver von einem Menschen gesehen, der schon über acht und zwanzig Jahre gestorben sey, und dirser habe noch einen Bart gehabt *), und was ihn noch mehr in Verwunderung setzte, ist, daß er diesen Bart an dem Kadaver gelb fand, obgleich der Mensch bey seinem Lebzeiten einen schwarzen Bart gehabt habe; und daß die Haare an diesem Bart noch länger waren, als der noch Lebende sie je gehabt hatte. Hadrian Junius bemerkt, daß Bart und Haare bey den verstorbenen Egyptiern noch ein ganzes Jahr wachsen, ob sie gleich vor ihrem Tode sich sehr glatt haben rasiren lassen. Dasselbe, versichert man, geschehe bey den Gehangenen oft.

Die Wahrheit dieser Thatsachen vorausgesetzt, fragt man, welches die Ursache dieser Erscheinung seyn kann? Riolan glaubt, das Haar wachse bey Verstorbenen, von den Ueberresten der Wärme und Feuchtigkeit noch mechanisch, aber nicht mehr durch Einwirkung der Lebenskraft fort; so wie sich an Steinen Moos erzeuge. In der That finden

*) Das ist doch eben so wunderbar nicht; es ist ja bekannt, daß sich das Haar sehr lange vor Verwesung schützt; bekannt, daß sich die Farbe an todten Theilen ändert, und daß ein todter Körper, wenn man ihn nicht berührt, seine Gestalt noch lange an einem Ort, der den freyen Zugang der Luft nicht hat, beybehält.

die Wurzeln der Haare unter der Haut eine Feuchtigkeit, die sie nährt *) so wie die Pflanzen, die man oft beschneidet, wieder aufschießen, weil die Erde ihnen einen Saft darbietet, der ihnen zur Nahrung dient.

*) Aber auch dieses mechanische Wachsthum ist nicht mehr möglich, wenn die seröse Feuchtigkeit, der Nahrungsstoff der Haare schon in Fäulniß übergegangen ist.

Viertes Kapitel.

I. Bart der Alten.

Nichts ist fast in allen Jahrhunderten verschiedener gewesen, als die Art, den Bart zu tragen, und ihn zu scheren. Diese Verschiedenheit entspringt aus der Idee, die sich die alten Völker von dem Barte selbst machten. Er war Jahrhunderte hindurch der Typus und das Zeichen der Weisheit. In den ersten Zeiten erweckte ein langer Bart fast bey allen Nationen den Gedanken von

Respekt, von Majestät und Weisheit; *) daher diese fast allgemeine Verehrung, die man für den Bart hatte; so daß man es als einen großen Fehler ansah, dieser Zierde zu entbehren. Wie ist es also möglich gewesen, wird man sagen, daß der Gebrauch eines langen Barts, der von Alters her so allgemein angenommen und in Ehren gehalten worden, und das selbst in unserm Europa, so ganz aufgehört hat, daß man kaum noch eine Spur davon sieht? Wie konnte der Eindruck von Ehrfurcht und Majestät, den ein langer Bart noch in dem Geist von allem, was es jetzt von kultivirten Nationen auf der Erde gibt, hervor bringt, und den er auf das ganze Griechische und Römische Alterthum hervorgebracht hat, das Zeuge der langen Bärte der Philosophen war, wie konnte dieser Eindruck so ganz verschwinden? Könnte man hierauf nicht antworten, es sey mit der Sitte eines großen Barts, wie mit allen Moden und so viel andern, sonst allgemein verbreiteten Gewohnheiten von welcher jetzt nur einige leichte Spuren in einigen kleinen Winkeln Europens übrig sind? Diese Gewohnheiten, diese

*) Sonderbar, daß man, nachdem man tausendfältige Erfahrungen vom Gegentheil gemacht hat, einen großen Bart noch immer nicht ohne großen Verstand denken kann. Die Welt bleibt sich doch immer gleich!

Moden, diese Gebräuche, Gegenstände des eigensinnigen Geschmacks der Menschen haben nicht auf einmahl, sondern nur unmerklich und stufenweis abgenommen. Einige Privatpersonen, die vielleicht durch einen langen Bart sich beschwert fühlten, gerathen auf den Einfall, ihn zu unterdrücken; und da eine Unternehmung der Art sie bey ihren Zeitgenossen mit schelen Augen ansehen machte, so werden sie sich auf Deklamationen gegen den eingeführten Gebrauch gefaßt gemacht haben, um diese Sonderbarkeit zu rechtfertigen. Sie werden sich sogleich einige Partheygänger verschafft haben, die ihrem Beyspiel gefolgt seyn mögen, und sie werden so den Sturz der langen Bärte nach und nach an sich gezogen haben.

Vielleicht ist es auch die Begierde, sich durch Sonderbarkeiten um jeden Preis auszuzeichnen, der man die Verschiedenheit zuschreiben muß, die man in der Art, den Bart zu tragen bemerkt. Denn da die Natur den größten Theil der Menschen in vielen Dingen leitet, so würde man sich oft von dem großen Haufen nicht zu unterscheiden wissen, als indem man sich von ihr entfernt. So wollte 1536 das Parlament zu Paris Franz Olivier in seiner Eigenschaft als Supplikenmeister nur unter der Bedingung annehmen, daß er sich seinen langen Bart abschneiden ließe, um die Magistratspersonen von den Hofleuten zu unterscheiden, die damals lange Bärte trugen. In der That mußte es, wenn es aus diesem Grunde geschah, sehr spashaft seyn, die galante und kriegerische junge Welt an dem Hofe Franz des Ersten mit dem längsten Bart einhergehen zu sehen, während die Herren der großen Kammer, wie seitdem die Lieblinge Heinrichs des Dritten, rasirt waren. Was aber auch in der Folge der Grund der Veränderung seyn mochte, welche das Tragen langer Bärte aus der Mode brachte; wir beschäftigen uns jetzt mit der Auflösung dieser Aufgabe nicht und gehen unserm Zweck gemäß zu der Untersuchung über, welches die Art gewesen seyn mag, wie die alten Völker, deren Sitten und Gebräuche uns die Geschichte aufbewahrt hat, den Bart getragen haben. Wir fangen bey den Hebräern oder den Juden an.

II. Bart der Hebräer und Aegyptier.

Die Hebräer trugen einen Bart am Kinn, aber keinen Bart über der Oberlippe und keinen Backenbart. Moses verbot ihnen, ihren Bart am Kinn oder an der Spitze dieser Haare abzuschneiden. „Ihr sollt euer Haar am Haupt nicht „rund umher abschneiden, noch euren Bart gar abscheren." Levit.. XIX. 27. Das heißt, sie s llten es nicht nach Art der Aegyptier machen, die nur einen Büschel von Bart an der äußersten Spitze des Kinns stehen ließen; anstatt daß die

Juden, auch jetzt noch, einen ganzen Zwickelbart tragen, der hinter dem Ohr anfängt und bis an das Kinn reicht, wo sie einen sehr langen Bartbüschel, so wie unter der Unterlippe haben.

Die Leviten reinigten sich am Tage, wo sie opferten, durch das Bad; sie reinigten ihren Körper und ihre Kleidungen; dann schnitten sie alle Haare am ganzen Körper ab, und brachten so ihre Söhnopfer dar. „Also sollt du aber mit ihnen „thun, daß du sie reinigst. Du sollt Sünd„wasser auf sie sprengen; und sollen alle ih„re Haare rein abscheren, und ihre Klei„der waschen; so sind sie rein." Num. VIII. 7.

War ein Aussätziger von dem Aussatz geheilt, so badete er sich, ließ sich alle Haare am ganzen Körper abscheren; dann kehrte er auf das Land, oder in die Stadt zurück, und sieben Tage darauf badete er sich von neuem, wusch seine Kleider, rasirte sich am ganzen Körper und brachte die für die Reinigung verordneten Opfer dar. „Und am siebenden „Tage soll er alle seine Haare abscheren, auf „dem Haupt, am Barte, an den Augen„braunen, daß alle Haare abgeschoren seyn; „und soll seine Kleider waschen, und sein Fleisch im Wasser baden; so ist er rein. Levit. XIV. 9.

Es scheint nicht, als hätten die Israeliten in in den ältesten Zeiten den Gebrauch eines Schermessers, um damit die Bart- und Haupthaare abzunehmen, gekannt. Sie brauchten dasselbe Wort und dasselbe Instrument, um auszudrücken, sich den Bart und die Schafe scheren. Aber die Hebräer brauchten das Wort Messer oder Degen, um im Allgemeinen ein beschneidendes Instrument zu bezeichnen. Die Schrift bedient sich um das Scheren des Kopfs auszudrücken, das während der Trauerzeit Statt fand, desselben Ausdrucks, dessen sie sich zur Bezeichnung der Schafschur bedient. Hiob I. 20; Jerem. VII. 29. Bey den Hebräern, diente dasselbe Instrument, womit man sich den Bart abnahm, auch zur Abnehmung der Haupthaare und zur Schafschur; und dieß gibt nicht undeutlich zu erkennen, daß dieses Instrument eine Schere gewesen seyn mag.

Was die alten Aegyptier betrifft, so lehrt uns die Stelle des neunzehnten Kapitels im Levit., die wir weiter oben angeführt haben, daß sie keinen völligen Bart trugen, sondern daß sie nur einen Bartbüschel an der äußersten Spitze des Kinns stehen ließen. Man sieht auch noch jetzt an den Mumien und an den Figuren der Aegpptischen Gottheiten, die uns noch übrig sind, Beyspiele dieses Gebrauchs. Die Männer und Götter hatten ganz geschorne Schläfe, Backen und Lippen; nur am Kinn hatten sie noch Bart, welcher bis an die Brust herab steigt. Diesen Bartbüschel schnitten die Aegyptier, wenn sie trauerten, ab; und diese Art des Bartscherens verbietet Moses den Israeliten auch.

Es ist sehr glaubhaft, daß die Canaaniter und die übrigen Völker in Palästina und in den angrenzenden Provinzen dieselbe Sitte den Bart zu tragen, mit den Hebräern gemein hatten. Hanon, der König der Ammoniter, wollte den Gesandten des Königs David einen Schimpf anthun, und ließ ihnen die Hälfte des Barts und die Hälfte ihrer Kleider abschneiden. David erklärte diesem Prinzen, um sich wegen dieser Beleidigung zu rächen, den Krieg. „Da nahm Hanon „die Knechte David, und beschur ihnen den Bart „halb und schnitt ihnen die Kleider halb ab bis an „den Gürtel und ließ sie gehen. Da das David „hörte, sandte er Joab ab mit dem ganzen Heer „der Kriegsleute." II. Samuel. X. 4. 7. Im Jesaias und Jeremias heißt es, die Moabiter hätten sich in der Trauer gewöhnlich die Haare des Kopfs und den Bart abgeschnitten. Die Babylonier hatten nach Jesaias Zeugniß dieselbe Sitte bey sich eingeführt. Strabo sagt dieß auch von den Assyriern. Diese Völker trugen also lange Bärte. Jesaias wollte die Uebel bezeichnen, womit der Herr die Moabiter schlagen wollte, und außer ihnen noch viele andere Völker, die in demselben Fluch, der über jene ausgesprochen war, begriffen waren, und er sagte, ihr ganzer Kopf würde kahl werden, und sie würden ihren Bart scheren müssen. Ein unwidersprechlicher Beweis, daß alle diese Nationen ihren Bart wachsen ließen.

III. Bart der Griechen.

Die Sitte, sich den Bart wachsen zu lassen, fand bey den Griechen nicht weniger, als bey den Völkern, von denen wir so eben gesprochen haben, Statt. Sokrates Bart war so berühmt, daß ihn Persius einen bärtigen Pädagogen nennt; und Anakreon thut uns kund, daß er schön und gut gehalten war. Plutarch spricht von einem gewissen Archibiades, der einen Bart von ungeheurer Größe sich wachsen ließ. Derselbe Schriftsteller erzählt das Bonmot eines Lacedämoniers, den man fragte, warum er einen so großen Bart trüg? „Das thue ich deswegen, sprach er, um mich, „wenn ich diesen weißen Bart sehe, vor jeder Hand„lung zu verwahren, die seiner unwürdig wäre" Ein anderer war gefragt worden, warum die Lacedämonier so viel Sorgfalt auf ihr Kopfhaar verwendeten? und er antwortete: „es ist die schönste Zierde, „die der Mann vorzugsweis sich verschaffen und „durch die er sich ohne viel Unkosten auszeichnen „kann." Dieß alles muß man jedoch von dem Bart am Kinn verstehn; denn die Ephoren gaben, wie Plutarch hinzusetzt, jedes Jahr beym Antritt ihres Amts den Befehl, daß sich jedermann an der

Oberlippe rasiren lassen sollte. „Die Ephoren „lassen es den Bürgern durch den Präco „kund thun, wenn sie ihr Amt antreten, sie „möchten sich über der Oberlippe scheren las„sen, möchten den Gesetzen nachkommen, „um sich keine Unannehmlichkeiten zuzu„ziehn.“ Dieß dient zum Beweis, daß der übrige Theil des Kinns behaart war. Ein alter komischer Dichter, der sich über einen Lacedämonier lustig machen wollte, der einen sehr langen Bart hatte, sagte: er wäre ganz Bart. Diese Gewohnheit, sich die Oberlippe rasiren zu lassen, erhielt sich zu Lacedämon lange, bis sie sich, als Luxus und Weichlichkeit bey diesen strengen Republikanern eingerissen waren, nicht nur das ganze Kinn, sondern auch alle Theile des Körpers rasirten, und die Sucht zu prunken nach dem Beyspiel anderer Völker sich ihrer bemächtigte.

Athenäus bemerkt, man habe nur erst zu Alexander des Großen Zeiten in Griechenland angefangen, sich den Bart zu scheren, und es sey der erste, der sich zu Athen habe rasiren lassen, **Korses**, welches einen **Geschornen** bedeutet, genannt worden. Gleichwohl hat es den Schein, als wenn Athenäus, oder vielmehr Chrisippus, von welchen Athenäus das, was er in seinem XIII. Buch von den Diphnosophisten sagt; daß Chrisippus, sage ich nur von dem Volke und einer allgemeinen Sitte, oder einer blos Athen zukommenden Sitte spreche; denn nicht nur Alexander, sondern Philippus, sein Vater, Amynthas und Archelaus, Könige von Macedonien sind lange vor ihm auf ihren Medaillen ohne Bart vorgestellt worden.

Wie dem auch sey: so viel ist gewiß, daß alle Soldaten, welche Alexanders Feldzug gegen die Perser mitmachten, Macedonier und andere, Bärte trugen; bis dieser Eroberer vor der Schlacht bey Arbela allen seinen Truppen den Befehl gab, sich den Bart und die Haupthaare abzuscheren, um sich den Feinden nicht verdächtig zu machen, die sie dadurch hätten gefangen bekommen und sie niedermachen können, zumahl in einer Schlacht, wo beyde Theile sich einander so nahe waren.

Man kann daher versichern, daß man unter den Griechen den Gebrauch, sich die Haare am Bart abzuschneiden, in die Zeiten Alexanders des Großen zu setzen hat, das heißt: daß man damals anfing, den Bart blos zu verschneiden, und ihn nun nicht mehr so lang trug. Denn man darf nicht glauben, daß man auf einmahl so weit gegangen sey, sich ihn ganz glatt abzuschneiden, wie man dieß jetzt zu thun pflegt; dieß kann man aus folgenden Worten von Dio Chrysostomus schließen: „Das Bartscheren ward zuerst erfunden, „um, wie es scheint, zu verhindern, daß „er nicht zu lang herab hängen möchte, und um die Natur nur ein wenig, nicht zu gewaltsam zu verbessern, was man für zu gewagt hielt. In der Folge rasirte man sich bis an die Wangen. Dio Chrysost. in orat. prim. Farsic. 32. Hieraus sieht man, daß man sich damals begnügte, die Bärte nur nicht zu lang zu tragen, und dieß ist vielleicht der Sinn, welchen man der weiter oben angeführten Stelle von Athenäus unterlegen muß.

Was die Neugriechen betrifft, so hat sich bey ihnen die Sitte, lange Bärte zu tragen, schon einige Jahrhunderte erhalten. Die jungen Leute unter dreyßig Jahren rasiren den Bart am Kinn, und unterhalten einen Knebelbart. Griechische Schriftsteller aus dem Mittelalter thun oft Erwähnung von diesem Gebrauch. Man kann deshalb Nicolas Choniates im Leben von Manuel Commenes zu Rath ziehn. Deshalb klagt Nicephorus den Marquis Theodorus, den Sohn des Kaisers Andronikus des Aeltern an, als habe er niedriger Weise die Gebräuche seiner Nation verlassen; weil er sich nämlich den Bart, wie die Lateiner, die damals sich den Bart abnahmen, scheren ließ. was, wie er sagt, bey den Griechen für eine Schande galt, und nur bey Verbrechern Statt fand, den man zur Bestrafung ihrer Verbrechen den Bart abschnitt. Es ist oft bey Mathias Blastares von dieser Strafe die Rede: mit Schlägen gezüchtigt und mit abgenommenem Bart soll er ins Exil gejagt werden. Dieser Gebrauch war nicht neu. Theophanes erzählt im Leben des Kaisers Zenon, der Patriarch Euthymius habe Anastasius, der darauf Kaiser ward, bedroht, er wollte ihn zur Strafe für seine Insolenz den Kopf scheren, wollte ihn in diesem Aufzug durch die ganze Stadt führen lassen, wollte ihn dem Spott des Pöbels preis geben, wenn er nicht in sich selbst kehrte. „Damit er abstehen sollte, drohte er „ihm alle seine Haupthaare abscheren zu las„sen und ihn im schimpflichen Triumph in „der Stadt aufführend, den Pöpelinsulti„rungen preis zu geben."

Die Marmoniter-Christen vom Berg Libanus lassen ihre Bärte wachsen und scheren ihre Köpfe. Man sehe Dandini in seiner Beschreibung des Bergs Libanus.

VI. Bart der Römer und Etrusker.

Die ersten Römer trugen nach Plinius Zeugniß (Buch VII. Kap. 59.) einen langen Bart, und kannten bis zu 454 nach Roms Erbauung keine Barbiere. Derselbe Schriftsteller führt Varro als Gewährsmann an, welcher versichert, ein gewisser Publius Ticinius Mänas habe deren aus Sicilien nach Rom gebracht. Seit der Zeit gewann die Sitte in Rom festen Fuß, sich, wenigstens' das ganze Gesicht bis ans Kinn rasiren zu lassen. Es ist gewiß, daß in der Folge die Gewohnheit, sich den Bart wachsen zu lassen, unter den Römern ganz abkam, und daß man sich ihn nur noch zur Trauer, oder eines wichtigen Unglücksfalls wachsen ließ. Ein langer Bart, nachläßig herabhängendes Haar, ein schmutziges und braufarbiges Aeußere, waren bey dem Römischen Bürger das gewöhnliche Zeichen der Trauer. Liv. Röm. Geschicht. Buch 27. Kap. 34 erzählt, der Konsul Markus Livius, der, weil man mit ihm wegen seiner Amtsführung unzufrieden war, aus Rom verbannt wurde, habe seinen Bart wachsen lassen; aber er habe sich ihn, so bald er wieder nach Rom zurück berufen worden war, wieder abnehmen lassen. Die Köpfe in Marmor und in Basalt, die Scipio, den Afrikaner im männlichen oder auch im Greisenalter darstellen, sind alle geschoren, ohne daß sich eine Spur von Bart zeigt.

Auch bey den alten Etruskern war es, wie bey den ersten Römern Sitte, sich den Bart, ohne ihn abzuscheren, wachsen zu lassen. Dieß lehrt uns Livius Buch V. Kap. 41. seiner Römischen Geschichte; und wenn man einige Etruscische Statüen ohne Bart sieht, so muß man sie in die spätern Zeiten setzen.

Daß es sich die Römer in den ersten Jahrhunderten ihrer Republik zur Ehre angerechnet haben, ihren Bart mit aller Sorgfalt zu erhalten, davon haben wir einen unbeschreitbaren Beweis in den alten Statüen, der ganz der Bemerkung Varro's im eilften Kapitel des zweyten Buchs seines Werks über Gegenstände der Landwirthschaft entspricht: „daß man ehemals keine Barbiere gehabt „hat, bezeugen die Statüen unsrer alten „Vorfahren, denn die meisten tragen Haa„re und haben einen langen Bart." Titus Livius macht im fünften Buch seiner Geschichte dieselbe Bemerkung, wenn er von jenen verehrungswürdigen Greisen spricht, die sich zur Rettung ihres Vaterlandes der Wuth der Gallier überlieferten, als sich diese Barbaren 363 Meister von Rom machten. Es ist bekannt, daß sich diese Senatoren, an der Anzahl achzig, zu sterben entschlossen hatten, um nicht den Ruin ihres Vaterlandes zu überleben; und mit den Abzeichen ihrer Würde bekleidet, statt aller Waffen mit Elfenbein ausgelegte Stöcke tragend, deren sie sich zum Kommandiren bedienten, ließen sie sich an den öffentlichen Versammlungsort bringen, nahmen die curulischen Sitze ein, und erwarteten den Tod mit dem gefaßten Muth, welcher der Römischen Hoheit und Standhaftigkeit würdig war. Die Gallier, durch dieses Schauspiel betroffen, standen lang ehrfurchtsvoll vor diesen stummen Bildnissen, und fürchteten sich, ihnen zu nahen. Aber einer unter ihnen ging auf Markus Papirius zu, und griff ihm leis an den Bart. Diese Staatsperson trug ihn nach damaliger Sitte, vermöge welcher er bey jedem lang herab hieng, sehr lang, wie uns der Geschichtschreiber sagt. Papirius, über diese Beschimpfung aufgebracht, schlug den Gallier heftig, mit dem Stock, den er in der Hand hielt, und verwundete ihm den Kopf.

Gleichwohl scheint es, man habe sich nicht ganz und bis auf die Haut rasirt; man begnügte sich wahrscheinlich, den Bart bis in das vierzigste Jahr oder doch um diese Zeit, nur obenhin zu beschneiden. Aulus Gellius lehrt uns, daß man Scipio dem Afrikaner einen Verweis gab, weil er, da er vor Gericht gefordert war, und vor dem Tribunal des Volkstribuns Claudius Acellius erscheinen mußte, nicht aufgehört hatte, sich den Bart scheren zu lassen. Derselbe Schriftsteller fährt fort: er wundere sich darüber, daß man Scipio ein Verbrechen daraus gemacht habe, da er damals noch nicht vierzig Jahr alt gewesen sey, und man sich vor dieser Lebensperiode den Bart nicht glatt habe scheren lassen. „Da es bekannt ist, daß der jüngere Scipio damals unter vierzig gewesen ist, „so wunderte ich mich, wie man von einem „rasirten Bart bey ihm sprechen konnte. Ich „habe aber erfahren, daß auch die andern „angesehenen Männer der damaligen Zeit den „Bart

„Bart in diesem Lebensalter sich haben ab„nehmen lassen. Daher finden wir auch den „Bart an den meisten Werken der bildenden „Kunst, die ältere Römer darstellen, wel„che noch nicht ein höheres Alter erreicht hat„ten, sondern noch in ihren besten Jahren wa„ren, so vorgestellt.” Man s. Aul. Gellius Attische Nächte. Buch III.

Derselbe Scipio Afrikanus brachte zuerst die Mode auf, sich alle Tage rasiren zu lassen. Diese Mode ward zu Rom und im ganzen Römischen Reiche ohne Ausnahme befolgt. Adrian war der erste unter den Kaisern, der sich den Bart wachsen ließ; aber man ahmte ihm nicht nach. Siehe Dio Chrysost.; ferner die Cäsarn des Kaisers Julians. Auch die Medaillen dieses Fürsten bezeugen dieß. Spartian schreibt die Ursache dieser neuen Mode, die Adrian einführte, Flecken oder natürlichen Warzen zu, die er im Gesicht hatte, und die er durch diesen großen Bart habe verbergen wollen, wie man ihn auf einer seiner Griechischen Medaillen sieht, die Spannheim in seine Bemerkungen über die Cäsarn des Kaisers Julians gebracht hat, und welche auf der einen Seite Adrian mit einem Bart, auf der andern seinen jungen Günstling, den Helden Antinous darstellt.

Die Nachfolger Hadrians ließen sich nach seinem Beyspiel mit langen Bärten abbilden. Mark Aurel z. B. ist auf seinen Medaillen mit einem ziemlich langen Bart dargestellt. Man muß jedoch von den Nachfolgern Hadrians diejenigen Kaiser ausnehmen, die der Weichlichkeit ergeben waren, und den Stolz und die Sitten der Syrier nachahmen wollten, welche lange Bärte verachteten und verabscheuten. Unter diese gehören Lucius Verus und Caracalla. Dieser letztere ließ sich nach Dio Kassius Zeugniß den Bart ganz glatt abscheren, wie man es zu Antiochien that. „Zu Antiochien er„gab er sich der Ueppigkeit so sehr, daß er „auch seinen Bart beschnitt.“ Heliogabal that dasselbe. Ebendas. Der Kaiser Makrin hingegen affektirte ein strenges Aeußere, wollte für einen zweyten Mark Aurel gelten, trug einen langen Bart selbst unter den Augen der Antiochier. Spartian.

Der Kaiser Julian affektirte als seynwollender Philosoph, nicht nur einen großen Bart zu tragen, sondern er erwarb sich sogar von den Hofleuten des Kaisers Constanz den Beynamen Capella, oder Ziege, wie Ammian meldet. Julian war hierauf zur Herrschaft gelangt, und verfertigte eine witzige Satyre unter dem Titel: Misopogon oder der Bartfeind, um seinem langen Bart eine Apologie zu halten, und sich an den Antiochiern zu rächen, die ihn deshalb sehr zum Besten gehabt hatten.

Diese Affektation von Julian, einen Bart zu tragen, war jedoch nicht fähig, ihn allgemein in Aufnahme zu bringen. Nur erst dann, als das Kaiserthum zu Konstantinopel schon errichtet war, ward der Bart als eine nothwendige Zierde angesehen. Dieß war aber zu Justinians Zeiten, der sich immer rasiren ließ, noch nicht begründet. Seit diesem Zeitpunkt behielt bey den Griechen und den übrigen Morgenländern die Sitte, einen langen Bart zu tragen, die Oberhand, sie unterhielten ihn nach Wilhelm von Tyrus Bericht mit aller Sorgfalt, und dieser Schriftsteller sagt, sie hätten es als den größten Schimpf angesehen, wenn es sich jemand hätte einfallen lassen, ihnen nur ein einziges Haar auszureißen. „Sie nährten ihr Barthaar mit al-
„ler Sorgfalt, hielten es für den größten Schimpf
„und für die empfindlichste Schande, mit der man
„sie brandmarken konnte, wenn man ihnen auch
„ein Haar, sey es durch welchen Zufall es wolle,
„von ihrem Bart nahm."

Der Kaiser Heraklius war der erste, welcher die großen Bärte wieder aufleben ließ, wie man dieß aus seinen Medaillen sieht, die ihn mit einem sehr großen Bart darstellen; seit dieser Zeit haben ihn alle Griechischen Kaiser getragen. Es hat nach diesem Fürsten Kaiser zu Konstantinopel gegeben, denen ihr großer Bart den Beynamen Pogonatus, das heißt der Bärtige, verschafft hat. Man kann deshalb die Medaillen der Kaiser Konstanz und Konstantin Pogonat, beyde Prinzen aus der Familie des Kaiser Heraklius sehen. Die des ersten vorzüglich ist wegen seines großen Barts merkwürdig. Man sehe Spannheims Cäsarn des Kaiser Julians. Denselben Beynamen des Bärtigen kann man auf die alten Könige der Perser anwenden, die ihre Medaillen uns noch mit großen Bärten darstellen.

Ich will im Vorbeygehen bemerken, daß sich die Alten, um einen langen Bart auszudrücken, eines Griechischen Worts bedienten, welches Tiefe des Barts sagt. Ein alter komischer Griechischer Dichter sagt: Pogonos Bate (πωγωνος βαθη) die Tiefe des Barts. Ephipp. im Schiffbr. Lucian, der von dem Bart eines Philosophen spricht, nennt ihn einen tiefen Bart, und da, wo er von dem Gott Pan redet, nennt er ihn mit einem einzigen Wort: Tiefbart. Eben so im Bacchus. Julian bedient sich desselben Ausdrucks, indem er von seinem Bart in seinem Bartfeinde spricht.

V. Bart der Gothen, der Lombarden u. s. f.

Die Gothen und andere Barbaren, die sich gegen das fünfte Jahrhundert eines großen Theils von Italien bemächtigten, führten daselbst auch die Barbarey ihrer Gebräuche und Sitten ein. Es ist gewiß, daß die Lombarden einen langen Bart trugen. Paul Warnefriedi glaubt — in seiner Geschichte Buch IV. Kap. 75 — daß sie von diesem Gebrauch den Namen Lombarden erhalten haben. Ich will hier nicht untersuchen, ob diese Etymologie des Namens Lombarden die richtige ist. Genug, ich weiß, daß diese Völker einen langen Bart sich wachsen ließen. Wir haben ein Gesetz von Rotharit, dem König der Lombarden, das denjenigen verurtheilt, der einem freyen Mann in einem Streit bey dem Bart oder den Haaren herumzieht. Derselbe Paul Warnefridi bezeugt, daß der König Grimoald einen langen dicken Bart trug. An einem andern Ort sagt er, der König Aribert, der Rotharit, welcher sich gegen ihn empört hatte, in seine Gewalt bekam, habe ihm den Bart und die Hauptthaare abscheren lassen, und ihn nach Turin ins Exil geschickt.

Diese Völker waren überzeugt es verrathe ein Gefühl für Anstand und flöße eine Empfindung von Ehrfurcht ein, wenn man einen langen Bart trüge, ein solcher Aufzug flöße dem Feind Schrecken ein; wie man diese Denkart noch heut zu Tage bey denen bemerkt, die sich einen Knebelbart wachsen lassen, um dadurch zu schrecken und ein martialisches Ansehen zu erhalten. Theodorich, der König der Ostgothen in Italien hatte einen langen Bart, und die Lombarden trugen ihn bis zum neunten Jahrhundert fort, wo Carlmann, der Grimoald das Fürstenthum Benevent unter dem Titel eines Benefiz abtrat, es zur Bedingung machte, daß die Lombarden zur Abnahme ihres Barts am Kinn verpflichtet würden. Der Befehl hatte den Sinn, sie sollten sich darin den Römern gleich stellen, das heißt, sie sollten sich entweder ganz scheren, oder wenigstens einen kurzen Bart tragen. Denn es ist die Entscheidung nicht so ganz leicht, ob man ihnen dadurch die Verbindlichkeit aufgelegt habe, sich ganz glatt scheren zu lassen, da man weiß, daß die Bewohner von Ravenna, der Nachbaren und Bundesgenossen der Römer, sich nicht ganz scheren ließen. Agvelli in seinem Leben Damiens, Bischofs von Ravenna sagt, alle Edeln und Bürger haben sich sehr betrübt darüber bezeugt, daß sie ihren Bart abnehmen müssen, indem er sehr schmutzig war. Donizon sagt in seinem Leben der Gräfin Mathilde, Bonifaz, Marquis von Toskana, der Gemahl dieser Gräfin habe gewisse Bourguignoner, gegen die er aufgebracht gewesen sey, mit der Erschütterung ihrer Bartfestungen bedroht.

Carlmann selbst ist auf alten Mosaiken, die man zu Rom sieht, mit einem sehr kurzen Bart und sehr hohen Knebelbart vorgestellt. Vielleicht wollte sich dieser Fürst dadurch aus Gefälligkeit gegen den Papst Adrian, den Großen zu Rom gleich stellen. In der That lehrt uns Eginhard im Leben Karl des Großen, dieser Kaiser habe sich während seines Aufenthalts in dieser Stadt in Hinsicht seiner Garderobe und seiner Equipage ganz nach den Sitten des Römischen Adels bequemt. Es ist daher eine sehr übel angebrachte Verbesserung, wenn man Karlmann mit einem großen Bart vorstellt, der ihm bis auf den Gürtel herabsteigt; denn es ist gewiß, daß dieser Fürst auf seinen Insigeln und Diplomen immer mit einem sehr kurzen Bart, und am häufigsten ganz ohne Bart vorgestellt wird.

Bart der Italiäner.

Ohne Zweifel erhielten die Venetianer die Sitte, lange Bärte zu tragen, durch ihre Nachbarschaft mit den Griechen und durch den Handelsverkehr, worin sie mit ihnen standen. Man liest in dem Leben **Petrus Urseolus**, des Doge von Venedig im zehnten Jahrhundert, der seiner Würde entsagte, um Mönch zu werden: er habe, da er sich auf seiner Flucht mit dem Abbé Guarini beynahe von denjenigen, die ihm nachgesetzt seyn, um ihn wieder nach Venedig zurück zu bringen, erreicht gesehen habe, den Abbé gebeten, ihm den Bart abzunehmen, und ihm ein Mönchskleid anzulegen. Auf diese Art entging er denjenigen, die ihm nachsetzten,

Petrus Damien bezeugt, daß die Layen noch im eilften Jahrhundert Bärte getragen haben; anstatt daß sich die Mönche rasiren ließen. Dieser Prälat, der von der Geistlichkeit seiner Zeit spricht, sagt, sie habe sich vom weltlichen Stande dadurch unterschieden, daß sie sich den Bart habe abscheren lassen; aber sie habe ihn durch ihre Sitten nachgeahmt. Wir lesen in dem Leben Gregorius des Siebenden, das der Cardinal von Arragon geschrieben hat und das im dritten Theil der Sammlung Italiänischer Geschichten von Muratori steht, dieser Papst habe sechzig Hospitalverwalter des heiligen Petrus, welche sich Priester-Cardinäle nennen ließen, nur beweibte oder Beyschläferinnen sich haltende Layen gewesen seyn, und sich den Bart haben scheren lassen, um der Welt die Meynung von sich beyzubringen, daß sie Priester seyen. Dithmar gibt uns noch ein Beyspiel dieses Gebrauchs. Dieser Schriftsteller schreibt die Krönung Kaiser Heinrichs des Heiligen, und sagt, zwölf Senatoren seyen diesem Regenten bey seinem Einzug in Rom 1014 entgegen gegangen, wovon die eine Hälfte mit abgenommenem Bart, die andere mit langen Bärten gegangen sey.

In der Folge wurden die Italiäner dieser Sitte, lange Bärte zu tragen, für einige Zeitlang untreu; welches bis gegen die Mitte des vierzehnten Jahrhunderts dauerte, wo sie ihren Bart wieder wachsen ließen. Ein gleichzeitiger Schriftsteller, welcher die Italiänische Geschichte schrieb, die Muratori in seinem dritten Bande seiner Italiänischen Antiquitäten der Welt mitgetheilt hat, lehrt uns, es habe sich zu seiner Zeit bey seinen Mitbürgern eine sonderbare Veränderung in der Art sich zu kleiden und ihrem ganzen übrigen Aeußeren ereignet. Von dieser Zeit, sagt dieser Schriftsteller, trug man einen glatten Bart, und wenn damahls jemand im Publikum erschien, der einen langen Bart trug, so betrachtete man ihn als einen Menschen von schlechten Sitten, wenn er nicht etwa Spanier oder Einsiedler war. Jetzt scheut man sich nicht, sich mit einem langen und dick aufgeschoßnen Bart nach Art der Einsiedler zu zeigen, so daß man sich zu ent-entehren glaubte, wenn man keinen langen Bart trug.

VI. Bart der Gallier, der Franken, der Germanen.

Alle Gelehrten kommen darin überein, daß die alten Gallier, Germanen und Franken einen Bart trugen. Diodor von Sicilien versichert, einige Gallier hätten sich den Bart scheren lassen, andere hätten ihn mäßig lang getragen. Die Edeln unter ihnen rasirten sich an den Backen, und hatten gleichwohl einen Knebelbart, der ihnen den ganzen Mund bedeckte. Dieser Schriftsteller sagt noch überdieß, es sey ihnen oft begegnet, daß sich bey dem Essen ihre Speise mit ihrem Knebelbart verschlungen, und daß ihnen dieser beym Trinken als Wassersieb gedient habe, um ihr Getränk durchzuseihen. „Einige scheren sich den Bart, „andere lassen ihn mäßig wachsen; die Edeln unter „ihnen glätten sich zwar durch Wegnahme der Haa„re die Wangen, aber an den Oberlippen lassen „sie selbige so lang wachsen, daß sie den ganzen „Mund bedecken; wenn sie trinken, fließt das „Getränk durch die Haare wie durch ein Sieb." Diodor von Sicil. Buch V. Kap. 20. Julius Cäsar bezeugt, die alten Britannier haben ihre Kopfhaare wachsen lassen, und sie haben einen Knebelbart getragen. „Sie haben sehr lang herab„hängendes Haar, scheren sich an dem ganzen übri„gen Körper völlig glatt, außer am Kopf und der „Oberlippe." S. Julius Cäsars Gallisch. Krieg. Buch V. Sidonius von Apollonien versichert von den Franken dasselbe, im fünften Gedicht, und braucht von diesen Knebelbärten das Beywort, winzig, klein.

Am ganz rasirten Kopf
durchstreicht bey ihnen der Kamm
Statt Barts ein winziges Haar.

Philipp Kluver sagt, die holländischen Bauern seiner Zeit hätten sich eben so getragen, wenn sie alt geworden wären; eben so auch der größte

Theil der Polen und die mitternächtlich gelegenen Völkerschaften. Cluv. altes Deutschl. I. 107. Tacitus sagt in seiner Beschreibung der alten Deutschen, sie hätten, wenn sie ins männliche Alter getreten wären, ihre Haupthaare und ihren Bart wachsen lassen, sie hätten ihnen fast das ganze Gesicht bedeckt, und sie hätten es nicht wieder davon zu befreyen gewagt, als bis sie einen von ihren Feinden zu den Todten befördert gehabt hätten; gleichsam um sich einer Gelübde zu entledigen, und zu zeigen, daß sie ihrer Geburt und ihres Vaterlands würdig seyen. Diejenigen, die sich nicht auf diese Art ausgezeichnet hatten, behielten ihr Gesicht bedeckt. Dieß ist ungefähr der Sinn, den man Tacitus sehr dunkeln Worten geben kann: „Auch andere Germanische Völkerschaften beobach„teten diese Sitte bey einer seltnen und ausgezeich„neten Handlung der Kühnheit von einem ihrer „Landsleute in Privatangelegenheiten; und es ist „allgemein angenommener Nationalcharakter bey den „Katten, sich den Bart wachsen zu lassen, so bald „sie die Jahre der Mannbarkeit erreicht haben; und „sie legen ihn als das Gelübde und das Unterpfand „ihrer Tapferkeit nicht eher ab, bis sie einen Feind „erlegt haben. Nur dann, wenn sie Blut von ih„rer Hand fließen sehen und Beute gemacht haben, „lichten sie ihre Stirn; nur dann glauben sie ihrer „Geburt einen Werth gegeben, sich ihrer Eltern

„und ihres Vaterlands würdig gemacht zu haben. „Feige und Wehrlose behalten ihren Schmuz." Tacitus über die Sitten der Germanen. Man sieht aus dieser Stelle, daß ungekämmte Haare, ein langer und borstiger Bart bey den Germanen für ein schimpfliches Zeichen von Feigheit und von Mangel an Muth galten, und daß im Gegentheil ein abgeschorner Bart und eine offne nicht mit Haaren überdeckte Stirn für ein Zeichen von Muth und Stärke gehalten wurden.

Ob uns gleich die Geschichte nur sehr wenig Denkmähler von den Sitten und Gebräuchen der alten Sigambrer aufbewahrt hat, so scheint es doch nach denen die uns noch von ihnen übrig sind, daß diese Völker einen sehr langen Bart getragen haben; denn man bewahrt noch alte Blatten, unter andern die im Kabinet des Herrn Smatius, eines Holländers, auf, welche Sicambrische Köpfe oder alte Bataver darstellen und nach kleinen alten Statüen gestochen sind, oder alten Degenknöpfen nachgebildet wurden. Diese Köpfe sind mit aufgeschürzten, über den Kopf geschlungenen Knoten, mit langen Bärten und großen Stirnen vorgestellt, so wie Martial in seinen Epigrammen sagt:

es kamen
Mit in Knoten geschlungenem Haar die
Sicambrer.

Auch bemerkt Tacitus, daß die Katten ihr Kopfhaar und ihren Bart wachsen ließen. Man sehe dessen Buch über die Sitten u. s. w. der Germanen.

VII. Bart der Franzosen.

In Frankreich hat der Bart viel Revolutionen erlitten. Jeder Franzos war sogleich Soldat, und man versichert, daß er, so bald er einen andern Stand ergriff, aufhörte, Franzos zu seyn, und daß man ihm, um dadurch zu zeigen, daß er nicht mehr zur Nation gehörte, die Verbindlichkeit auflegte, sich Bart und Kopfhaare abscheren zu lassen; weil beydes den wirklichen Franzosen von besiegten Ausländern unterschied. Junge Leute hatten nur einen Knebelbart.

Alrich, König der Westgothen befürchtete von Clodwich angegriffen zu werden; er suchte ihn deshalb sich günstig zu machen, bat ihn um eine Zusammenkunft, um ihm den Bart zu berühren, das heißt, um ihn zu adoptiren. Als Clodion, der Langbehaarte im Anfang des fünften Jahrhunderts in das Gebiet der Gallier eindrang, rasirten sich die Franken, die seinen Fahnen folgten, das Gesicht und behielten nur einige Haare an der Oberlippe. Das war die Periode der Knebelbärte.

Gegen das fünfte Jahrhundert und überhaupt seit Clodwich dem Ersten, der die Würde eines Römischen Patriciers erhielt, kamen die Bärte auf, und ihre Herrschaft erstreckte sich bis gegen das zwölfte Jahrhundert oder doch um diese Zeit, das heißt, bis zur Regierung Ludwig des Kindes, der sich seinen Bart auf gewisse Remonstrationen, die ihm Petrus Lombard, Bischof zu Paris machte, rasiren ließ. Alte Französische Annalisten bemerken, daß die erstern Könige in dem ältesten Frankreich lange, gedrehte, mit seidnen Schnüren und Bändern geflochtene Haare getragen haben. André Favyn. Hist. de Navar.

Eginhard, Sekretär von Carlmann handelt von den letzten Königen in Frankreich von dem ersten Stammgeschlecht, und erzählt, sie wären in öffentlichen Versammlungen auf dem Marsfeld auf einem mit Ochsen bespannten Rollwagen erschienen, hätten von ihrem Thron Besitz genommen, hätten lange fliegende Haare und einen Bart, der ihnen bis auf die Brust herabgehangen hätte, getragen, um ihren königlichen Stand dadurch zu beurkunden. „Mit herumfliegendem Haar, langem Bart saßen sie auf ihrem Thron und zeigten sich im Aufzug ihres königlichen Rangs.“ Eginhard im Leben Karl des Großen. Allein diese Erzählung, so wie der von Ochsen gezogene Wagen scheinen fabelhaften Ursprungs zu seyn. Man betrachte das Bildniß des größten Theils der Könige in Frankreich vom ersten regierenden Stamme wie man es auf ihren Münzen findet, und man findet keinen von diesen Regenten mit dem ehrwürdigen Bart vorgestellt, von welchem Eginhard spricht. Der größte Theil unter ihnen ist rasirt, und es gibt ihrer nur zwey oder drey darunter, deren Haar drey Wochen oder einen Monat, oder so lange, als man es von einer Reise, oder einem Feldzug, während dessen man sich nicht rasiren lassen konnte, mitbringt, gestanden zu haben scheint. Sidonius von Apollonien, der zur Zeit dieser ersten Könige in Frankreich lebte, sagt, die damaligen Franzosen hätten sich am Gesicht scheren lassen, und sie hätten nur einen großen Knebelbart beybehalten, den sie mit dem Kamm emporgekämmt hätten.

Am ganz rasirten Kopf
Durchstreicht bey ihnen der Kamm
Statt Barts ein winziges Haar.

Man würde berechtigt seyn, gegen Eginhard die Frage geltend zu machen, wie Clodwich der Zweyte diesen großen Bart haben konnte, da er nach den übereinstimmenden Nachrichten der Geschichtschreiber im ein und zwanzigsten Jahr gestorben ist. Clotarius der Dritte, sein Sohn hat nur siebzehn oder achtzehn Jahre gelebt. Childerich, sein Bruder, verlohr sein Leben, da er noch nicht vier und zwanzig Jahr zählte. Clodwich, der Dritte, ihr Neffe, starb in einem Alter von vierzehn Jahren.

Childibert der Zweyte, lebte nicht über acht und zwanzig Jahr. Der junge Dagobert, sein Sohn, der 700 gebohren war, starb 716; Thyerry de Chelles sein Sohn starb in seinem drey und zwanzigsten Jahr. Wenn Childerich der Dritte, der Pipin vom Thron stieß, der Sohn Thierrys war, so konnte er höchstens neunzehn Jahr alt seyn. — Es scheint also — wenn man auf das Alter des größten Theils der Könige vom ersten regierenden Stamm sieht, welchem zufolge diese Prinzen entweder in ihrer Minderjährigkeit oder sehr früh starben — als haben sie nicht den großen Bart tragen können, mit welchem sie uns Eginhard darstellt, und als haben sie noch weniger falsche Bärte getragen, welches eine wahre Maskerade gegeben hätte. Dieß ist die Bemerkung des Abbé Vertot in einer Dissertation Tom IV. der Memoires de l'Academie des Inscriptions.

Robert, König von Frankreich, trug einen sehr langen und merkwürdigen Bart. Wir lesen, daß dieser Prinz in der Schlacht, die ihm Carl der Einfältige, sein Nebenbuhler, lieferte, sich selbst der königlichen Standarte bemächtigen wollte; und er zog, damit man ihn noch leichter erkennen sollte, unter seinem Cuiraß seinen Bart, der sehr lang und weiß war, hervor, aber er verlohr bey dieser Action sein Leben. Ademare Chronicon. Tom. II.

II. Biblioth. Manuſc. Labbeï; dieß dient hinlänglich zum Beweis, daß man unter den Königen aus dem zweyten Stammhauſe einen langen Bart trug. Dieſe Sitte dauerte noch unter den erſten Königen des dritten Stammes fort. Hugues, Graf von Chalons, der von Richard, dem Herzog der Normandie beſiegt worden war, warf ſich ihm mit einem Pferdeſattel belaſtet, den er auf dem Rücken trug, zu Füßen, um dadurch ſeine gänzliche Unterwürfigkeit zu erkennen zu geben. „Mit ſeinem großen Bart, ſagt die Chronik, „hatte er mehr das Anſehn einer Ziege, als „eines Pferds.

Ein neuerer Schriftſteller (Hiſt. des Modes Françoiſes) beſchreibt die Art, den Bart zu tragen unter Heinrich dem Erſten, dem Sohn des gutmüthigen Königs Robert folgendermaßen: „Die Franzoſen, „ſagt er, machten von ihrer Figur einen ſonderbaren „ren Zuſchnitt. Die Kopfhaare, der Knebelbart „und der Bart am Kinn waren ſo geformt, daß „das Geſicht der Herren Stutzer einer Cascade „glich. Die Kopfhaare, welche rund, gleich und „platt waren, reichten nicht bis über die Ohren; „dieß war der erſte Abfall. Die Haare des Kne„belbarts, die frey herabhingen, und in der Mitte „nicht zugeſpitzt geſchnitten waren, bildeten den „zweyten. Ein ſehr langer, ganz ſpitz zulaufen-

„der Bart am Ende des Kinns endigte den drit-„ten.“ Das sagt dieser Schriftsteller; aber er gibt keinen Beweis; vielleicht hatte er einige Porträte der damaligen Zeit gesehen, welche diesem Gemählde glichen.

Der Bart erhielt sich in Frankreich noch zu Anfange des zwölften Jahrhunderts. Man konnte die spitzigen Bärte nicht mehr leiden, man hörte nach und nach auf, sie an der äußersten Spitze des Kinns zu haben; einige vereinigten sie mit dem Knebelbart und ließen sich um den Mund einen zirkelförmigen Bart wachsen. Der größte Theil begnügte sich, die Unterlippe nicht zu rasiren. Endlich erschienen die frisirten Bärte. Man glaubt, daß diese Mode, die anfänglich mit Begeisterung aufgenommen wurde, bald wieder aufgegeben ward; gleichwohl kämpfte sie noch fast ein halbes Jahrhundert gegen ihren Sturz. Endlich unterlag sie, und es war unter der Regierung Ludwig des Kinds gegen das Jahr 1149, wo sie gänzlich verschwand. St. Ludwig und seine Nachfolger nahmen, indem sie auf den Bart Verzicht thaten, die Mode mit langem Haar sich zu tragen, wieder auf. König Johann ließ sich Kopfhaare und Bart wachsen. Sein Sohn hielt sich an das Kopfhaar und gab den Bart auf, den man unter Franz dem Ersten wieder aufkommen sah. Pasquier bemerkt, man habe in den ersten Jahren der Regierung dieses

Prinzen die alte Mode, ein langes Kopfhaar und einen rasirten Bart zu tragen befolgt. Allein da derselbe am Kopf durch einen Feuerbrander von dem Capitain Lorges de Montgommeri sey verwundet worden, so habe er sich gezwungen gesehen, auf sein Haar Verzicht zu thun. Der Bart gewann dadurch wieder sein Ansehen. Franz der Erste trug ihn lang, und nur kurzes Kopfhaar. Seinem Beyspiel gemäß trug sein ganzer Hof, wie er, kurzes Kopfhaar und einen langen Bart. Nur Magistratspersonen und Geistliche ließen sich noch fortwährend rasiren.

Während Franz Olivier, der darauf Kanzler von Frankreich ward, 1536 nur unter der Bedingung in das Parlement zu Paris aufgenommen wurde, daß er sich seinen langen Bart, den er als Supplikenmeister trug, abscheren ließe, um an den rechtlichen Verhandlungen Theil nehmen zu können, zeichnete sich die galante und kriegerische junge Welt am Hofe, durch die Länge ihres Bartes aus; was jedoch nicht so unbedingt der Fall war, daß keine Ausnahme Statt gefunden hätte. Die Ducs de Joyeuse, d'Epernon, Quelus, Saint-Maigrin und andere Hofleute oder Lieblinge Heinrichs des Dritten waren nicht rasirt. Es ist gewiß, daß sie, wie unter der Regierung Franzens des Ersten und Heinrichs des Zweyten, einen langen Bart trugen.

Johann von Morvilliers, Bischof zu Orleans konnte 1552 wegen seines langen Barts nicht in das Kapitel dieser Stadt aufgenommen werden. Der neue Bischof mußte ein an das Kapitel gerichtetes Rescript unter dem 13ten Nov. 1552 auswirken, welches dem Kapitel die Verbindlichkeit auflegte, diesen Prälaten anzunehmen, ohne sich daran zu stoßen, daß er einen Bart trage, und ohne daß er gehalten seyn sollte, ihn sich abnehmen zu lassen; angesehen, weil er ihm wegen seiner Functionen als Ambassadeur in fremden Ländern nöthig wäre, sagt das Reskript.

Unter den folgenden Regierungen trugen die Protestanten lange Bärte und kurzes Kopfhaar. Die Könige in Frankreich trugen bis zu Ludwig dem Dreyzehnten kurzes Kopfhaar und einen langen Bart. Die junge Welt Ludwig des Dreyzehnten trug vieles zur Abschaffung der Bärte in Frankreich bey. Dieser Fürst war erst neun Jahr alt, als er zur Regierung gelangte. So bald er Haare am Gesicht bekam, ließ er sich rasiren. Diese Katastrophe legte den Bärten die Verbindlichkeit auf, sich zurückzuziehn; sie sahen sich auf den Punkt zurückgebracht, daß sie am Gesicht nur noch einen kleinen Platz einnehmen und zuletzt am äußersten Ende des

Kinns nur noch einen Büschelbart ausmachen durften.

Diese Veränderung, die zuvörderst am Hofe erfolgte, fand auch in den Provinzen Eingang, wenn man einige Doktoren, die Advocaten, und alte Leute, die an alten Gebräuchen hängen, ausnimmt; und man sah fast in ganz Frankreich nichts mehr als Büschelbärte, und Gesichter mit Knebelbärten. Indeß verließen Magistratspersonen und Prälaten, die den langen Bart eingeführt hatten, ihn nicht. Der Prämier-Präsident Molk, der 1656 starb, und der berühmte Peter Camus, Bischof zu Bellay, der 1652 starb, haben immer ihren Bart getragen. Man trug ihn noch während der Minderjährigkeit Ludwig des Vierzehnten in Büschelgestalt. Endlich schränkte man sich auf einen einfachen Knebelbart ein, bis der Bart 1680 vollends ganz verschwand.

Man würde heut zu Tage lachen, wenn man einen Bischof, eine Magistratsperson, einen Finanzrath mit zwey Knebelbärten wie Dragoner einherschreiten sähe. So weit geht die Herrschaft der Moden; sie scheinen immer bisarr, wenn sie nicht mehr existiren. Ein Edelmann, der vor hundert Jahren nicht wenigstens fünf oder sechs Haare unter der Nase und ebn so viel an der äußersten Spitze des Kinns gehabt hätte, hätte sich lächerlich gemacht. Wer sich jezt einfallen ließ, diese Mode wieder aufzubringen, mit dem würde es nicht minder der Fall seyn.

Aus allem dem, was wir bisher gesagt haben, muß man schließen, daß der Bart in unserm Europa viele Revolutionen erfahren hat. In der That sehen wir, daß man bald große Sorge trug, ihn sich wachsen zu lassen, und es sich für eine große Ehre anrechnete, wenn man einen recht langen Bart hatte; bald hinwieder sich der Geschmack änderte, und man ein Gesicht mit einem langen Bart für unerträglich und scheuslich hielt. Aber wer weiß nicht, daß Sitten und Gebräuche der Veränderung unterworfen sind, und daß es keinen mit noch so großem Beyfall aufgenommenen neuen Gebrauch gibt, der nicht auf einen ganz entgegengesetzten gefolgt wäre. Dieß ist nicht sehr befremdend, wenn zwischen diesen beyden Extramen (Aeußersten) ein beträchtlicher Zeitraum verfließen mußte, und wenn die Veränderung nicht Dinge zum Gegenstand hat, die uns sehr geläufig geworden sind, die uns durch fortwährenden Gebrauch immer vorgehalten werden, als da sind Kleidung, gesellschaftlicher Ton, Moden; denn wir fühlen uns natürlicher Weise weniger überrascht, wenn wir eine Veränderung mit demjenigen vorgegangen finden, was wir nur von Zeit zu Zeit sehen, als wenn dasjenige eine Veränderung erleidet, was uns immer umgibt, was gleichsam unter unsern Augen sich verändert.

Wir wollen noch folgende Anekdote in Beziehung auf die Revolution, welche der Bart in Frankreich im letztvergangenen Jahrhundert erlitt, mittheilen. Diejenigen, welche die alte Mode der langen Bärte beybehielten, wurden gewissermaßen ihrem eignen Vaterlande fremd. Als der berühmte Herzog (Duc) von Sully an den Hof Ludwig des Dreyzehnten, der über einen wichtigen Gegenstand mit ihm berathschlagen wollte, gezogen wurde, konnten sich die jungen Höflinge nicht des Lachens erwehren, indem sie diesen ehrwürdigen Herrn mit einem langen Bart, einem Anzug, der nicht mehr Mode war, einem ernsten, gesetzten Wesen und mit Manieren, die bey dem ehemaligen Hofe üblich gewesen waren, auftreten sahen. Der Herzog von Sully, der es merkte, daß man ihn lächerlich zu machen suchte, redete Ludwig den Dreyzehnten öffentlich mit folgenden Worten an: „Sire, wenn Ihr Vater, glorreichen Andenkens, mir „die Ehre erwies, mich über wichtige Angelegenheiten zu Rath zu ziehen, so ließ er vorläufig die „Narren und Lustigmacher des Hofes abtreten."

Wir haben gesehen, daß ehemals alle Völker Europens lange Bärte trugen. Dieß sieht man auf alten Gemählden noch. Nach und nach ist diese Sitte fast ganz aus diesem Welttheil verschwunden. Einige glauben, die Epoche dieser Veränderung falle in den Zeitpunkt, wo die Spanier aus Amerika in das Königreich Neapel eine gewisse Krankheit mitbrachten, die Bart und Haupthaare ausgehen machte, und die man Haarausfall nannte. Einige große Herren, welche die traurige Erfahrung davon gemacht hatten, würden sich einer schimpflichen Demüthigung haben preis geben müssen, wenn sie das Zeichen eines unregelmäßigen Lebens öffentlich zur Schau getragen hätten; sie entschlossen sich daher, den Bart ganz abzulegen. Ihre Unterthanen ahmten ihr Beyspiel aus Schmeicheley oder aus Nothwendigkeit nach.

Was man auch von dieser Veränderung der Mode denken mag; genug, man hielt dem Bart von nun an die Zügel kürzer, und begnügte sich, wenn die kranken Haare wieder gewachsen waren, einen Knebelbart zu haben. Endlich kam die Mode auf, mit nacktem Gesicht zu gehen. Man dachte sich schöne Gründe aus, diese neue Mode in Gang zu bringen, und man trug bald weder Bart noch Knebelbart mehr. Bloß, um das Andenken an die Bärte nicht ganz auslöschen zu lassen, duldet man an Schweizern, als ausländischen Soldaten, an Kavalieren bey einigen Regimentern und an breitschulterichten Kutschern noch einen Knebelbart, und man behauptet, das stehe ihnen sehr gut. —

VIII. Bart der Engländer.

Wirft man auf die Geschichte Englands einen forschenden Blick, so wird man finden, daß der Bart daselbst unter der Heptarchie der Sachsen blühte, daß heißt zur Zeit der Theilung, welche die Sächsischen Könige mit ganz England, das sie in sechs Königreiche oder Gouvernements theilten, vorgenommen hatten; daß er aber unter dem Stamm der Normännischen Könige fast ganz unterdrückt worden ist. Gleichwohl muß man bemerken, daß es mehrere Regierungen unter diesem Prinzen gab, wo der Bart von Zeit zu Zeit unter verschiedenen Gestalten zum Vorschein kam.

Im Jahr 1105 sprach Serlon, der Bischof von Stenz, der im Gefolg Heinrich des Ersten, Königs von England war, als er am Pfingsttage die heiligen Mysterien zu Clarenton feyern wollte, mit solcher Heftigkeit gegen diejenigen, die ihren Bart und ihre Haare wachsen ließen, daß dieser Prinz und sein ganzes Gefolge ihre Zufriedenheit über die vorgeschlagenen Maaßregeln äußerten, sie dieser eiteln Zierde zu berauben; welches der Prälat selbst mit der Schere that. Older. Vital. in Duchesne Hist. Norman. Marbode, Bischof zu Rennes machte es unter andern Robert von Arbrissellеs zum Vorwurf, daß er einen langen Bart und über der Stirn abschnittene Haare trug.

Als Wilhelm der Eroberer, Herzog der Normandie in See ging, um England zu erobern, zogen sich die Engländer einen Bart, und er bestand in zwey kleinen Knebelbärten, welche die Oberlippe bedeckten, und in einem kleinen Büschel, womit das Kinn besetzt war. Der König Wilhelm, der die Verschiedenheit wegschaffen wollte, welche ein wenig Haar zwischen seinen alten und neuen Unterthanen hervorbrachte, machte es diesen zur Verbindlichkeit, auf diese Kleinigkeit Verzicht zu thun; was denn auch geschah.

Seit dieser Zeit gab es viele Regierungen in England, unter welchen das Barttragen unter verschiedenen Gestalten von Zeit zu Zeit wieder aufkam. Es scheint, als habe er seinen letzten Versuch, sich aufrecht zu erhalten, unter der Regierung der Königin Maria gemacht, wie Neugierige sich überzeugen können, wenn sie ihre Blicke auf die Kupferstiche und Porträte des Cardinal Poole und und des Bischof Gardner richten wollen. Indeß könnten die protestantischen Mahler, von Religionseifer gegen die Römisch-Katholischen Glaubensgenossen erfüllt, die Bärte dieser beyden Prälaten über ihre gehörigen Dimensionen verlängert haben, um ihrem Anblik etwas Abschreckendes zu geben.

Unter der Regierung Jakob des Ersten findet man nichts Merkwürdiges von Bärten mehr. Während der letztern bürgerlichen Kriege in England kam eine Art von Bart zum Vorschein, welche in der Geschichte keine unansehnliche Figur spielt; ich meine den Bart des furchtbaren Hudibras, dessen Beschreibung uns Butler in folgenden Worten gibt:

Sein breiter, lang entfalteter Bart
die Zierde seines Antlitzes ward;
Er entwickelt' an ihm zu gleicher Zeit
den Glanz einer jeden Kunstfertigkeit.

Die Figur davon stellt ein Viereck dar,
Seine Farbe mahlt ihn in buntscheckigem Haar;
Von oben sieht es helleblau;
Von unten ganz orangegrau.

Der Backenbart erhielt sich in England noch einige Zeit, ungefähr so, wie er sich auch in Frankreich noch nach der Ausrottung der Bärte erhielt. Endlich aber kam es doch dahin, daß man gar keine Bärte mehr trug.

Bart der Moscoviten.

Es sind uns nur noch wenig Denkmähler von den Sitten und Gebräuchen des Moscovitischen Volks übrig. Wir erwähnen nur, daß Perry in seinem Buch über den gegenwärtigen Zustand des Russischen Reichs sehr weitläuftig von dem langen Barte der Moscoviten, vorzüglich der Priester, und von der Taxe von hundert Rubeln spricht, die ehemals der Czar Peter der Große allen denjenigen auflegte, welche ihren Bart behalten wollten; wir sprechen blos von der heiligen Scheu und der Ehrfurcht, welche diese Völker für den Bart bezeugten, hauptsächlich aus dem Grunde, weil der Bart sie von den Fremden unterschied und ihnen Aehnlichkeit mit den Heiligen gab, die sie mit Bärten vorstellten. Mit einem Wort, der Czar wurde der Tyranney und des Heydenthums angeklagt, weil er die Bärte abschaffte; aber die frömmsten unter ihnen behielten ihre Bärte bey, und bewahrren sie sorgfältig, um sie mit ins Grab zu nehmen.

IX. Bart der Orientaler und Türken.

Die Morgenländer, deren wechselnde Moden nicht Geist und Sitten von dem Wege der Natur abgelenkt haben, haben den Bart beybehalten und machen sich noch eine Ehre daraus. Man sieht bey ihnen nicht diese weibischen Gesichter, die den Mann entehren und deren er sich schämen müßte, weil man sich alle ersinnliche Mühe gibt, auch das kleinste Haar, daß die Natur pflanzte, auszureuten. Sie tragen einen Bart, oder wenigstens einen Knebelbart, und bey ihnen wäre ein Mann ohne Bart in Ungeheuer oder ein Verschnittner.

Wenn die Araber eine etwas erwachsene Mannsperson mit rasirtem Bart sehen, verfehlen sie nie, folgenden Fluch über sie auszusprechen: „der Fluch Gottes komme über den Vater, der dieses unvollkommene Gesicht gezeugt hat.“ Sie sagen, der Bart gebe dem männlichen Gesicht seine Vollkommenheit. Je länger und bartreicher es ist, desto ehrwürdiger ist es für sie. Sie verachten diese Katzenbärte, die nur aus einigen wenigen, in eine Linie abgezirkelten Haaren bestehen. Sie betrachten den Bart als einen wesentlichen Theil, der zur Existenz des Mannes gehört. Deshalb schätzen sie die Kapiciner so sehr, weil man ihnen nämlich gesagt hat, daß sie sich den Bart in der Mitte einer endlosen Völkerkette wachsen lassen, die dasselbe nicht thut, sich ihn vielmehr abscheren läßt. Sehen sie jemanden mit einem dicken Bart, so sagen sie: „welch ein Glück für Väter, die so schöne Bärte erzeugt haben. „Der Segen Gottes muß wie ein Regen „über sie herabkommen.

Sehen sie neu angekommene Greise mit rasirtem Bart und Knebelbart, so kann man sich keine Vorstellung davon machen, welch' einen widrigen Eindruck dieß auf sie macht. Einer sagt dann zum andern: „Das ist unstreitig ein Galeerensklav, der den Ketten entlaufen ist. Er „kann aus keinem andern Grunde zu uns ge-

„kommen seyn, als weil er aus seinem Lande „als ehrlos ausgestoßen worden ist, und un„ter uns ungekannt leben will. Was für ein „Gesicht! Man sollte es mit Koth bewerfen; es „ist das Gesicht eines alten Affen, das Gesicht „eines alten Sünders, den die Sünde nicht „verläßt. Sehen sie im Gegentheil einen Men„schen mit einem großen und gut gehaltenen Bart, „so rufen sie sogleich aus: „Man darf diesen Bart „nur sehen, um gewiß zu seyn, daß der, wel„cher ihn trägt, ein Mann Gottes ist, und „daß ihn Gott mit seiner Huld beglückt. Dieß bezeugt von den Arabern der Chevalier von Arvieux, der sich bey dieser Nation lang genug aufgehalten hatte, um mit ihren Gebräuchen hinlänglich vertraut zu seyn. Man sehe dessen Memoiren.

Derselbe Verfasser, von dem wir so eben einige Stellen entlehnt haben, lehrt uns, daß, wenn die Araber eben so wie die Türken, einmahl ihre Köpfe haben scheren lassen, ohne dem Barte zu nahe gekommen zu seyn, alle ihre Freunde ihnen deshalb Glück wünschen und tausend Segen für sie erflehen. Aber nach diesem Zeitpunkt ist ihnen auch nicht mehr erlaubt, sich den Kopf rasiren zu lassen, ohne gegen die Religion zu sündigen, und seine Ehre zu verwirken; sie würden selbst von dem bürgerlichen Gericht verurtheilt werden, wenn ein Eiferer sie angäb.

Eine ihrer Vergleichungen und eines ihrer Sprüchwörter lauten so: **Dieß ist mehr werth als der Bart, als dieser oder jener Bart, diese oder jene Schere.** Dieß läuft auf den Begriff hinaus, den **wir** ausdrücken, wenn wir sagen: **etwas bey der rechten Seite angreifen;** mit einem Wort: der Bart mischt sich in alle ihre Gespräche. Sie kämmen ihn mit den Fingern aus Ersparniß; sie küssen ihn, weil es Ceremonie so mit sich bringt; sie schwören und bitten bey ihm; sie benachrichtigen sich durch ihn. Wer einen Bart hätte, der einen Fuß breit wäre, und der ihm bis auf den Gürtel herab stieg, würde als der verehrungswürdigste Mann im ganzen Lande angesehen werden; sein Zeugniß allein würde vor Gericht mehr als das von dreyßig Norrmännern gelten.

Bart der Türken.

Türken und andere Muhamedaner nähren nach dem Beyspiel ihres Gesetzgebers, der seinen Bart nie rasirt hat, den Ihrigen in seiner ganzen Länge, wie es der Natur gefällt, ihn zu geben. Ein großer Bart hat für sie nicht nur großen Reitz, sondern sie sehen ihn auch als einen wesentlichen Theil eines rechtlichen Menschen an; und dieser angebliche Fehler, den sie an uns bemerken, trägt nicht wenig zu der Verachtung bey, in der wir bey ihnen stehen. Die Perser gelten bey ihnen für Ketzer, weil sie ihn der Reinlichkeit wegen am Kinnbacken abnehmen. Folgendes ist einer von den Artikeln des Richterspruchs eines türkischen Mufti in Beziehung auf einen gewissen Sari-Chalif, den Hofmeister des Königs von Persien: „Ihr schneidet nie den Knebelbart eures Barts ab, und ihr begnügt euch, das Haar am Kinn abzunehmen, welches dem Mann zur Zierde dient und ihm ein Ehrfurcht gebietendes Ansehn gibt; ihr gebt ihm auch eine Form, wie es euch beliebt. Ricaut, gegenwärtiger Zustand des türkischen Reichs.

Bey den Türken kommt das Schermesser nie über das Gesicht des Großherrn; so wie im Gegentheil alle diejenigen, die ihn im Serail bedienen, rasirt sind; zum Zeichen ihrer Unterthänigkeit. Sie können ihren Bart nur dann wachsen lassen, wenn sie wieder aus dem Serail gehen, was für sie eine Art von Belohnung ist, die nie ohne ein mehr oder weniger ansehnliches Amt, das nach den Talenten dessen, der es erhält, nach der Achtung die man für ihn hegt, oder nach dem Grad von Protection, die ihm der Premierminister angedeihen läßt, abgemessen ist, ertheilt zu werden pflegt.

Von all'n denjenigen, die sich der Person des Großherrn nahen, hat nur der Bostangi Bachi (der Oberaufseher der Gärten, Fontänen und der Vergnügungsplätze des Großherrn) das Recht, einen langen Bart zu tragen, weil er der Chef aller Gärtner ist, weil er unbedingt über sie zu befehlen hat, und immer in der Nähe des Sultans ist, wie die Gardecapitains immer um die Person eines Königs sind.

Die jungen Türken, wiewohl sie noch frey und nicht im Serail sind; in deren Adern, um mich nach ihrer Art zu reden auszudrücken, noch tolles Blut läuft, scheren ihren Bart und tragen nur einen Knebelbart, sobald sie Haare genug haben, die ihn bilden können. Um sie deshalb zu entschuldigen, sagt man: das Feuer der Jugend treibe sie mehr zu den Thorheiten der Welt, als zur Ausübung der Religion. Aber wenn sie verheyrathet sind, und Väter werden, schneiden sie selbigen nicht mehr ab, und dieß gilt bey ihnen für ein Zeichen, daß sie weise geworden sind, daß sie dem Laster entsagt haben, und daß sie an ihr wahres Heil denken.

Die Ordensgeistlichen und Missionäre, die in der Türkey sind, so wie der größte Theil der in der Türkey lebenden Christen lassen ihren Bart wachsen, um sich dadurch den Völkern gleich zu stellen, mit welchen sie leben müssen; aber das geschieht oft nicht ohne Eifersucht von Seiten der Ungläubigen, welche nicht leiden können, daß Christen es ihnen in dieser Art Zierde gleich oder zuvor thun. Ein Jesuit, der durch die Länge seines Barts ihnen ehrwürdig seyn mußte, erzählte, daß er während seines Aufenthalts in Cairo mehrere Mahle von den Mahomedanern deshalb insultirt worden sey, weil sie nicht leiden konnten, daß er über sie diesen Vortheil hatte, und ihm deswegen mit drohender Verachtung sagten: „Ah! Hund, ha! Ungläubiger; „was hast du Gott für einen Dienst „geleistet, daß er dir einen so schönen Bart „gab?"

Der Französische Konsul zu Saida erzählte gleichfalls, er habe eines Tags dem Pascha des Orts eine ins Einzelne gehende Beschreibung von den großen Eigenschaften König Ludwig des Vierzehnten gemacht; der Pascha habe eben so viel Bewunderung als Respekt für diesen Prinzen bezeugt; habe ihn aber am Ende gefragt, ob der Kaiser von Frankreich einen großen Bart trüge? Da der Konsul darauf erwiedert hätte, den trüg er nicht, sondern nur einen leichten Knebelbart, so habe der Pascha ganz ernsthaft ausgerufen: o! wie sehr Schade ist es nicht, daß ein so glorreicher Monarch keinen Bart trägt. S. Morison Reise auf den Berg Sinai und nach Jerusalem.

Wenn sich die Araber und Türken den Bart kämmen, halten sie ein Schnupftuch über ihre Knice und sammeln sorgfältig die Haare, welche ihnen ausgehen; und wenn sie eine gewisse Menge aufgehäuft haben, wickeln sie sie in Papier und tragen sie auf den Kirchhof.

Weiber küssen ihren Männern, und Kinder ihren Vätern den Bart, wenn sie selbige begrüßen. Männer küssen sich ihn wechselseitig, wenn sie sich auf den Straßen grüßen, oder wenn sie von einer Reise zurück kommen. Sie sagen, der Bart sey ein nothwendiger Theil zur Vollkommenheit des männlichen Gesichts, und es würde weniger entstellt werden, wenn man ihm Statt des Barts die Nase abschnitt. Sie bewundern und beneiden diejenigen, die einen schönen Bart tragen. Sieh nur, ich bitte euch — sagen sie — diesen schönen Bart. Man darf ihn nur sehen, um ihn für einen ehrlichen Mann zu halten. Wenn jemand, der einen schönen Bart hat, etwas schlechtes thut, so sagen sie: Schade! dieser Bart ist zu beklagen. Wenn sie jemanden tadeln wollen, so sagen sie mehrmals: schäme dich in deinen Bart hinein; wird sich diese Unordnung nicht auch auf deinen Bart erstrecken? Bitten sie jemanden um etwas, oder schwören sie, um etwas zu bejahen, oder zu verneinen, so sagen sie: du kannst mir das bey deinem Bart; bey dem Leben deines Barts glauben; oder: bey deinem Bart, dem ist so, oder dem ist so nicht. Wenn sie sich wegen etwas bedanken wollen, so sagen sie: Gott wolle Euch Euren gesegneten Bart erhalten; Gott schütte seine Segnungen über Euren Bart aus; und in Vergleichungen heißt es: das ist mehr werth, als der Bart.

Eine der Hauptcäremonien bey gesellschaftlichen Zusammenkünften besteht darin, daß man sich den Bart mit wohlriechendem Wasser wäscht, und ihn dann mit Aloe einreibt, die sich mit jener Flüssigkeit vermischt und ihm einen angenehmen Geruch gibt. Dieß hat viel Aehnlichkeit mit demjenigen, was im zweyten Vers des 122 Psalm steht; wo es heißt, die Salbung, womit man Arons Haupt gesalbet habe, sey bis auf seinen Bart herab geflossen.

X. Bart der Chinesen, der Tartaren, der Indianer.

Wir werden in diesen Artikel alle die verschiedenen Arten Bärte bey den Chinesen, den Tartaren, den Indianern, den Amerikanern und andern Völkern, deren Sitten und Gebräuche uns durch die Berichte der Reisebeschreiber bekannt sind, zusammen fassen.

Da die Chinesen in alles eine gewisse feyerliche Würde legen, so bildeten sie sich auch ein, ein langer Bart könnte ihnen ein ehrwürdiges Ansehn geben. Sie lassen ihn sich wachsen; und wenn ihre Bärte nicht groß ausfallen, so ist es nicht ihre Schuld. Gewiß fehlt es ihnen nicht an einem langen Bart, weil es ihm an Pflege gebricht. Aber die Natur hat sie in diesem Punkt sehr partheyisch behandelt; und es gibt keinen unter ihnen, der die Europäer nicht beneidete, die ihnen in diesem Punkt als die größten Menschen auf der Welt erscheinen. Des P. Lecomte Memoiren über China.

Johann Kinson sagt, die Tartaren leben mit den Persern im Krieg, weil diese ihren Knebelbart nicht abscheren lassen wollen, wie dieß die Tartaren thun, ob sie übrigens gleich mit ihnen in Absicht mehrerer Punkte der Mahomedanischen Religion übereinstimmen.

Bukkarier.

Die Bukkarier, eine Art von Tartarn, leben mit ihren Nachbarn in beständigem Streit, weil sich diese nicht, wie sie, und wie alle Tartarn, das Haar der Oberlippe wachsen lassen. Sie betrachten dieses Betragen als eine so große Sünde, daß sie selbige Kaffern, das heißt, Ungläubige, nennen; einen Beynamen, den sie auch den Christen geben.

Makakarier.

Die Priester des Königreichs Makakar tragen einen langen Bart, der ihnen bis auf den Gürtel herabhängt. Die andern Personen rasiren sich; aber sie schneiden ihr Kopfhaar nicht ab. Sie tragen eine ganz eigene Sorgfalt dafür, sie gut zu kämmen und sie mit einem wohlriechenden Oel einzureiben, was jedoch nicht verhindert, daß sie nicht bisweilen sehr übel röchen, wenn sie sich erhitzt haben. Deshalb waschen sie sich den Kopf sehr oft.

Siameser.

Die Talapoins oder die Siameser aus dem Priesterstand scheren sich den Bart, den Kopf und die Augenbraunen. Ihre Vorgesetzten sind dazu gehalten, sich selbst zu rasiren, weil man ihren Kopf nicht ohne Verletzung der ihnen schuldigen Achtung berühren kann. Derselbe Umstand verbietet den jungen Priestern, die alten zu rasiren. Aber die alten rasiren die jungen, und leisten sich einander selbst diesen Dienst. Die Rasirmesser der Siameser sind von Kupfer. Die bestimmten Tage, wo man sich der Regel nach rasirt, fallen in den Neu- und in den Vollmond.

Java.

Die Einwohner der Insel von Bali, oder von klein Java in Ostindien sind schwarz, und ähnlichen den Japanern darin, daß sie keinen Bart tragen. Sie rotten sich ihn mit Instrumenten aus, die sie zu diesem Behuf einzig in der Absicht erfunden haben, um ihren Weibern, die sie wegen ihres bärtigen Gesichts Böcke nennen, zu gefallen. S. allgemeine Geschichte der Reisen.

Maldivier.

Die Maldivier geben ihren Bart zwey verschiedene Formen; die eine ist nur den Pandiaren, das heißt dem obersten Diener der Religion, und dem souverainen Richter des Königreichs, den Musculi's oder den Alten, den Dienern der Religion und denjenigen, welche die Reise nach Mecca oder Medina gemacht haben, erlaubt, sie besteht darin, daß man den Bart in seiner ganzen Größe trägt, und daß man sich nur unter der Kehle und um beyde Lippen rasiren läßt; denn sie scheuen sich davor, als vor einer Unreinlichkeit, daß er das, was sie trinken oder essen, berühren möchte. Die andere Form des Barts, die ihm die gemeine Klasse der Bürger gibt, besteht darin, daß man ihn sehr klein um den Mund und unter der Kehle, ohne einen Knebelbart zu haben, trägt; man beschneidet ihn nur mit der Schere, und es bleibt immer davon etwas übrig; man bemerkt dieß am Kinn sehr deutlich, wo er sich in eine Spitze endigt.

Die Maldivier haben keine öffentlichen Barbiere. Jeder schert sich seinen Bart mit einem Messer von Stahl oder Kupfer. Einige erzeigen sich einander diesen Dienst. Der König und die höchsten Staatsbedienten lassen sich durch Leute von Stand rasiren, welche sich aus diesem Dienst eine Ehre machen, ohne daß sie auf irgend eine Art dafür besoldet würden.

Der Aberglaube der Maldivier in Absicht ihrer Bartabschnittel und Nägelabschabsel ist fast unbegrenzt. Sie graben die Ueberbleibsel von beyden mit äußerster Sorgfalt auf ihrem Kirchhof ein, um nichts davon umkommen und verlohren gehen zu lassen. Diese abgenommenen Theile sind, wie sie zu sagen pflegen, ein Theil ihrer selbst, der eben so gut als ihr Körper Beerdigung fordert. Der größte Theil von ihnen rasirt sich am Eingang der Moscheen. Es hat ganz den Schein, daß die Inselbewohner diese abergläubische Ehrfurcht für die Haare des Barts zugleich mit der Mahomedanischen Religion von den Arabern und Türken erhalten haben. Allgem. Gesch. der Reis. Achter Theil.

Indianer.

Reisebeschreiber sagen uns, daß sich die amerikanischen Wilden wenig aus dem Bart machen. Unter den Indianern des festen Landes in Peru würden die Mannspersonen einen weißen Bart haben, wenn sie ihn wachsen ließen. Sie reißen sich ihn aber aus; indeß thun sie dieß mit dem Milchbart nicht, der ihren ganzen Körper bedeckt. Die Indianer kämmen sich außerordentlich gern; man kann dieß aus der Zeit schließen, die sie darauf verwenden; das Kämmen ist für sie eine Uebung, die sie den Tag über mehrere Mahle wiederholen. Das Geschäft des Bartausreißens und der Vertilgung aller andern Haare am männlichen Körper mit Ausnahme der Haare an Augenliedern und Augenbraunen, liegt dem weiblichen Geschlecht ob. Sie nehmen die Haare zwischen zwey kleine Stöcke, und ziehen sie sehr geschickt aus. Auch lassen sich die Männer bey einigen Gelegenheiten, z. B., wenn sie einen Sieg über einen Feind, den sie mit eigegener Hand erschlugen, davon getragen haben, das Haupthaar abscheren.

Im Allgemeinen tragen die Indianer in Peru nie einen Bart; denn diesen Namen kann man einigen wenigen und kurzen Haaren nicht geben, die ihnen noch im erwachsenen Alter wachsen.

Knivet bemerkt, daß sich die Topinambous, welche an der Allerheiligenbay wohnen, von allen andern Indianern durch die Sitte, sich ihren Bart wachsen zu lassen, unterscheiden.

Vateren.

Die Vateren, ein Volk, welches an den Ufern des Flusses Issinus wohnet, lassen ihr Kopfhaar wachsen und scheren sich den Bart sehr früh. Im Gegentheil scheren sich die Issineser den Kopf, und lassen ihren Bart wachsen. Die letztern sind leidenschaftlich für ihren Bart eingenommen. Sie kämmen ihn regelmäßig und tragen ihn eben so lang, als die Türken.

Malabaren.

Die eingebohrnen Malabaren lassen sich den Bart scheren. Einige tragen einen Knebelbart, obgleich der größte Theil ihn nicht trägt.

Amerikaner.

Es ist weniger leicht zu erklären, woher es kommt, daß, wenn man die Kopfhaare, welche bey den Indianern des mitternächtlichen Amerika ohne Ausnahme schwarz sind; und die Augenwimpern und Augenbraunen, die sich einige sogar ausreißen, ausnimmt: sie am ganzen Körper kein einziges Haar haben, und daß ihnen in diesem Punkt fast alle Amerikaner gleichen. Das erstaunenswürdigste dabey ist, daß ihre Kinder mit wenigen aber ziemlich langen Haaren auf die Welt kommen, und daß sie innerhalb des Zeitraums von acht Tagen verschwinden *). Auch sieht man einige Haare am Kinn des Greises, so wie er nach Europa kommt, und bey Weibern von einem gewissen Alter. Einige schreiben diese Sonderbarkeit dem Tabakrauchen zu, welches beyden Geschlechtern gemein ist; andere finden eine wahrscheinlichere Ursache in ihrem Blut, das, da es bey so einfachen Nahrungsmitteln reiner sey, auch weniger überflüßigen Stoff hervorbringe, wovon das Unsrige, das gröbere Bestandtheile habe, einen so großen Ueberfluß darbiete. Ueberdieß mache sie dieselbe Einfachheit ihrer Nahrungsmittel auch so leicht zu Fuße und zum Laufen geschickt; und sie würden schwerfälliger, so bald sie sich der Unsrigen bedienen.

Esquimaux.

Die Esquimaux sind fast die einzige Völkerschaft in Amerika, welche Bart hat. Sie haben ihn bis an die Augen, und so dick, daß man Mühe hat, einige Züge ihres Gesichts zu entde-

*) Die Wahrheit dieses angeblichen Faktums angenommen (die noch sehr zu bezweifeln seyn möchte) ist doch die Erklärung desselben, die der Verfasser gibt, ganz unbefriedigend. Nahrungsmittel allein können keineswegs der Grund eines behaarten oder nicht behaarten Körpers seyn! Eben so wenig Tabakrauchen.

cken. Sie haben übrigens gewissermaßen ein scheusliches Ansehn; kleine entstellte Augen, breite, schmutzige Zähne, in der Regel schwarzes, bisweilen blondes Haar, und in ihrem ganzen Aeußeren rohe Thierheit *).

Othahiten.

Die Bewohner der Insel Othahiti, oder die Othaheiten lassen sich nach Bougainville's Bericht den untern Theil des Barts wachsen, aber sie haben alle einen Knebelbart und rasirten Backenbart. Alle haben die Gewohnheit, sich die Haare des Kopfs und Barts mit Oel von Cokosbaum zu salben **).

*) Die Esquimaux sind das nördlichste Volk in Nordamerika; ihr Körper ist bey dem äußerst strengen Klima, das sein Wachsthum hindert, und den zur Beschützung gegen dasselbe von der Natur in den menschlichen Körper gelegten Keim von Haaren entwickelt, von der kleinsten Statur und behaart.

**) Cooks und Forsters Nachrichten über die Otaheiter sind weit belehrender und detaillirter.

Fünftes Kapitel.

I. Bärte von einer außerordentlichen Länge.
II. Sitte der goldfarbigen Bärte, oder der Bärte von verschiedener Farbe.
III. Falsche Bärte.
IV. Barbiere.
V. Französische Barbiere und ihr Unterschied von den Chirurgen.
VI. Ueber die Sonn- und Festtage in Hinsicht der Barbiere.

I. Ueber verschwenderisch-lange Bärte.

Ich bin gar nicht in Abrede, daß man in allen den Jahrhunderten, wo jedermann die Sitte mitmachte, sich den Bart wachsen zu lassen, nicht deren sollte gefunden haben, die über die gewöhnliche Länge der Bärte weit hinaus gewachsen wären. Hätte man sie in der Geschichte sorgfältig aufgezeichnet, so würde man ohne Zweifel eine sehr beträchtliche Liste davon verzeichnen können. Ich begnüge mich einige hier zu beschreiben, von denen einige Schriftsteller Erwähnung thun.

Valvassor thut in seiner Beschreibung des Herzogthums Kärnthen eines sonderbaren Bartes Meldung, den Andreas Eberhard Rauber von Talberg und Weineck, Deutscher Ritter und Kriegsrath Kaisers Maximilian des Zweyten trug. Dieser Herr ist sehr berühmt gewesen, nicht nur wegen seiner großen Stärke und der Höhe seiner Statur, sondern auch wegen seines Barts, der ein wahres Wunder und von einer so außerordentlichen Länge war, daß er ihm bis auf die Füße ging und wieder bis zum Gürtel empor stieg. Er erschien nie in einem Staatswagen, noch zu Pferde bey Hofe, sondern zu Fuß, um mit seinem Bart desto besser Parade machen zu können. Er schlang ihn um einen großen Stock, und überließ ihn, wie eine ausgebreitete Fahne den Winden zum Spiel. Er stammte aus dem Hause der Rauber im Herzogtham Kärnthen ab, welches der Kaiser Maximilian der Zweyte in den Baronstand erhoben hatte. Er hatte so viel Stärke, daß er auf dem Pferde das stärkste Eisen zerbrechen konnte (?).

Dieser Herr wurde bey seiner Anwesenheit zu Grätz am Hof des Erzherzogs Karl, von diesem Prinzen gebeten, er möchte doch seine Kräfte an einem neugetauften Juden versuchen, der durch seine Statur und Stärke einem Riesen glich. Sie kamen überein, sich Stösse mit der Faust zu geben, und man zog das Loos, wer den Anfang machen sollte. Der arme Rauber erhielt den Faustſtoß von seinem Gegner zuerst, und er war so heftig, daß er deshalb acht Tage das Bette, und noch länger das Zimmer hüten mußte. Endlich aber waren seine Kräfte wieder hergestellt und er stellte sich, um das Wiedervergeltungsrecht auszuüben. Er faßte den Juden sogleich bey seinem Barte, der auch ziemlich lang war, und schlang ihn zweyfach um seine linke Hand; hierauf gab er ihm einen herzhaften Stoß mit der Faust, so daß der Bart und der untere Kinnbacken in Raubers Hand zurück blieben; der Jude verlohr in demselben Augenblick Leben und Bart. Dieser Rauber starb nach manchen andern Abentheuern der Art in seinem sechzigsten Jahr auf seinem Burgschloß zu Petronel (dieses Schloß liegt bey Presburg) im Jahr 1575. Er liegt da neben seinen beyden Gemahlinnen begraben. Nach seinem Tode zerschnitt man seinen Bart in zwey Büschel. Bayle Wörterbuch unter dem Wort Rauber.

So ungeheuer auch Raubers Bart war, so will ich doch jetzt sogleich einen andern anführen, über den man nicht weniger erstaunen muß. — Zu Braunaw, einer Stadt in dem östlichen Theil von Bayern, am Innfluß sieht man auf der linken Seite des Eingangs in die Pfarrkirche, außen an der Mauer, in erhabener Arbeit und natürlicher Lebensgröße die Figur eines Bürgermeisters dieser Stadt, der 1572 gestorben ist, und dessen Bart länger als einen Fuß lang über die Knöchel hängt. Man versichert, dieser Mann habe die Gewohnheit gehabt, bey jedem Mahl Ausgehen seinen Bart auf beyden Seiten in die Höhe auf seine Arme zu nehmen, aus Furcht, er möchte ihn beym Gehen mit Füßen treten, oder wenn er auf ihn träte, zu Boden stürzen. Dieser so wundersame und respektable Bart wurde endlich sein Unglück. Als er eines Tages ausgehen wollte, vergaß er seinen Bart, wie gewöhnlich, aufzuschürzen; und so wie er eine Treppe hinab stieg, trat er mit einem Fuß auf das äußerste Ende seines Barts, so daß er die Treppe hinunterstürzte und den Hals brach.

Johann Mayo, mit dem Zunamen Vermayen, ein berühmter Mahler des sechzehnten Jahrhunderts, der den Kaiser Karl den Fünften auf seinen Feldzügen begleitete, und den Plan zu der Seeunternehmung gegen Tunis entwarf, hatte einen so langen Bart, daß er darüber gehen konnte, ohne daß er sich zu bücken brauchte. Auch ward er deshalb Johann der Bärtige genannt.

Herr Derham erwähnt in seiner physischen Theologie einen gewissen Johann Ottele, der wegen seines großen Barts eben so berühmt war, als wegen seines hohen Alters von hundert und funfzehn Jahren, das er erreichte. Ob er gleich nur zwey und ein Drittheil Brabantischer Elle hoch

war,

war, so war doch sein grauer Bart eine ganze und eine Viertel Elle lang.

Gegen das Ende des vierzehnten Jahrhunderts sah man in Frankreich den ungeheuersten Bart, der je existirt hat; er gehörte einem gewissen Betrüger an, der sich für einen Patriarchen aus Konstantinopel ausgab, und der sich unter diesem Titel verschiedene Ehrenbezeigungen an mehrern Höfen Europens erweisen ließ. Er kam 1392 nach Paris. Die neugierigen und erstaunten Pariser konnten sich an diesem unermeßlichen Bart nicht satt sehen. Dieser Betrüger erhielt wegen seines respektabeln Zierraths die günstigste Aufnahme, und verschwand nicht eher, als bis man ihn mit Almosen und Freygebigkeit überhäuft hatte.

Dieß sind die vorzüglichsten großen Bärte, eren die Geschichte Erwähnung thut. Ich bin ar nicht in Abrede, daß es nicht zu verschiedenen eitpunkten noch mehrere gegeben haben sollte, die .en so merkwürdig gewesen seyn können; aber ihre Geschichte ist nicht bis auf uns gelangt.

II. Sitte der goldnen Bärte.

Es war die Sitte der alten Helden, goldne Bärte zu tragen, was für sie ein Zeichen des Siegs war, den sie über ihre Feinde oder über ihre Mitstreiter in Kämpfen oder Turnieren erhalten hatten.

Wir lesen in der Geschichte von Lothringen, daß der Herzog Renatus von Lothringen in feyerlichem Aufzug, begleitet von seinem Hofe, in Trauerkleidern den Körper des Herzogs Karl von Bourgogne, der 1477 vor Nancy umgebracht worden war, zu besichtigen kam. Der Herzog war antik gekleitet, trug einen großen Bart von goldnen Fäden, der ihn bis auf den Gürtel hing, um den Sieg zu bezeichnen, den er davon getragen hatte, und um die Sitten der alten Helden nachzuahmen.

Auch war es ein alter Gebrauch bey den Heiden, ihren Gottheiten zum Zeichen ihrer Erhabenheit einen goldnen Bart zu geben. Andreas Favyn glaubt in seiner Histoire de Navarre, liv. 10. diese Mode sey von da auf die Fürsten und großen Herren gekommen.

Valerius Maximus lehrt uns in seinem Buch de Religione neglecta (über die vernachlässigte Religion) daß die Statüe des Aesculaps zu Epidaurus einen goldnen Bart gehabt habe. Dionysius der Tyrann nahm sie weg, indem er vorgab, es sey unschicklich, den Sohn mit einem Bart, und den Vater, (welcher Apollon war) ohne Bart zu sehen. Bisweilen stellte man auch Jupiter mit einem goldnen Bart vor. Hierauf scheint Persius Satyr. II. 58 in folgendem Vers:

Praecipui sunto sitque illis aurea barba

anzuspielen. Auch Petron scheint darauf hinzudeuten: Licet Iovem Olympum clames..... aut ego me non novi, aut non deridebis licet barbam auream habeas.

Dem Beyspiel der abgebildeten Gottheiten zufolge erschien der Kaiser Kaiser Kaligula, der es affektirte, für einen Gott zu gelten, oft mit einem goldnen Bart im Publikum, mit dem Blitz, dem Dreyzack, dem Merkurstab zum Zeichen seiner vorgegebenen Göttlichkeit in der Hand. „Mehrmahls erschien er mit goldnem Bart und den Blitz oder Tyrsusstab — Sinnbilder der Götter — tragend im Publikum." Sueton im Leben Kaligula's.

Homer bezeugt am Ende des zweyten Gesangs der Iliade, daß die Griechen ihr Kopfhaar mit Flor und goldnen Bändern umschlangen. Plinius sagt (Buch XXXIII. Kap. 1.): bey Homer wird eines goldnen Einfasses der Haare bey Männern erwähnt. Bey den Aegyptiern trugen Kinder von vornehmem Stand ihr Haar, hinten mit goldnem, silbernem und seidenem Band durchflochten, wie Lucian in seinem Carracon sagt.

Chrysostomus bezeugt, die Persischen Könige haben sich an ihrem Bart ein Geflecht mit goldnen Fäden machen lassen, und sie haben die Eitelkeit gehabt, in dieser monströsen Figur öffentlich zu erscheinen. Er versichert, sie behielten diese Sitte auch zu seiner Zeit noch bey. „Wenn ihr es aber nicht glaubt, und es nur für Spas nehmt, so will ich euch etwas erzählen, was ich gehört habe; ja was auch jetzt noch so ist: der König der Perser trägt einen goldnen Bart, indem diejenigen, die sich darauf verstehen, den Haaren gleichsam unter der Bedeckung desselben Golddrath einflechten.

Andreas Favyn versichert auf die Gewähr alter Annalisten als etwas ganz Gewisses, die alten Könige von Frankreich aus dem ersten regierenden Stamm hätten lange, mit seidnem Band durchflochtne und zusammengehaltene Haare, und einen in goldne Knoten geschlungenen Bart getragen. Hist. de Navarre, liv. 10.

Josephus lehrt uns in seinen jüdischen Alterthümern, der König Salomon hätte zu seiner Bedeckung vierhundert schöne junge Männer gehabt, die in allen Uebungen des Adels erfahren, mit Pfeil und Köcher bewaffnet gewesen wären; sie hätten ein langes Kopfhaar, das mit goldnen Haarlocken besäet gewesen wäre, gehabt; hätten an ihren Köpfen wie die Sonne gebrannt.

Einige Rabbinen berichten, daß, da Moses das goldne Kalb zu Asche gebrannt und den Goldstaub in den Fluß Aron geworfen habe, alle diejenigen, die von diesem Wasser getrunken und die sich der Anbetung dieses Götzenbildes schuldig gemacht gehabt hätten, dieselbe Wirkungen empfunden haben, welche das Wasser der Eifersucht auf schuldige Weiber hervorbrachte. Andere sagen, durch das Trinken dieses Wassers haben die eifrigsten Anbeter des goldnen Kalbes ihren Bart mit Erstaunen Goldfarbe annehmen sehen; ein Abzeichen, welches sogar, sagt man, auf ihre Kinder überging.

Einige Schriftsteller haben die Meynung geäußert, die Haare könnten von verschiedener Farbe seyn. Plinius spricht von blauen Haaren; allein man hatte ihnen diese Farbe durch einen gewissen Saft ertheilt. Ein gewisser Alexander versichert, die Haare des Kopfs und Barts haben diese Farbe zuweilen. Thomas Bartholinus redet von leuchtendem und silbernem Haar *). Aber wenn man auch annimmt, daß es blaue Haare gegeben habe, so war dieß mehr eine Wirkung der Kunst, als der Natur. Man weiß, daß verschiedene Nationen in Westindien und Amerika die Gewohnheit haben, ihr Gesicht und ihren Bart mit verschiedenen Farben zu bemahlen; aber man hat bis jetzt kein Volk finden können, deren Bart roth oder gelb oder weiß

*) Unsere Dichter haben das Haar des Greisenalters bekanntlich Silberhaar getauft; so wie man ihnen auch den Ausdruck, Silberton, wo ich nicht irre, Klopstock zuerst gebraucht hat, verdankt.

gewesen wäre. Es ist wahr, daß die Handwerker, die in Kupfer arbeiten, gewöhnlich einen Bart haben, der ins grünliche fällt; aber man muß diese Farbe den Stückchen Kupfer oder Grünspan zuschreiben, die sich an die Haare des Barts gelegt haben.

III. Falsche Bärte.

Eine sonderbare Gewohnheit kam vor einigen Jahrhunderten auf, nämlich die Gewohnheit, falsche Bärte zu tragen, so wie man falsche Haare trägt; und Perruquen am Kinn zu tragen, so wie man deren noch auf dem Kopfe trägt. Ein Spanier, sagt man, hatte in der That ein Mittel erfunden, falsche Bärte zu verfertigen, und sie mit so viel Kunst anzupassen, daß es fast unmöglich war, sie von natürlichen Bärten zu unterscheiden. Diese Entdeckung theilte sich der Welt bald mit; und alles läßt glauben, daß sie in Spanien die Mode, falsche Bärte zu tragen, erzeugte.

Man muß glauben, daß der Geschmack für lange Bärte welcher in jenem Lande herrschte, die neue Erfindung in Aufnahme brachte. Jedermann ließ sich sein Gesicht rasiren und trug einen falschen Bart. Diese sonderbare Mode öffnete tausend Mißbräuchen Thor und Thür. Um selbigen entgegen zu arbeiten, wurde er 1351 in den Staaten von Catalonien unter Don Pietro, König von Arragonien verboten, falsche Bärte zu tragen. „Daß „niemand einen falschen oder erkünstelten „Bart zu tragen oder zu verfertigen wagt." Ducany Glossar. unter dem Wort: Bart. Man findet keine Spur, daß diese Mode auch in Frankreich Eingang gefunden habe. Vielmehr gewann der Geschmack für rasirte Gesichter daselbst immer mehr Anhänger und ward endlich herrschender Geschmack, so daß man unter den Regierungen Karl des Siebenden, Ludwig des Eilften und ihren Nachfolgern keine andern zu sehen bekam.

Vielleicht schreibt sich von dieser Gewohnheit, falsche Bärte zu tragen, der Gebrauch der künstlichen Bärte bey feyerlichen Aufzügen her, die es nothwendig machten, daß man mit diesem Zierrath erschien, so wie wir es in Absicht des erwähnten Jahrs 1477, wo von dem Herzog Renatus von Lothringen die Rede war, der bey dem Leichenbegängniß des Herzogs Karl von Bourgogne mit einem langen vergoldeten Bart nach Art der alten Ritter erschien, bemerkt haben.

Man bediente sich derselben gleichfalls in den Komödien, auf dem Theater. St. Gregorius von Tours erzählt, man habe eine Aebtissin von Poitiers angeklagt, daß sie es gelitten habe, daß man in ihrem Kloster eine Farce, Barbatoria betitelt, gegeben habe. Dieß verstehen einige, wie Herr Valois in seinen Anmerkungen zu Berengars Panegyrikus, von einer damahls üblichen Gewohnheit, wenn man sich den Bart das erste Mahl rasiren ließ; aber andere erklären es, mit mehr Grund, von einer kleinen Maskerade, welche diese Aebtissin ihren Nonnen zu ihrem Vergnügen erlaubt haben möge. Von dieser Art sind ohngefähr die kleinen Farcen und Komödien, die man in mehrern Mädchenklöstern, die übrigens an sehr strenge Ordensregeln gebunden sind, zur Zeit des Karnevals gibt. Nach diesen Schriftstellern bedeutet Barbatorias facere hier so viel als Maskeraden veranstalten; ein noch vor der Revolution in den mehresten Provinzen Frankreichs sehr gewöhnlicher Ausdruck, wo man sie Masken nannte, da man sich derselben bediente, um sich unkenntlich zu machen: auch nannte man sie Barboires in der (ehemahligen) Piccardie; Barbadoueres, und Barbauts in Aubergne, weil man diese Masken gewöhnlich mit Bärten von verschiedener und seltsamer Gestalt ausschmückte. Dieß läßt der Bischof von Riez, wo er von den Verkleidungen bey Bacchanalien spricht, Fausten sagen: „während dieser Tage nehmen elende Menschen, und was noch schlimmer ist, auch einige Getaufte, unzüchtige Formen, monströse Gestalten an.“ Die Pariser Fakultät drückt sich in ihrem Dekret vom Jahr 1444 in Absicht des Narrenfestes, welches man um diese Zeit abbrachte, und welches kein anderes, als das Fest der Bacchanalien war, fast eben so aus. Man könnte es aber auch von den Verkleidungen in Hirsche und andern Thiere verstehen, die man bey diesen Gelegenheiten veranstaltete.

Bey diesen Arten von Verkleidungen nahm man eine Maske vor das Gesicht, an der ein falscher Bart angebracht war, um sich desto besser zu verunkenntlichen und die Rolle des Stücks besser zu spielen; das nannte man Bartfeste feyern, und in diesem Sinn sagt Petron, der von einem seiner Sklaven spricht, er müsse an einem solchen Bacchanalstage in Maske erscheinen.

Andere erklärten jedoch diese Stelle Petrons anders, und glaubten, er habe blos sagen wollen, daß sich einer seiner Sklaven den Bart sollte rasiren lassen; was, wie man weiß, mit Cäremonien verbunden war.

Beym Aufführen satyrischer Stücke erschienen die Akteurs mit Bärten nach Art der Faunen und Satyrn, wie sie uns die Mahlerey gewöhnlich darstellt. Es gab keinen Akteur, der nicht seine Maske gehabt hätte; wie man aus den Manuskripten des Terenz in der (ehemahligen) königlichen Biblioth k zu Paris ersehen kann, wo vor jeder Komödie eine Blatte sich befindet, die eben so viel Masken als Akteurs darstellt; aber diese Masken waren nicht, wie die Unsrigen, die nur das

Gesicht bedecken, gemacht. Es war ein ganzer Kopfanzug, der das ganze Gesicht des Akteurs bedeckte. Man darf sich nur einen Helm vorstellen, dessen Vorderseite die Figur eines Gesichts hätte, welches mit einer Haarperrüque ausstaffirt wäre, denn Masken ohne Haare gab es nicht. Dieß dient zum Verständniß einer Stelle des Phädrus, wo er einen Fuchs, der eines Tages eine Theatermaske sah, ausrufen läßt: o welch' ein schöner Kopf; schade! daß es ihm an Hirn fehlt.

Madame Dacier hat alle Figuren in diesem Manuskript, und die ganze Folge dieser Masken an der Stirn einer jeden Scene in ihrer vortreflichen Uebersetzung des Terenz abdrucken lassen.

IV. Ueber Barbiere, Schermesser u. s. w.

Es ist sehr zweifelhaft, daß die Hebräer Barbiere, die sich der Schermesser bedient hätten, gehabt haben. Man weiß, daß sie sich nicht den ganzen Bart abscheren ließen, und sie vergriffen sich an ihrem Kopfhaar nicht. Die Hebräer waren nicht feiner und kultivirter, als die ersten Griechen und Römer. Man weiß, daß Rom über vierhundert und funfzig Jahre gestanden hatte, ehe es Barbiere erhielt. „Ueberhaupt sollen Barbiere zuerst aus Sicilien im Jahr vierhundert „und vier und funfzig nach Roms Erbauung „daselbst angekommen seyn, und Publius

„Ticinius Mänas sie dahin gebracht haben. Dieß sagt Varro. Derselbe Schriftsteller sagt uns auch: der Beweis, daß es in dem alten Rom keine Barbiere gegeben habe, lasse sich aus alten Statüen und Bildnissen führen, die größtentheils langes Kopfhaar und große Bärte haben. Eben so sagt Plinius, alle alte Nationen haben sich der Barbiere bedient; aber sie seyen zu Rom sehr spät aufgekommen. (Sequens gentium consensus in tonsoribus fuit, sed Romanis tardior). Man sehe deshalb Plinius und Aulus Gellius.

Die Römer hatten zwey Arten, sich den Bart abzuscheren; sie bedienten sich entweder des Schermessers oder der Schere, nach dem Zeugniß Plautus in folgenden Versen der zweyten Scene des zweyten Acts in den Gefangenen:

Nunc senex est in tonstrina:
Nunc jam cultros attinet;
Sed utrum, strictimne attonsurum dicam
Esse, an per pectinem?
Nescio. Verum, si frugi est, adunctilabit
Probe....

Der Greiß (sagt der Dichter durch den Mund „einer seiner Personen) ist in der Badestube eines „Barbiers, der ihm schon das Messer ansetzt. Ob „er sich aber ganz glatt, oder durch den Kamm

„wird scheren lassen, weiß ich nicht. Er wird sich „aber, wenn er gescheut ist, ganz lassen.

Man sieht aus dieser Stelle bey Plautus, daß es zwey Arten gab, sich den Bart mit einem eisernen Instrument abnehmen zu lassen; die erste, indem man die Schneide desselben unmittelbar an der Haut hinzog; die zweyte, bey welcher man einen Kamm zu Hülfe nahm, den man an den Bart ansetzte, um bey dem Bartabnehmen keine Gefahr zu laufen. Es gab auch noch andere, aber weniger gewöhnliche Arten, sich den Bart abzunehmen, aber sie waren nicht so gewöhnlich. Die Elegants suchten ihn ganz auszurotten, indem sie ihn allmählich ausrissen, und sich so der Haare nach und nach beraubten. Der Tyrann Dionysius von Syrakus und Alexander von Phäre ließen sich ihn lieber abbrennen, als daß sie ihn sich vermittelst des Schermessers oder der Schere hätten abnehmen lassen. Der Kaiser August ließ sich den Bart bald mit der Schere, bald sich ihn ganz glatt mit dem Schermesser abnehmen: Sueton im Leben Augusts; wo dieser Schriftsteller sagt, er hätte sich seinen Bart bald abscheren (tondere) bald abrasiren (radere) lassen.

Nach dem Zeugniß der Alten selbst muß man also den Ursprung der Gewohnheit, sich rasiren zu lassen, (wenigstens das ganze Gesicht bis ans Kinn) unter den Römern ins Jahr vierhundert und vier und funfzig nach Erbauung der Stadt Rom setzen.

Wir finden bey den alten Griechen wenig von der Art, was Barbiere betrifft. Man darf glauben, daß, da sie diejenigen, welche die Sitte, sich zu rasiren, zu ihnen brachten, mit Widerwillen betrachteten, der Barbierstand bey ihnen sich nicht habe emporbringen können. Gleichwohl ist es gewiß, daß es in den letzten Zeiten bey den Griechen Barbiere gab, da sie der Kaiser Julian von seinem Hofe jagte.

Ehemals übten die Barbiere ihr Handwerk nicht in eignen Buden aus, sondern an den Ecken der Straßen, und überhaupt, wo es sich gerade traf; dieß ist auch heut zu Tage noch in China der Fall. Die Barbiere tragen auf ihren Schultern einen Sessel, ein Becken, ein Gefäß mit Wasser, Feuer, das nöthige Holz, und alles, was zu ihrer Profession gehört. Ihren Gang, den sie beym Ausgehen nehmen, thun sie durch eine kleine Glocke kund; und wenn man sie ruft, dieß mag nun mitten auf einer Straße, an einem öffentlichen Ort, oder unter dem Thor eines Hauses seyn, so sind sie auf der Stelle zu dem Dienst bereit, den man von ihnen verlangt. Sie scheren für acht Pfennige den Kopf, bringen die Augenbraunen in Ordnung, reinigen die Ohren, reiben die Schultern, bähen die Arme, und bedanken sich noch sehr höflich. Hierauf fangen sie mit ihrer Glocke wieder zu schellen an.

Arabische Barbiere.

Figur und Methode der Arab. Barbiere haben etwas zu sonderbares, als daß sie in diesem Werk nicht eine Stelle finden sollten. Wir entlehnen das, was wir hier über die Arabischen Barbiere zu sagen haben, von dem Chevalier von Arvieux. „Die Unsrigen" sagt dieser Schriftsteller im dritten Band seiner Memoiren „sind gewöhnlich reinlich, höflich und ehr„lich. Die Arabischen sind Lustigmacher, verlieb„tes, spashaftes Volk. Sie tragen immer einen „ganz weißen Turban, der mit Blumen und Ohr„löffeln besetzt ist. Die Aermel an ihren Hemden „sind bis an den Ellbogen aufgestreift, um ihre „mit Blumen, Wunden oder Brandflecken, die sie „sich um einer Kränkung willen gebrannt; oder mit „Messerstichen, die sie sich selbst gegeben haben, um „die Heftigkeit ihrer Leidenschaft für ihre Gebiete„rinnen zu bezeichnen, genarbten Arme sehen zu „lassen. Sie haben eine Schürze von Leinewand, „die mit Streifen von mehreren Farben besetzt „ist, und einen breiten kupfernen Gürtel mit klei„nen Häckchen rings herum, an welchem ihre ganze „Boutique hängt: ihr Köcher hängt auf der einen, „ihr Wasserbecken auf der andern Seite; eine lange „Tasche nimmt die Vorderseite ein; sie enthält in

„ihren verschiedenen Abtheilungen die Schermesser, „die Steine, die Scheren, ein Stück Seife, oder „vielmehr eine Seifenkugel, einen Spiegel mit run„dem Griff, von der Art, wie man sich deren in „Spanien bedient, oder wie man uns die Sirenen „vorstellt; er nimmt die Hinterseite des Gürtels „ein, wo er befestigt ist. Sie haben zwey lange Ser„vietten auf den Schultern, eine, um das Gesicht, die „andere, um die Hände zu trocknen. Sie haben „noch einen langen, vier Finger breiten, ledernen „Riemen an der Vorderseite ihres Schurzfells, der „ihnen bis auf die Kniee hängt, und an welchem „sie die Schneide ihres Schermessers, wenn sie „etwas stumpf geworden ist, wieder schärfen."

„Der Barbier läßt diejenigen, die sich rasi„ren lassen wollen, sich auf einen Stein setzen; er „nimmt ihnen ihren Turban mit Bescheidenheit, „unter studierten, äußerst lustigen Höflichkeitsbezeu„gungen ab; legt den Turban auf ein reinliches „und gesticktes Schnupftuch, wenn er so reich ist, „eins zu haben; macht mit der rechten Hand eine „Bewegung ihren Rücken entlang, als wenn er eine „Katze karessiren wollte; wäscht ihnen dann mit „beyden Händen den Kopf und reibt ihnen den„selben von Zeit zu Zeit mit seinen Nägeln und ra„sirt sie hierauf. Diese Barbiere sind sehr ge„schickt; mit vier Strichen, die sie mit dem Scher„messer thun, nehmen sie das ganze Haar weg, oh„

„ne den Haarbüschel zu berühren, welchen die Ma-
„humedaner immer auf dem Wirbel des Kopfs ste-
„hen lassen; denn an diesem Fleck muß sie Maho-
„med fassen, um sie Gott vorzustellen. Hierauf
„nehmen sie ihren Wasserbehälter, öffnen den Hahn,
„und lassen von allen Seiten Wasser über Kopf und
„Gesicht fallen, die sie dann mit beyden Händen
„lebhaft waschen. Es müßte jemand einen sehr
„schmutzigen Kopf haben, wenn er nach einer sol-
„chen Einseifung nicht gesäubert worden wäre.
„Sie trocknen dann ihren Mann, und stecken ihm
„hierauf die beyden Mittelfinger einer jeden Hand
„in die Ohren, während sie mit dem Daumen die
„Augen desselben sanft reiben."

„Ist man auf diese Art reinlich abgetrock-
„net, so rasirt dann der Barbier die Haare unter
„der Nase, und nimmt die überflüßigen Theile des
„Barts weg, das heißt die Haare, welche länger
„als die übrigen sind, damit sie ganz gleich werden
„und sich das ganze Volumen des Barts mit mehr
„Regelmäßigkeit und Annehmlichkeit darstellt. Hier-
„auf beschneidet er mit seinen Scheren die Haare
„der Nasen und Ohren, setzt den Turban ehrerbie-
„tig und mit zwey oder drey Komplimenten wieder
„auf, darauf nimmt er eine Hand nach der andern
„und macht alle Konjunkturen prasseln. Dann
„läßt er die Arme kreuzweis ausstrecken, stellt sich
„hin-

„hinter die Person, drückt seine Brust und Knie „an die Wirbel des Rückens, und macht einen nach „dem andern prasseln, damit sie desto gefüger wer„den. Dann präsentirt er den Spiegel; und wenn „man sich darin besehen hat, legt man das Hono„rar des Barbiers auf das Glas und zieht sich zu„rück. Die Araber lassen sich aller funfzehn Tage „rasiren."

Italiänische Barbiere.

Der Pater Labat, ein Dominikaner beschreibt die Methode der Italiänischen Barbiere fol„gendermaßen: „sie sind immer schwarz gekleidet, „tragen einen Mantel, und haben immer einen „Factore bey sich, der in einem seidnen Beutel „zwey silberne, oder wenigstens versilberte Becken, „einen Spiegel, zwey Büchsen mit verschiedener „Seife, Pommade und Rosenessig mit sich trägt. „Diese Barbiere machen viele Ehrrenbezeugungen, „ehe sie an ihre Arbeit gehen; binden demjenigen, „den sie rasiren wollen, eine mit Spitzen besetzte „Schürze um; wiederholen beym ersten Strich mit „dem Schermesser ihre Reverenzen; umgehen die „Person von hinten, wenn sie mit der einen Seite „fertig sind, und auf der andern rasiren wollen; der „Factore hält immer den Spiegel, und die Càre-

„monie endigt durch einen tiefen Bückling des Bar-
„biers, dem man jedoch nur einen Batzen gibt."

V. Französische Barbiere und ihr Unterschied von den Chirurgen.

In den ersten Zeiten der Französischen Monarchie kannte man fast gar keine Chirurgen; da man aber Reinlichkeit mit Recht für ein sehr wichtiges Mittel zur Erhaltung der Gesundheit hielt, so gewöhnte man sich allmählich, lange Bärte nicht mehr als ein Zeichen von Freyheit anzusehen. Die Barbiere wurden allgemein; und da damals die Verrichtungen der Chirurgie noch wenig durch Kunst veredelt und nicht so gekannt waren, so bemächtigten sich die Barbiere derselben, und theilten diese Art Geschäfte mit den Chirurgen. Der erste Barbier des Königs ward als Chef des Barbierwesens und der Chirurgie zugleich angestellt, bis die Jurisdiction dieser zwey Innungen für immer mit der Stelle des ersten königlichen Chirurgen, der zugleich der erste Barbier des Königs war, vereinigt wurde.

Diese Vermischung der Barbiergerechtsame und der Ansprüche der Chirurgie verursachte in der Folge Streitigkeiten zwischen dem Barbier- und Chirurgenstand. Der Leser soll hier nicht mit einer Geschichte dieser Streitigkeiten nach Etienne Pasquier, der alles, was in dieser Hinsicht vorgefallen ist, im neunten Buch seiner Untersuchungen über Frankreich der Länge nach erzählt, behelligt werden. Dieser Schriftsteller lehrt uns, daß man in dem weißen Buche der Handwerke zu Paris, in der Kammer des königlichen Prokurators Verbote vorgefunden habe, die 1301 an die Barbiere ergangen seyen, vermöge welcher sie bey Verlust ihres Zunftrechts und bey Geldstrafe sich der Ausübung der Chirurgie haben enthalten sollen. Unter dieser Ausfertigung habe man die Namen von sechs und zwanzig Barbieren gefunden, an welche dieses Verbot ergangen sey; es sey nun, daß es damals zu Paris nur so viel Barbiere gegeben habe, wie Pasquier bemerkt; oder daß diese sechs und zwanzig damals die Chirurgie ausübten.

In den alten chirurgischen Statuten findet man ausdrücklich erwähnt, daß die Doktoren oder die Baccalaureen die Kranken nur ein oder zweymal mit Barbieren besuchen durften. Jedoch erlaubte der König Karl der Fünfte den Barbieren durch einen offnen Brief unter dem Monat December 1372, Nägel, Auswüchse und offne, nicht tödtliche Wunden zu verbinden, wenn die Kranken sonst in augenscheinliche Gefahr aus Mangel an schneller und schleuniger Hülfe kämen.

Da die Chirurgen seit der Zeit 1423 von dem Prevot zu Paris ein Verbot in Absicht auf jedermann, von welchem Stand und Gewerbe er auch seyn möchte, wenn er nicht Chirurg wäre, selbst in Absicht auf Barbiere, ausgewirkt hatten, und nach welchem sich jeder Nichtchirurg der Geschäfte der Chirurgen enthalten sollte: so widersetzten sich die Barbiere, und es wurde ihnen, vermöge des Urtheilspruchs vom vierten November 1424 erlaubt, im ruhigen und ungestörten Genuß des ihnen von König Karl dem Fünften ertheilten Privilegiums zu verbleiben. Die Chirurgen Meister appellirten von diesem Ausspruch; aber sie wurden abgewiesen, und die Barbiere wurden in ihrem Privilegium von 1425 bestätigt.

In der Folge erneuerte sich der Streit in Absicht dieser beyderseitigen Gerechtsame wieder. Ehemals ließ man sich, nach Basquiers Bemerkung, in Frankreich nicht scheren; aber man ließ sich Bart und Kopfhaar rasiren; dazu brauchten die Barbiere das Schermesser; und so wie sich die Aerzte derselben bisweilen bedienten, wenn sie Aderlässen verordneten, so fingen die Barbiere seit der Zeit an, sich über die Chirurgen zu erheben. Diese brachten den 17ten November 1491 bey der medicinischen Fakultät eine Klage dagegen ein; und sie stellten ihr vor, daß einige Doktoren der Medicin den Barbieren Vorlesungen hielten, und sie in der Volkssprache Anatomie lehrten. Die Fakultät verbot es, in der Folge ähnliche Vorlesungen zu halten.

Man sieht, daß die Aerzte nur so handelten, um die Chirurgen zu untergraben, welche sich den Aerzten gleich stellen wollten. Diese thaten 1493 noch mehr; denn sie machten die Verordnung, daß die Barbiere einen Lehrer der Fakultät erhalten sollten, der ihnen Gui und andere medicinische Schriftsteller, aber lateinisch, zu erklären hätte; jedoch sollte er die Freyheit haben, sich von Zeit zu Zeit gewöhnlicher oder französischer Ausdrücke zu bedienen. Dieselbe Fakultät erlaubte in der Folge den Barbieren, Kadaver vom Galgen zu kaufen, um sie zum anatomischen Unterricht zu brauchen, den ihnen ein Doktor der Medicin, der die Section übernähm, geben sollte.

Das folgende Jahr darauf kamen die Chirurgen bey der medicinischen Fakultät mit der Bitte ein, diese Art Vorlesungen untersagen zu lassen; aber sie erhielten zur Antwort, die Fakultät wollte diese Vorlesungen zwar eine gewisse Zeitlang einstellen lassen, aber sie könnte selbige nicht ganz untersagen, wenn die Chirurgen sich ihrer Seits nicht der Verordnung der Aerzte enthielten, welche Bestimmung den Aerzten selbst nur zukommen könnte.

Indeß überreichten die Barbiere 1498 ihre Bittschrift, welche das Gesuch enthielt, daß es der Fakultät gefallen möchte, ihnen einen Doctor zu geben, um ihnen die Anatomie am Kadaver zu lehren, was ihnen von dem Criminalverweser versprochen worden war. Die Chirurgen widersetzten sich der Sache; aber man gab ihrer Protestation ungeachtet den Befehl, es sollte die Anatomie durch einen Doktor der Medicin vorgetragen werden, und er sollte dieß lateinisch und französisch thun. Durch ein Dekret vom 18ten October 1499 erhielten die Barbiere die Erlaubniß, Vorlesungen über alle chirurgische Bücher zu hören und sie sich, aber nur lateinisch erklären zu lassen. „Weilen die Dokto„ren nicht anders zu lesen pflegen," sagt das Dekret. Durch ein Reglement der Fakultät von 1505 ward es den Chirurgen erlaubt, anatomische Vorlesungen zu besuchen; aber unter der Bedingung, daß sie ein Drittheil der Kosten trügen, weil sie hierin den Barbieren vorgezogen würden. Da die Chirurgen sich deshalb auf ihre Privilegien beriefen, so erhielten sie den Bescheid, man würde auf diese vorgeblichen Privilegien keine Rücksicht nehmen.

Deshalb wurde den dritten Januar desselben Jahres ein Contract zwischen der medicinischen Fakultät und der Barbierzunft zu Paris abgeschlossen, vermöge welches die Vorlesungen fortdauernd gehalten werden sollten; die Barbiere sollten sich ihm zufolge für wahre Schüler der medicinischen Fakultät halten können, sollten sich alle Jahre in die Protokolle des Dekanats eintragen lassen und dafür zwey Parisische Sols bezahlen; sie sollten einen Eid schwören, daß sie nie Abführungsmittel geben wollten; sie sollten bloß dasjenige behandeln dürfen, was zu den chirurgischen Operationen, zur Heilung äußerer Schäden gehört; in medicinischen Angelegenheiten sollten sie sich an einen der Doktoren der Fakultät wenden; wenn ein Barbier in die Zunft als Meister aufgenommen seyn wollte, so müßte dieß durch Zuziehung zweyer Doktoren der Medicin geschehen, welche nach vorhergehender Berathschlagung der Barbiermeister, über die Zulänglichkeit oder Unzulänglichkeit des um die Meisterschaft nachsuchenden Subjekts abzusprechen, und solche für diese Zuziehung, jeder zwey Thaler Honorar als Entschädigung zu erhalten hätten; sie sollten die Chirurgie mit keinem andern Arzt, der nicht zu der Fakultät gehörte, ausüben, und wenn das vorhabende Subjekt für tüchtig befunden würde, so sollte es gehalten seyn, hierüber einen Eid in die Hände eines der abgeordneten Mitglieder von der medicinischen Fakultät abzulegen.

Unter diesen Bedingungen erlaubte die medicinische Fakultät den Barbieren, sich Vorlesungen über Chirurgie und Anatomie halten zu lassen, wenn sie ihre specificirten Rechte bezahlten; und im Fall man ihnen die Ausübung der Chirurgie streitig machen wollte, so sollte die Fakultät gehalten seyn, ihre Parthey zu nehmen, und ihre Rechte zu verfechten, aber unter der Bedingung, daß die Barbiere die Kosten bezahlen müßten.

Durch diesen Vergleich erhob sich eine neue Chirurgenzunft, auf Kosten der alten. Daher kam es, daß die Mediciner, welche vorher die Barbiere in den Akten ihrer Fakultät bloß Bartscherer (Barbi-Tonsores) oder Bartrasirer (Barbi-Rasores) nannten, sie nunmehr mit dem Titel Scherer-Chirurgen, (Tonsores-Chirurgici) Barbierchirurgen (Barbiers-Chirurgiens) zu beehren anfingen. Wer sich eleganter ausdrücken wollte, nannte sie Chirurgen von der Barbiererzunft (Chirurgi a tonstrina). Es scheint, daß die Chirurgen gegen dieses Dekret der medicinischen Fakultät nicht eingekommen seyen; wenigstens erschien bis 1583 von ihrer Seite kein Einspruch.

Seit dieser Zeit erhielten sich die Barbiere im Besitz ihrer Gerechtsame, vorzüglich seit den Unruhen, die gegen das Jahr 1585 in Paris erfolgten. Die Barbiere verbunden sich mit den Medicinern in Absicht der Streitigkeiten, welche diese mit den Chirurgen hatten. Aber da Heinrich der Vierte nach Paris zurückgekehrt war, erhielten die Chirurgen eine neue Commission von dem Prevot seinem Stellvertreter unter dem siebenten Februar 1596, welcher zufolge es jeder andern Person verboten war, sich öffentlich oder insgeheim an einen (öffentlichen) Platz, in eine Jurisdiction oder einen Punkt der Stadt, in der Prevoté oder Vicomté von Paris, einzudringen, etwas zu thun oder ein ausübendes Geschäft zu verrichten, das zur Kunst oder Wissenschaft der Chirurgie gehörte, wenn diejenigen, welche die genannte Kunst oder Wissenschaft der Chirurgie ausübten, oder ausüben wollten, nicht vorher von zwey geschwornen Königlichen Chirurgen examinirt worden wären; mit diesen und durch sie ziehet Ihr die andern Meister, Erfahrnen und Geschwornen zu, und beruft sie zusammen; und wenn ihr sie durch diese fähig und zulänglich findet, besagte Kunst und Wissenschaft auszuüben, und wenn sie als solche höhern Orts einberichtet sind u. s. w.

Gleichwohl nahm man davon die Barbiere aus, welche Werkstätten und Buden zu Paris hatten, und Nägelhöker und offne Schäden im Nothfall verbinden könnten. Und können (sagt die Commission) Barbiere Pflaster, Salben und andere Dinge zur Heilung von Nägeln, Hökern und offnen Schäden im besagten Nothfall auflegen und geben; wenn besagte Wunden nicht tödtlich sind, so sollen dieselben durch die besagte Meister-Chirurgen und nicht durch andere verbunden und geheilt werden; und sind vorläufig besagte Barbiere bey besagten Nägeln, Hökern und offnen Wunden zugezogen worden, so untersuche man es durch die besagten zwey geschwornen Meisterchirurgen des Königs, so wie es die Urkunden der Könige von Frankreich, des heiligen Ludwigs, Philipps des Schönen und anderer von ihren Nachfolgern mit sich bringen, da sie von König zu König und von dem allerchristlichsten damals regierenden König, Heinrich dem Vierten bestätigt worden sind. Dieses Reglement wurde vermöge einer Ordonnanz vom 25 September 1600 erneuert.

Ob gleich durch diese Verordnung nichts zum Nachtheil aller Gerechtsame entschieden zu seyn schien, so lehnten sich die Barbiere doch dagegen auf; und es erfolgte, nachdem die Sache (welche die Barbierzunft und die medicinische Fakultät zugleich betrieben) im Parlament verhandelt worden war, den 26 Julius 1603 ein Gegenbefehl, welcher die Erklärung enthielt, daß die Meister-Barbier-Chirurgen (so werden sie in dem Arret genannt) in der Folge nicht unter den Anschlagszetteln und öffentlichen Bekanntmachungen der Chirurgen mit begriffen seyn sollten; welcher ihnen erlaubt, sich Meister-Barbier-Chirurgen zu nennen und tituliren zu lassen, alle Arten von Wunden und Verletzungen zu verbinden und zu heilen, wie sie es bisher gethan hätten, wenn sie zuvor ihr gewöhnliches Meisterstück würden abgelegt haben, und durch die Meister-Barbier-Chirurgen, in Gegenwart von vier Doktoren der Medicin und zweyer Mitglieder des Collegiums der Meister-Chirurgen, würden examinirt worden seyn; jedoch mit der Bedingung, daß nach dem Befehl vom 10ten November 1554 genannte Barbier-Chirurgen dieser Stadt, jeder an seinem Theil drey Monate ohne Gehalt bey der Polizey der Armen; zwey bey der Universität; einer in der Stadt und zwey in der Vorstadt nach den Eintheilungen des Commissärs der Armen, dienen sollte. Und da die Barbiere die neue Qualität, die ihnen ertheilt worden war, ändern, und sich Chirurgen Barbiere nennen wollten, so wurde ihnen dieß durch ein Arret des Hofs unter dem fünf und zwanzigsten April 1575 untersagt, und ihnen der Befehl ertheilt, sich hinfort Barbier-Chirurgen zu nennen. Dieß wurde durch das Arret von 1603 bestätigt, und diese Qualität ist ihnen in der Folge geblieben.

So wurden die Barbiere, deren Gewerbe bloß mechanisch ist, mit den Chirurgen auf gleichen Fuß gesetzt. Aber (und dieß bemerkt Pasquier, von welchem wir alle diese besondern Umstände entlehnen) was für Streitigkeiten es auch zwischen der medicinischen Fakultät und der Zunft der Chirurgen geben mochte: so machte doch die medicinische Fakultät keine Schwierigkeit, die Meister-Chirurgen-Barbiere in ihre Zunft aufzunehmen, wenn sie nach vorhergegangenem Examen dazu fähig befunden würden. Wirklich hat man geschworne Meister in der Chirurgie für Doktoren der Medicin passiren sehen, und ihr neuer Titel hat diese neuen Aerzte nicht daran verhindert, die Chirurgie auszuüben und als Chirurgen an öffentlichen Handlungen in der Chirurgie Theil zu nehmen.

Eben so trug man kein Bedenken, einen Barbier, der sich durch seine Kuren die öffentliche Achtung erworben hatte, ob er gleich nicht Latein verstand, aber doch übrigens auf die Fragen, die man einem Baccalaureus und Licentiaten vorlegte, zu antworten wußte, in seine Innung aufzunehmen; man ließ in dieser Hinsicht dessen Nichtkenntniß der lateinischen Sprache durch seine lange Praxis und durch seine Erfahrung aufwiegen; jedoch mit der Verbindlichkeit, daß er, wenn er dem Körper der medicinischen Fakultät einverleibt würde, seine Wasserbecken und alle andere Abzeichen seines Gewerbs als Barbier verlassen müßte. So wurden im sechzehnten Jahrhundert ein gewisser Meister Etienne de la Riviere und Ambrosius Paré aufgenommen. Eben so nahmen die Chirurgen 1610 und 1611 Nicolas Habicot, Iacynes Margue und Isaac d'Allemagne, als Barbier-Meister, nachdem sie examinirt worden waren, und unter der Bedingung, die Becken als Abzeichen ihres bisherigen Gewerbs abzunehmen, und das Gewerbe der Barbiere zu verlassen, welcher sie jedoch nicht nachkamen, in ihre Innung auf.

In der That schlossen ein gewisser Herr Come und ein Herr Damien, die zur Fahne der Chirurgen, zu den drey Büchsen des gewöhnlichen Abzeichens der Chirurgen, übergetreten waren, deshalb ihre Barbierbuden nicht. Die Chirurgen erhuben deshalb Klagen bey dem Parlement. Die Innung der Barbiere vereinigte sich mit den drey Barbier-Chirurgen deshalb. Diese erhielten ein Patent vom Könige unter dem Monat August vom Jahre 1613, und dieses Patent war an das Parlament unter tiefster Erniedrigung des Kollegiums der Chirurgen, der Stellvertreter, des Syndicus, der Geschwornen und der Wächter der Innung der Meister-Barbier-Chirurgen, gerichtet. In diesem offnen Brief setzte der König voraus, daß die beyden Korporationen einig wären, machte dieser Voraussetzung zufolge eine einzige Innung aus beyden, damit sie gemeinschaftlich die Rechte und Freyheiten, die jeder besonders bewilligt worden waren, genießen sollten.

Dieses Bittschreiben wurde am Hofe ohne alle Schwierigkeit bestätigt, weil man glaubte, daß es einstimmig von beyden Innungen erhalten worden sey. Die Innung der Chirurgen widersetzte sich der Bekanntmachung dieses Bittschreibens und erhielt dem zufolge ein anderes Schreiben unter dem zwanzigsten December 1613, in Form einer Civilbittschrift, durch welche die Chirurgen dasjenige mißbilligten, was vorgefallen war, indem sie vorstellen, daß das Gewerbe der Barbiere mit dem der Chirurgen unvereinbar sey.

Die Barbiere stimmten, ehe die Sache noch zur endlichen Entscheidung gekommen war, unter einander das Te Deum an, als wenn sie schon den Sieg davon getragen hätten, und fiengen seit dieser Zeit an, sich in der Qualität der Chirurgen zu zeigen, ohne ihrer Eigenschaften als Barbiere nach Erwähnung zu thun; und sie verließen, um mich der Ausdrücke des Etienne Pasquier zu bedienen, als ein halbschlächtigtes, oder gemischtes, buntschäckiges Ganzes, wenigstens der größte Theil unter ihnen, ihre Abzeichen von Büchsen und Wasserbecken, verließen die Eglise du Sepulchre, den alten Aufenthalt ihrer Innung, legten am Festtage des heiligen Cosmus die viereckigte Mütze und den langen Rock an, und einige der Hauptanführer wollten gleichen Versammlungsort mit den Chirurgen haben, die sie entschlossen und fest daran verhinderten

Endlich wurde die Sache durch das Arrét vom drey und zwanzigsten Januar 1614 entschieden; die Partheyen wurden in denselben Zustand in dem sie vorher waren, zurück gebracht, das heißt, die Barbiere mußten sich die Verbindlichkeit auflegen lassen, die neuen Abzeichen, die sie vor ihren Häusern ausgesteckt hatten, abzunehmen.

Seit diesem Arrét wollten die Barbiere wieder in die Eglise du S. Sepulchre (Kirche des heiligen Grabs) zurück kehren, um die Zusammenkünfte ihrer Innung wieder da zu halten; aber sie wurden durch die Innung der Hutmacher daran verhindert, die sich an ihrer Stelle daselbst hatten etabliren lassen. Da die Barbiere darauf bestanden, daß man ihnen ihren Versammlungsort wieder zurück geben sollte, so ließ sich jemand beykommen, folgendes Bonmot auf sie zu machen: sie hätten deshalb keine Rechte auf das Grab, weil sie ja noch am Leben wären: worauf ein anderer erwiederte: da irrst du dich sehr; denn da sie ihren Proceß verlohren haben, so sehen sie sich als Todte an und wünschen sich das Grab.

Die Barbiere wurden 1614 zu einer besondern Innung erhoben, und bezahlten jeder dafür dem Könige tausend fünfhundert Livres.

Barbier-Perruquiers.

Noch wollen wir ein Wort über die Barbier-Perruquiers sagen. Da Luxus und Mode zur Anschaffung der Perruquen, zum Akkommodiren und zu andern Arbeiten des Barbierwesens die Veranlassung gegeben hatten, so fanden sich die Barbiere in ihrer Ausübung mit Arbeit überladen und trennten sich von den Barbier-Perruquiers. Jede dieser Korporationen ergriff die Verrichtungen ihres Stands, ward durch eine besondere Polizey regiert; und damit doch einiger Unterschied zwischen der einen und der andern Statt fänd, so mußten die Barbier-Chirurgen ihre Buden mit kleinen viereckigten Quadratfenstern und mit Wasserbecken von gelbem Kupfer als Abzeichen versehen; hingegen mußten die Becken der Barbier-Perruquiers weiß, und ihre Buden mit großen viereckigten Fenstern versehen, und der Rahmen blau angestrichen seyn; bey Strafe (für die eine und die andere Parthey) von funfzig Livres Geldstrafe und dreyhundert Livres

vres Schadenersatz für diejenigen, welche dagegen handeln, und zwar wenn sie in Paris sind, und zehn Livres Geldstrafe und hundert Livres Schadenersatz für die Provinz.

Im Jahr 1656 erwählte der König Ludwig der Vierzehnte durch ein Edikt vom Monat December eine Innung und Gemeinheit von zwey hundert Barbier-Perruquier-Badern für die Stadt und die Vorstädte in Paris; aber das Edikt wurde nicht ausgeführt. Endlich wurde diese Wahl durch ein neues Edikt vom Monat März 1673 bestätigt und das ist diese Gesellschaft von Barbieren u. s. w. die noch vor der Revolution bestand.

Die Rechte des ersten königlichen Barbiers in Absicht der Chirurgie und des Barbierwesens verlohren sich in ein so hohes Alterthum, daß man keine schriftlichen Dokumente mehr davon vorfinden konnte. Die ältesten Dokumente, welche jene ersetzten, sind vom Monat December 1371. Heinrich der Dritte hatte aus allen mechanischen Künstlern und Handwerkern ein Geschworengericht durch sein Edikt von 1581 errichtet, und begriff auch die Barbiere darunter. Heinrich der Vierte bestätigte ihnen 1592 die Privilegien, die ihnen bewilligt worden waren; aber seit 1714 haben sich die Chirurgen viel Mühe gegeben, die Chirurgie wieder in den Besitz ihrer alten Rechte zu setzen, indem sie die Mißverbindung wieder zu trennen suchten, die sie mit den Barbieren hatten eingehen müssen.

Vermöge der Statuten von 1614 konnten die Barbiere nicht mehr als einen Lehrling auf einmal haben, und dieser mußte bey Strafe, seine Lehrjahre umsonst ausgehalten haben, bey seinem Meister bleiben; und dieß aus dem Grund, damit er, wenn er bey selbigem wohnte und schlief, mehr Zeit sich zu unterrichten hätte, und daß man über seine Sitten und seine Aufführung besser wachen könnte.

Ob es Wittwen gleich nicht erlaubt war, ihre Buden zu verpachten, und es ihnen vielmehr vorgeschrieben war, sie selbst zu behalten, so verpachteten sie selbige dieses Verbots ungeachtet doch; und dieß gab sehr oft zwischen ihnen und der Innung der Meister zu Streitigkeiten Veranlassung. Um die Mißbräuche, welche die Privilegien der Witwen erzeugten, für immer zu dämpfen, gingen die Chirurgen mit ihnen einen Vertrag ein, welcher dem Parlament den 28 Julius 1669 gleichlautend vorgelegt wurde, worauf dasselbe den Beschluß faßte, daß ihnen die Zunft der Chirurgen, anstatt ihres Privilegiums, das ihnen eine Barbierstube zu halten das Recht gab, einer jeden von ihnen funfzig Livres jährliche Pension bezahlen sollte *).

Ueber die Sonn- und Festtage für Barbiere.

Die Ueberzeugung war längst allgemein, daß es an Sonn- und Festtagen erlaubt ist, eine geraume Zeit des Tages sich zu beschäftigen, sey es auch nur die Stunden über, die man zu einer sorgfältigen Ankleidung braucht, weil man an diesen Tagen sauberer und zierlicher gekleidet erscheinen will, um durch diese äußerliche Anständigkeit die Ehrfurcht auszudrücken, die man für religiöse Einrichtungen hegt. So hat auch die Kirchenversammlung zu Orleans vom Jahr 538, die Synode zu Paris vom Jahr 755, und das Dekretale des Papsts Alexander des Dritten vom Jahr 1160 entschieden.

*) Innungen und Kasten aller Art haben von jeher sich für die Ungerechtigkeit, die sie hervor rief, an der Welt gerächt und rächen sich, wo sie existiren, noch täglich fort. Wo nur eine gewisse Klasse Menschen eine bestimmte Art Geschäfte treiben darf, bekommt sie, da die Nacheiferung wegfällt, und der geschickte Handwerker oder Künstler, der nicht zur privilegirten Klasse gehört, nicht arbeiten darf, das Publikum schlecht. Wie glücklich ist da nicht der Einzelne und der Staat, wo jeder das Gewerbe treiben darf, wozu ihm die Natur Talente verlieh!

Die Barbiere behaupteten, diese Entscheidungen kämen ihnen zu Statten; sich rasiren lassen, mache einen Theil der menschlichen Reinlichkeit aus, und sey ihnen mithin erlaubt, Sonn und Festtage ihre Geschäfte zu betreiben.

Gleichwohl hatten sie sich mit dieser Auslegung geirrt; denn alle Gesetze, welche der Reinlichkeit günstig sind, sollten nur von den nothwendigen Beschäftigungen jedes Tages zu verstehen seyn, die man keinen Tag eher verrichten oder einen Tag länger aufschieben könnte. Nun sagte man aber, es sey zur Beobachtung der pünklichsten Reinlichkeit nicht nothwendig, den Sonntag zu erwarten, um sich rasiren zu lassen. Man könnte es den Tag zuvor thun, oder bis auf den folgenden Tag verschieben, und so legten Personen, die Religion hätten, diese Gesetze aus.

Diejenigen wären noch zu entschuldigen, die sich selbst rasirten oder die sich durch ihre Domestiken rasiren ließen; dieß könnte man für einen Theil der Ankleidung an Sonn- und Festtagen gelten lassen; wenigstens fielen da alle Bestimmungsgründe aus Gewinn, welche eine sklavische Beschäftigung bezeichne; fiel das Scandal, welches einen beträchtlichen Theil des Tadelnswürdigen ausmache, weg. Nach diesen Grundsätzen ist das Arbeiten der Barbiere an Sonn- und Festtagen durch die

Verordnungen und Maaßregeln der Polizey immer untersagt worden.

Es gab ehemals zu Paris Chirurgen mit langem Rock, und Chirurgen-Barbiere, welche, wie wir weiter oben gesehen haben, zwey verschiedene Innungen bildeten. Während diese Unterscheidung bestand, erneuerte Karl der Sechste, zum ersten Mahl die Statuten von 1383. Sie enthalten unter andern Verordnungen sehr bestimmte Verbote, an den Festtagen der Osterfeyertage, am Pfingstfest und am Festtage der heiligen Jungfrau nicht zu arbeiten, außer Aderlassen und Wunden verbinden.

Heinrich der Dritte, der ihnen die Statuten den Monat May 1575 von neuem genehmigte, verbot ihnen, Sonntags, an den Tagen des Osterfests, des Pfingstfests, des Weihnachtfestes, des Festes aller Heiligen, der Beschneidung, der Erscheinung, der Himmelfarth; der Feste des heiligen Sacraments, Johannes des Täufers, aller Apostelfeste, des heiligen Cosmus und Damians, ihrer Schutzpatrone zu arbeiten; und es ward ihnen untersagt, an diesen Tagen ihre Badebecken vor ihre Buden zu hängen.

Heinrich der Vierte erneuerte durch ein Patent unter dem Monat October 1592 dasselbe Reglement, mit dem hinzugefügten Verbot, auch an keinem andern von der Kirche festgesetzten Festtage ihre Becken vor die Buden zu hängen. Sie mußten also vermöge des letztern Reglements die kleine Anzahl Feste über, welche in dem erstern Befehl nicht begriffen waren, wenn man ihnen, im Fall sie da arbeiten, nachsehen sollte, dieß wenigstens ingeheim, und ohne irgend ein äußeres Zeichen ihrer Profession thun.

Es ist keinem Zweifel unterworfen, daß diese Verordnungen auch in Hinsicht der Barbier-Chirurgen bestanden; denn es war immer einerley Korporation, um welcher willen sie ergangen waren, und sie sind durch keine spätere Verordnung widerrufen worden.

Die Barbier-Perruquiers, welche im Monat December 1637 errichtet wurden, und die noch vor der Revolution eine besondere, von den Barbier-Chirurgen verschiedene Innung ausmachten, konnten vielleicht behaupten: die alten Reglements, die nicht für sie verfügt worden seyen, gehen sie auch nichts an. Sie hatten besondere Statuten, die ihnen der König durch ein Patent vom vierzehnten März 1674 ertheilt hatte; und diese Statuten, die ihnen ihre Profession zu treiben erlaubten, nahmen keinen Tag davon aus; sie hätten aus dieser Nichtverfügung in dieser Hinsicht Vortheil für sich ziehen können; aber sie hatten sich folgender Antwort zu gewärtigen:

Es ist wahr, daß die Statuten keinen Tag von der Arbeit ausnehmen; aber diese Ausnahme steht in den zehn Geboten, und ist durch allgemeine Gesetze der Kirche und des Staats bestimmt. Um jemanden davon frey zu sprechen, hätte es einer bestimmten Ausnahme bedurft; und diese findet man weder in ihren Statuten noch anderwärts. Man hat sie also, wie alle Gläubigen bey dem allgemeinen Recht gelassen.

Dieß ist aber nicht mit den Barbier-Chirurgen der Fall; ihre Profession befaßt zweyerley Geschäfte; das Geschäft, Kranke zu verbinden, wo es oft sehr gefährlich seyn würde, wenn man die Operation nur wenige Augenblicke verschieben wollte; und das Geschäft des Barbiers, zu rasiren, welches keineswegs so dringend ist. Hieraus folgt, daß man in ihren Statuten wesentlich zwischen demjenigen unterscheiden mußte, was ihnen an Sonn- und Festtagen zu thun erlaubt oder verboten seyn sollte; denn man mußte befürchten, daß sie entweder aus ängstlicher Gewissenhaftigkeit auch keine Kranken besuchen würden, oder aus Mangel an Achtung für Religion, auch die Geschäfte des Rasirens treiben möchten. Die Barbier-Perruquiers, deren Geschäfte keinen nothwendigen Bestandtheil der Art befaßten, konnten sich deshalb nicht eines besondern Vorrechts ermächtigen, als welches ihnen in Ermangelung jenes Artikels zukäm. Dieser Artikel war nicht nothwendig; sie waren mit unter dem allgemeinen ältern Gesetz einbegriffen, weil sie in Hinsicht der den Bart betreffenden Geschäfte mit den Chirurgen in gleichem Falle waren, für welche selbige gegeben wurden, und welche keine besondere Begünstigung für sie enthielten.

Endlich antwortete man ihnen, ihre Trennung von den Barbier-Chirurgen habe nicht in dem Maaße alle Bande ihrer ehemaligen Vereinigung aufgelößt, daß sie ganz von der Befolgung der Verfügungen, die ehemals für das ganze Corps getroffen worden waren, sich losgesprochen glauben könnten. Es erhellte vielmehr aus dem Patent vom vierzehnten May 1674, welches ihre besondere Korporation erst festsetzte, daß sie immer demselben Chef mit den Chirurgen (dem ersten Barbier-Chirurgen des Königs) unterworfen blieben. Es erhellte daraus auch, daß sie derselben Disciplin in Hinsicht dessen, was den Bart betraf, unterworfen waren, daß, um sie bey beyden Innungen auf gleichem Fuß zu erhalten, sie durch ihre Vorgesetzten und ihre Syndikus wechselseitig übereinander die Aufsicht führten. Daraus war klar, daß die neuen Statuten in dieser Hinsicht an den alten nichts geändert hatten, und daß, wenn es einen Punkt der Disciplin gab, der ihnen gemeinschaftliche Pflichten auflegte, dieß das Verhalten in Hinsicht der Sonn- und Festtage war.

Hierzu wollen wir noch das Ansehen der alten Gesetze rechnen, die von den Kaisern zur Haltung der Sonn- und Festtage waren gegeben worden; Gesetze, welche alle Gläubigen ohne Ausnahme verbanden, da sie durch die Gesetze der Kirche bestätigt waren. Das erste ist ein Gesetz von Constantin dem Großen, das er in Hinsicht der Heilighaltung des Sonntags gab. Dieses Gesetz ist uns von Eusebius aus Cäsarea, im Leben dieses Kaisers, aufbehalten worden. „Er setzte dazu, (zu dem der Religion geweihten Tage) den passendsten Tag fest; den ersten Tag in der Woche, der das Haupt aller übrigen, und der wahre Tag des Herrn und der Tag des Heils ist... Auch die übrigen Sterblichen lud der allerseligste Fürst zur Feyer dieses Tages ein; er, der keinen sehnlichern Wunsch hegte, als daß er allmählich alle Menschen zu Verehrern des einzigen wahren Gottes möchte umschaffen können. Deshalb ließ er an alle Unterthanen des Römischen Reichs den Befehl ergehen, daß sie den Sonntag feyern möchten und diesen Tag, der der erste nach dem Sabbattage (dem Sonnabend) wäre, die sonst jenem erzeigte Ehre wiederfahren ließen. Es scheint, er that dieß zum Andenken an die für die Menschheit so wichtigen Begebenheiten, die sich an diesen Tagen, (den Sonntagen) mit unserm Erlöser zugetragen hätten. Da er ferner jede Art religiöser Verehrung an diesem heilbringenden Tage, der vom Licht und von der Sonne benannt würde, beförderte, so gab er denjenigen, welche den vom Himmel geoffenbarten Glauben ergriffen hatten, alle Gelegenheit und Freyheit, religiöse Uebungen im Sinn und nach den Vorschriften der Kirche Gottes zu halten, und ohne alle Hindernisse Betübungen obliegen zu können. Euseb. im Leben Konstant. Auch Sozomenes thut dieses Gesetzes Erwähnung.

Es ist von den Gelehrten angenommene Meynung, daß Constantin dieses Gesetz im Jahr nach Christi Geburt 321, im Monat März habe bekannt machen lassen. Der Kaiser Justinian ließ es, mehr als zweyhundert Jahre nachher, so wie es hier mitgetheilt wird, in das dritte Buch des Justinianischen Kodex in den Abschnitt über die Ketzerey aufnehmen. „Alle Richter, alles Volk in Städten und die Pflichten eines jeden Gewerbs sollen an diesem verehrungswürdigen Tage ruhen. Aber auf das Land gesetzt, sollen die Bewohner desselben auch dann dem Ackerbau frey und ungefesselt obliegen dürfen; weil es sich oft trifft, daß das Getraide an keinem andern Tage bey der gehörigen Feuchtigkeit eingesäet und der Weinstock gesenkt werden kann, und nicht mit der Gunst des Augenblicks, die uns von himmlischer Vorsehung bewilligte bequeme Gelegenheit ungenützt verschwinde.

Man sieht aus diesem Gesetz, daß der Kaiser an Sonntagen alle Hand-Arbeit untersagt, und daß er nur den Land- und Weinbau davon ausnimmt; weil, sagt das Gesetz, es oft sich treffen könnte, daß die schicklichste Zeit, der schicklichste Augenblick zur Getraidesaat oder zum Weinlegen, auf einen Sonntag fiele, und man eine so günstige, von der Vorsehung selbst dargebotene Zeit nicht ungebraucht vorüber gehen lassen dürfte.

Diesen allgemeinen Gesetzen, die allen Gläubigen ohne Unterschied gegeben sind, wollen wir noch die besondern beyfügen, die den Barbieren gegeben wurden. Vor dem funfzehnten Jahrhundert findet man deren keines. Die fast allgemeine Sitte im dreyzehnten und vierzehnten Jahrhundert, Bärte zu tragen, ist Ursache, daß man den Barbieren die Ausübung ihres Gewerbs an Sonn- und Festtagen nicht zu verbieten brauchte. Als in den folgenden Jahrhunderten die Gewohnheit, den Bart sich rasiren zu lassen, an die Stelle jener frühern Sitte trat, so wurde den Bischöffen die Verbindlichkeit auferlegt, den Barbieren die Ausübung ihres Gewerbs an heiligen Tagen zu untersagen.

Heinrich Clicheley, Erzbischof von Canterbury, gab 1414 den Befehl, allen Barbieren bey Strafe der Exkommunikation das Rasiren, sey es durch ihre eigene Person, oder geschehe es durch andere, zu untersagen, und ihnen sagar das Oeffnen ihrer Buden an Sonntagen zu verbieten. Hierin, setzte er hinzu, trete er nur in die Fußtapfen seines Vorgängers des Erzbischofs Thomas von Arundel, der dasselbe Verbot hätte ergehen lassen. „Auf gleiche Weise verbieten wir, daß nicht einer oder mehrere von denselden (er redet von den Barbieren) im Uebrigen sein Haus oder seine Bude zur Ausübung seiner Kunst an Sonntagen, offen halte, oder offen halten, von seiner Kunst Gebrauch mache, oder von ihrer Kunst Gebrauch machen, oder sie für sich oder für andere ausübe, oder ausüben, unter Strafe, der größern Exkommunikation rc.

Das Concilium zu Paris von 1429 verbietet, nachdem es die Beachtung der Sonntage und Feste allen Gläubigen anempfohlen hat, allen Stallmeistern und Barbieren, an diesen Tagen ohne dringende Noth ihre Profession nicht auszuüben. „Wir mißbilligen den Mißbrauch ganz, nach „welchem die Stallmeister und Barbiere an „den obbenannten Sonntagen und an den

„andern obbenannten Festtagen der heil. Maria und der Apostel sich die Ausübung ihres „Handwerks erlaubt glauben, auch wenn sie „keine dringende Nothwendigkeit dazu auffordert; in dieser Hinsicht wollen wir ihnen zu „Begreifung der zweckmäßigsten Maaßregeln „rathen, und sie durch einen vorläufigen „Verweis zu bessern suchen."

Die allgemeine Versammlung der französischen Geistlichkeit, welche 1579 zu Melun zusammen berufen wurde, verbietet im Allgemeinen, keine Ausübung von Künsten sich zu Schulden kommen zu lassen, welcher nicht zu den freyen gehören; und keine Buden an heiligen Tagen zu öffnen, in welcher Absicht es auch seyn möchte. Daher muß man verhüten, und dagegen Vorkehrungen treffen, daß keine illiberalen Künste an Festtagen gelehrt werden, oder keine Handlung verrichtet werde, die einer solchen Zeit fremd seyn sollte, und sie entwürdigt; damit überhaupt keine Handwerksbuden, auch nur zum Theil geöffnet werden. Die Concilien, die um diese Zeit in Frankreich gehalten wurden, drücken sich fast eben so aus.

St. Bonaventure legt sich den Fall vor, ob es erlaubt sey, sich Sonn- und Festtags der Kopf scheren zu lassen, und gibt zur Antwort, man dürfe dieß nicht thun; er will, daß man dieses Geschäft bis auf den folgenden Tag verschieben soll. Allein die Bemerkung dürfte nicht unzweckmäßig seyn, daß St. Bonaventure an der hieher gehörigen Stelle nicht jedes Lavement des Kopfs an Sonntagen schlechterdings untersagt. Er redet vielmehr von dem angenommenen Verfahren seiner Zeit in dem größten Theil der Klöster, wo sich die Mönche entweder den Kopf waschen oder sich den Bart insgesammt rasiren ließen; eine Beschäftigung, über welcher der ganze Tag hinging. Deshalb will dieser heilige Lehrer, daß man dazu einen andern Tag, als den Sonntag oder ein Fest bestimmen soll.

Der Papst Johann der zwey und zwanzigste erließ 1317 an Philipp den Schönen, König von Frankreich ein Breve voller Remonstrationen über verschiedene Artikel der Kirchenzucht, die in Frankreich sehr vernachlässigt worden waren. Es gab einen darunter, der den Punkt betraf, welchen wir behandeln; nämlich diejenigen, welche sich Sonntags das Kopfhaar verschneiden oder den Bart scheren ließen. Der Papst erklärt, dieß wäre Unehrerbietigkeit gegen den Befehl, welcher die Heiligung dieses heiligen Tages fordert. In der That darf Euch der Umstand, daß man sich, wie verlauten will, an diesen Theilen einsalben läßt, daß gegen die Ehrerbietigkeit am Sonntage Gericht gehalten wird, daß man an selbigem Bart und Kopf schert, nicht verheelt werden, da dieser Tag, der dem göttlichen Dienst eigenst geweiht, durch solche Handlungen nicht entweiht werden darf.

Sechstes Kapitel.

I. Ueber den, dem Bart erzeugten Respekt.
II. Bart der Philosophen.
III. Respekt der Araber für ihren Bart.
IV. Der Bart, von den Türken respektirt.
V. Bärte, die man den heidnischen Gottheiten gab.
VI. Bärte, die man den Göttern darbot.

I. Ueber den Respekt, den man dem Bart erzeigt hat.

Der Bart ward während vieler Jahrhunderte als der Typus oder das Kennzeichen der Weisheit angesehen; daher der Eindruck von Respekt, von Majestät und außerordentlicher Klugheit, den lange Bärte in dem ganzen Griechischen und Römischen Alterthum machten, und den sie noch jetzt in dem Geist fast alles dessen machen, was es auf der Erde von gebildeten Nationen gibt. Wer wollte es leugnen, daß uns unsere Vorfahren mit ihren Bärten weiser scheinen, als wir ohne Haar am Kinn? In der That, wenn wir in einer Gemähldegallerie auf und nieder gehen, und unsere Großväter sehen, von denen ein großer Theil starb, ehe er ein so hohes Alter erreicht hatte, als wir; können wir uns denn entbrechen, sie als eben so viele alte Patriarchen anzusehen, und uns selbst für junge duftende Mädchen zu halten? Ich sehe unsere Abrahame, unsere Isaake, unsere Jakobe, unsere Moses gern so, wie man sie uns auf alten Tapeten zeigt, oder wie wir sie auf alten Statuen sehen, mit einem Bart, der ihnen bis auf den Gürtel hängt und die Hälfte des ganzen Kunstwerks ausmacht.

Ich habe nicht die Absicht, die neue Sitte, sich den Bart abzunehmen, die fast in ganz Europa Eingang gefunden hat, verächtlich zu machen; und ich bin nicht anmaßend genug, die großen Bärte wieder aufleben lassen zu wollen. Aber könnte man nicht gleichwohl der Meynung seyn, daß ein kunstvoll zugestutzter und beschnittener Bart, wie man ihn in den letzten zwey Jahrhunderten trug, den Gesichtern eine Phisiognomie gab, an der es ihnen seitdem ganz gebrach? Dieses Resultat der Gesichtszüge ist in der That eine der auffallendsten Eigenschaften der männlichen Bildung; es ist die Bedingung, die dem männlichen Gesicht eine Physiognomie gibt, ihr einen Charakter ertheilt. Ein vortreflicher komischer Schauspieler muß durch seine Physiognomie die Rolle ankündigen, die er vorstellen will.

Wir wollen in diesem Kapitel untersuchen, wie weit man in dem Respekt und in der Ehrfurcht für den Bart gegangen ist, und wir werden zeigen, daß er in den wichtigsten Angelegenheiten der Religion und der bürgerlichen Gesellschaft bey der Vorwelt seine Rolle spielt; daß man des Glaubens gewesen ist, er diene zur Ehre der Gottheit, oder er mache sie den Menschen verehrungswürdiger. Der Bart ist lange Zeit ein Zeichen außerordentlicher Weisheit gewesen. Er wurde bey Allianz-Traktaten ins Spiel gezogen, wurde oft verpfändet und diente als Geisel zur Versicherung seiner Treue in Absicht eingegangener Verbindungen.

Man schwor bey dem Barte. Man strafte große Verbrechen, indem man Schuldigen den Bart abschneiden ließ; es war ein Zeichen von Ehrlosigkeit, wenn man sich diese Zierde nehmen lassen mußte. Man war überzeugt, daß nichts besser den lebhaften Schmerz, wovon man sich in Zeitpunkten von Trauer und großem Unglück hingerissen fühlte, ausdrücken könne, als wenn man ohne Bart erschien. Alle diese Gewohnheiten machen den Gegenstand des gegenwärtigen und folgenden Kapitels aus. Wir werden zuvörderst von dem außerordentlichen Respect handeln, den einige Nationen für den Bart an ihren eignen Landsleuten bezeugt haben. Und so machen wir dann mit dem Bart der Philosophen den Anfang.

II. Bart der Philosophen.

Man war im Alterthum überzeugt, daß ein langer Bart gewöhnlich das Zeichen der Weisheit wäre, und daß ein Mann, welcher auf Strenge in seinen Sitten Anspruch mache, sich nothwendig den Bart wachsen lassen müßte. Die Schrift sagt uns, daß der hohe Priester Aaron einen langen Bart trug. Sokrates, der weiseste Sterbliche seiner Zeit, wird auf Persisch der bärtige Lehrer oder der Lehrer mit dem langen Bart genannt. Satyr:

Glaube, daß dieß der bärtige Meister
Sagt.

Plinius der Jüngere spricht von Euphrates, einem Syrischen Philosophen, der sich durch die Länge und Weiße seines Barts empfahl. Sieh das erste Buch seiner Briefe. Strabo sagt, die Gymnosophisten, Indische Philosophen, hielten auf große Bärte. Dasselbe versichert Diodor von Sicilien.

Lucian zieht an verschiedenen Stellen auf die Philosophen seiner Zeit los, die sich durch die Länge ihres Barts einander zu übertreffen suchten; und er stellt uns einen Weisen, der nach einem Lehrstuhl in der Philosophie strebte, als unfähig, seine Stelle auszufüllen, vor, weil er einen zu kurzen Bart hatte. Aelian erzählt da, wo er von Zoïlus spricht, welcher Homer und Phaton Fehler aufstechen zu können sich vermaß, und der sich für geschickter als alle seine Vorgänger hielt; Aelian, sage ich, erzählt da, daß dieser berühmte Kritiker einen Bart getragen habe, der ihm bis auf die Brust herab hing, daß er aber immer mit geschornem Kopfe gegangen sey. Er befürchtete ohne Zweifel, seine Kopfhaare möchten eben so viele Sprößlinge seyn, die, wenn er sie hätte wachsen lassen, die gesammten Säfte seines Barts an sich ziehen, und ihn so entblättern möchten.

Die Philosophen, welche sich durch Affektation langer Bärte am meisten auszeichneten, waren ohne Widerrede die Stoiker. Aus nichts machte diese Art Philosophen so viel, als aus einem langen Bart. Er machte oft ihre ganze Weisheit aus. Horaz zieht in der dritten Satyre des zweyten Buchs einen gewissen Licinius Damasippus, einen

Narren und stoischen Philosophen mit sehr viel Salz durch. Dieser Dichter wußte dem Philosophen, nachdem er dessen ernsthafte moralische Vorlesung angehört hatte, nichts bessers zu wünschen, um ihn für seine Narrheit zu züchtigen, als einen recht guten Barbier.

Dii te, Damasippe, Deaeque
Verum ob consilium donent tonsore!

Horaz. O mögen Götter und Göttinnen,
Damasipp,
für diesen guten Rath dich bald mit einem
Barbier beschenken!

Derselbe Damasipp nennt in dieser Horazischen Satyre, ein wenig weiter unten, den Bart **den wahren Charakter der Weisheit; den weisen Bart.**

Die Stoiker waren in der Folge in Rom so verachtet, weil sie, wenn sie auf öffentlichen Straßen kamen, gewöhnlich von einem Haufen Kinder verfolgt wurden, die ihnen tausenderley Schimpf anthaten, und ihnen, um ihre Geduld auf die Probe zu stellen, den langen Bart ausrauften.

Vellunt tibi Barbam
Lascivi pueri, quos tu, nisi
fuste coërces,
Urgeris turba circum te stante

Muthwillige
Gassenjungen rupfen Dir den Bart
aus, und wenn Du sie nicht mit dem
Prügel Dir
vom Leibe hältst, so wirst Du von
dem Schwarm zerdrückt.

Horaz Satyr. I. 3.

Dasselbe widerfuhr den cynischen Philosophen, wie Persius in seiner ersten Satyre bezeugt:

Multum gaudere paratus
Si cynico barbam petulans Nonaria vellat.

Da gibts zu lachen viel
wenn dem cynischen Weisen
eine muthwillige Buhlerinn
den Bart ausrupft.

Dieß gab Gelegenheit zu dem Sprüchwort: einem dem Bart ausraufen: vellere alicui barbam; um eine sehr starke Verachtung jemandes auszudrücken.

Auch Apulejus hält sich über diejenigen auf, welche Philosophen zu seyn affektirten, weil sie große Bärte trugen; und er legt ihnen den Spotnahmen Ziegenbärte bey: hircino barbitio philosophum mentitus:

Er, der mit seiner Bocksbärtigkeit
den Philosophen lügt.

Eben so sagt der Dichter Ronsard:

Wenn ein großer Bart am Kinn
den Philosophen macht:
so könnt' ein langbärtiger Bock
durch dieß Verdienst ein Plato seyn.

Herodes-Attikus sagt bey Aulus Gellius Buch 9. Kap. 2. sehr witzig: ich sehe Bart und Mantel wohl; aber ich sehe den Philosophen nicht. Lactantius sagt da, wo er gegen diejenigen loszieht, welche sich einen Bart und Mantel zu tragen berühmten: Sie geben deutlich genug zu erkennen, daß ihre Philosophie nicht Weisheit ist; da das ganze Geheimniß derselben nur in Bart und Mantel besteht.

Der Kaiser Julian war einer von diesen Philosophen, welche aus ihrem langen Bart die größten Vortheile zu ziehen vermeynten, und sich wegen dieser männlichen Zierde ein philosophisches Ansehen gaben. Dieser Regent trug seinen Bart sehr lang und zugespitzt, und glaubte sich dadurch die größe Verehrung zu erwerben. Allein er erfuhr gerade das Gegentheil. Die Antiochener, in deren Mitte er sehr lang lebte, konnten diese Affektation nicht vertragen, machten ihn lächerlich, und verbreiteten beißende Epigramme auf seinen Bart. Julian, dem sein Bart eben so lieb, als er den Bewohnern Antiochiens zuwider war, verfertigte auf sie eine Satyre, der **Bartfeind**.

Julian, durch die Antiochener aus äußerste getrieben, unternahm es in diesem Werk anstatt sich zu rächen oder ihnen als Regent zu verzeihen, sich an ihnen als Schriftsteller zu rächen. Er thut es, indem er seine üble Laune gegen sich selbst zu kehren scheint. Er übertreibt seine Fehler; indem er die guten Eigenschaften, die er haben mochte, von einer schielenden, verkehrten Seite vorstellt, setzt er sie den Lastern der Antiochener entgegen, die er ironisch für Tugenden gibt. Dieses Werk zeichnet sich durch viel treffende Streiche, die sein Verfasser führt, durch sehr lebhaft ausgedrückte witzige Einfälle und caustisches Salz aus. „Es ist," wie Herr de la Betterie sagt, „das Lachen eines von Aerger erbitterten Mannes, der die Rolle des Philosophen spielt, und sich in derselben nicht bis ans Ende zu halten vermag."

Wir bemerken noch, ehe wir diesen Artikel beschließen, daß die ersten Philosophen ihren Bart mehr aus Verachtung körperlichen Reitzes und aus Vernachlässigung, als aus Ziererey (Affectation) wachsen ließen. Allein was anfänglich bloß ein unwesentlicher Zierrath eines Philosophen war, und mit der Philosophie in gar keinem genauen Verhältnisse gedacht wurde, das ward in der Folge die Hauptsache der Philosophie. Was anfänglich nur ein zufälliges Zeichen ihrer Weisheit war, wurde in der Folge fast zur Weisheit selbst, die auf die Nachfolger der zeitigen Philosophen überging. Ein langer Bart ward nun ein wesentliches Stück des Wohlstands, zur Beobachtung der philosophischen Gravität. Auch war es einer ihrer Hauptgrundsätze, für die Erhaltung des Barts zu sorgen (barbam pascere). Diese kindische Affektation war es auch, welche die Philosophen in Verachtung brachte und ihnen die beißenden Satyren, die man auf sie machte, zuzog.

Im Jesaias sagt der Herr, er wolle, um sein Volk durch eine Art neuer Einweihung zu reinigen, Schermesser oder Scheren leihen, um ihnen alles Haar, sowohl am Kopf als am Bart und am übrigen Körper wegzunehmen. Jes. VII. 20. Im Ezechiel kommt ein ähnliches Emblem vor, das man verschiedentlich gedeutet hat. Der Herr räth seinem Propheten (wie dieser selbst versichert) sich Kopfhaar und Bart abscheren zu lassen; sie in drey gleiche Theile zu theilen; ein Drittheil mitten auf einem öffentlichen Platz in der Stadt zu verbrennen, so wie die Tage der Belagerung näher heranrücken würden; das zweyte Drittheil mit dem Degen an diesem öffentlichen Platze abzuhauen, und das dritte Drittheil, welches übrig bleiben würde, in den Wind zu streuen, und es mit gezogenem Degen zu verfolgen, jedoch so, daß er einen Theil dieses Drittheils aufbewahrte.

Durch dieses Bild ließ der Herr andeuten, daß, so wie Haupthaar und Bart die Hauptzierde des Mannes seyen, und die Majestät und Schönheit seines Gesichts und seine verschiedenen Vollkommenheiten noch mehr zu enthüllen dienen, die Juden eben so bestimmt wären, den Ruhm des Herrn und seine verschiedenen Eigenschaften zu veroffenbaren, wie es die Patriarchen, die Propheten und die alten Gerechten gethan hätten; aber anstatt die Ungläubigen zu erbauen, haben sie ihnen noch mehr Aergerniß gegeben; anstatt den Heiligen von Israel durch die Reinheit ihrer Sitten zu preisen, haben sie seiner Ehre Eintrag gethan; sie haben ihn endlich gezwungen, sie ohne Schonung von sich zu werfen, die verdorbene Rasse von sich zu entfernen, die der Gegenstand seiner Schande und seines Schmerzes geworden war.

III. Respect der Araber für den Bart.

Die Geschichte bezeugt, daß es ehemals verschiedene Völker gegeben hat, und daß es deren noch gibt, welche auf die geringste Beeinträchtigung ihres Barts so eifersüchtig sind, daß es scheint, als hätten sie ihn zum wichtigsten Ehrenpunkt gemacht. Die Spanier waren unter andern so kitzlich in diesem Punkt. Dom Quevedo treibt in seiner dritten Erscheinung, daß jünste Gericht betreffend, das lächerliche dieses Ehrgefühls ziemlich weit, wenn er sagt, einer seiner Mitbürger sey, nachdem er sein Verdammungsurtheil erhalten gehabt habe, in die Gewalt zweyer bösen Geister gegeben worden; aber er habe nicht mit ihnen gehen und ihnen folgen wollen, bis sie ihm mit einem zu diesem Behuf bestimmten Eisen den Knebelbart wieder zurecht gebogen gehabt hätten, den sie ihm in Unordnung gebracht hatten. Allein nichts kommt in diesem Punkt der Reitzbarkeit der Türken und Araber gleich.

Die Araber haben so viel Respekt für den Bart, daß sie ihn als eine geheiligte Zierde betrachten, welche ihnen Gott gegeben habe, um sie von den Weibern zu unterscheiden. Nie scheren sie sich. Sie lassen den Bart von ihrer Kindheit an wachsen, wenn sie als Kinder rechtlicher Eltern erzogen worden sind; und das Zeichen der größten Entehrung, die sie sich zu denken vermöchten, wäre, wenn sie sich ihn ab cheren ließen.

Wenn bey den Arabern ein Mann mit einem schönen Bart eine schlechte Handlung begeht, oder ein ungebührendes Wort sagt: so wird man immer sagen hören: Wie Schade ist es um einen so schönen Bart; oder: Ist es möglich, daß er seinem Bart eine solche Schande anthun kann; welch' eine Schande! welche Beschämung für seinen Bart! Und wenn sie das Recht haben, ihm Vorstellungen deswegen zu thun oder Vorwürfe deswegen zu machen, so sagen sie zu ihm in ernstem Ton; schämt Euch in Eurem Bart; respectirt doch Euren Bart! Bitten sie jemanden um etwas, so bitten sie ihm bey seinem Bart. (Man sehe, was wir weiter oben hierüber gesagt haben) Sie küssen sich den Bart wechselsweis auf beyden Seiten, wenn sie sich auf den Straßen grüßen, wenn sie von der Reise kommen oder beyderseits eine Reise vorhaben. Gedenkt nur der eine Theil zu verreisen, so ist es Pflicht desjenigen, der zurück bleibt, den Bart seines Freundes zu küssen, der es mit gravitätischer Gebärde geschehen läßt, und auf eine Gelegenheit wartet, wo er seinem Freund dieselbe Ehre erzeigen kann. Die Küsse werden während ihrer Komplimente mehrmals wiederholt, und diese bestehen darin, daß man einander um sein Befinden fragt.

IV. Respekt der Türken für den Bart.

Wenn man nur etwas mit den Sitten der Mahomedaner bekannt ist, muß man wissen, daß sie ein Schnupftuch ausbreiten, wenn sie ihren Bart kämmen; daß sie die herabfallenden Haare mit Sorgfalt aufhäufen, sie in Papier wickeln, sie auf den Kirchhof tragen und in die Erde vergraben, wenn sie deren eine gewisse Menge gesammelt haben. Sie reißen sie vorher in zwey Stücke, wenn sie ausgerauft sind und die Wurzel noch in der Haut hängt. Man höre nur den Grund an, den sie von dieser ängstlichen Observanz geben.

Sie glauben, daß es mehrere Legionen Engel gebe, die zur Bewachung eines jeden Haares am Bart beordert sind, und daß sie in demselben ihre Wohnung aufschlagen, wenn die Haare noch ganz sind. Um selbige da zu verabschieden, wo es ihnen gut dünkt, durchschneiden sie die Haare in der Mitte; auch thun sie dieß, um sich den bösen Anschlägen übelgesinnter Menschen zu entziehen, die sie auf ihr Haar gründen könnten, wenn sie welche fänden, die noch ganz wären. Haare, welche die Barbiere abgeschnitten haben, um den Bart gleich zu machen, sammelt man nicht, weil sich die Engel an dasjenige Theil des Haars halten, welches an der Haut bevestigt ist, ohne daß sie daran dächten, sich in diesen Ueberfluß, diesen Ausschuß von Haare zu nisten.

Wenn jemand auf den Bart eines andern ausspiee, oder beym Ausspeien auf die Erde sagte: das gilt deinem Bart; oder wer, wenn er einen Wind streichen ließ, sagen wollte: ich lasse einen F.... auf deinen Bart, würde von der Justitz hart, als ein Gotteslästerer, als ein Entheiliger des Barts, als ein Verruchter, der die Engel verachtet, die dessen Beschützer und Wächter sind, gestraft werden.

Dieß ist aber nicht mit dem Knebelbart der Fall. Er gilt, nach der Strenge des Gesetzes, für unrein. Man duldet ihn bey Militärpersonen, welche einen rasirten Bart haben, weil es mit zu vielen Unbequemlichkeiten verknüpft seyn würde, wenn man es ihnen zur Pflicht machen wollte, einen langen Bart zu tragen. Man behauptet sogar, dieß gäbe ihnen ein kriegerisches Ansehn und mache sie dem Feinde furchtbarer. Er ist ihnen eben so nöthig, als den jungen Leuten, die noch keinen völligen Bart tragen, um sie für Männer zu erkennen.

So lange die jungen Leute ihre Bärte noch nicht produciren können, legen sie an ihren Knebelbart keine Hand; aber wenn ihnen der Bart bis zu einer gewissen Länge gewachsen ist, dann nehmen sie sich die Haare des Knebelbarts ab, der ihnen bis auf die Lippe hängt; aus Furcht, das Wasser oder die Speisen, die sie in den Mund nehmen, möchten dadurch der Unreinlichkeit Vorschub thun, indem sie die Haare des Knebelbarts berühren; denn Mahomed hat ihnen die Eröffnung gethan, es bedürfe nicht mehr, um das Gewissen seiner Bekenner zu verunreinigen.

Man sieht hieraus, welche Verschiedenheit die Türken in Absicht des Respects, den sie für die untern Haare des Barts hegen, und der geringen Achtung der Haare des Knebelbarts oder des obern Barts beobachten. Es ist bey ihnen ein Verbrechen, das man nicht verzeiht, wenn man den Respekt bey Seite setzt, den man ihrer Denkart nach für den Bart hegen muß; anstatt daß sie die Beschimpfungen, die man dem Knebelbart zufügt, für nichts achten.

Der Chevalier von Arvieux führt Beyspiele von der Strenge der Türken an, mit welcher sie gegen diejenigen verfahren, welche den schuldigen Respect gegen den Bart verletzen. Eine Unachtsamkeit der Art hätte einem Französischen Koch, wie er sagt, das Leben kosten können, der in einer Strasse zu Saide ging, weit von sich ausspuckte, und unglücklicher Weise den Bart eines Bauers bewarf, der an der Erde schlief. Der Bauer erwachte, ließ sich durch die Entschuldigungen des Kochs und einen Piaster, den er ihm in die Hand drückte, zufrieden stellen; aber die Türken in der Stadt, welche Zeugen von dieser gotteslästerlichen Handlung waren, nöthigten den Bauer, die Sache bey dem Gouverneur anhängig zu machen. Dieser Vorfall erregte großen Lerm. Man sprach von nichts geringerem, als daß der Koch lebendig verbrannt oder gespießt werden sollte. Er hatte die Vorsicht gehabt, zu entwischen; und da man seiner nicht habhaft werden und ihn nicht ausfindig machen konnte, traf man eine gelindere Verfügung und zahlte 500 Thaler an den Gouverneur.

Derselbe Herr von Arvieux erzählt, daß es der Französischen Nation noch mehr kostete, eine Angelegenheit auszugleichen, die von gar keiner Wichtigkeit zu seyn scheint.

Der Konsul ging auf einer Terrasse des Französischen Gouverneurs mit dessen Stellvertreter spatzieren, und unterhielt sich mit ihm über Angelegenheiten von Wichtigkeit. Herr Faure, einer der vorzüglichsten Negotiateurs der Nation befand sich auf der andern Seite auf derselben Terrasse, war aber von jenen beyden Herrn durch eine Kuppel, welche ihnen die Aussicht zu einander benahm, getrennt. Er schöpfte im Hemde und Unterziehhosen, wie man dieß gewöhnlich in diesem Lande zu thun pflegt, frische Luft. Er ließ unschuldiger Weise einige Winde streichen, welche von der andern Seite gehört wurden. Um das Maaß des Unheils voll zu machen, mußte es sich gerade treffen, daß sich der Vicegouverneur in diesem Augenblick den Bart mit den Händen kämmte (denn das bringt die gewöhnliche Tagesordnung bey den Türken so mit sich). Er zog seine Hand so schnell zurück, als wenn er sie an das Feuer gehalten hätte; er erblaßte und blieb so verstummt stehen, als wenn er einen Blitz zu seinen Füßen hätte einschlagen sehen. Er verließ den Konsul mit hochfahrender stolzer Miene und zog sich von ihm zurück, ohne daß er die Kraft gehabt hätte, ein Wort außer der Apostrophe vorzubringen: „so werfen die Ungläubigen ihren Koth auf die gesegneten Bärten der Muselmänner!" Er erhob seine Klage bey dem Gouverneur, der ein schlechter Mensch, grausam und im höchsten Grad geitzig war; der ihm mit Verbannung der ganzen Nation und Einziehung ihrer Güter drohte. Man sah sich gezwungen, daß Ungewitter, da es noch in der Ferne stand, zu beschwören; und man zog sich vermittelst Bitten und Intriken durch zwey Tausend Piaster, die man an den Gouverneur zahlte, aus diesem schlimmen Handel.

In diesem Lande wäre es das Zeichen einer größern Infamie, wenn man einer Mannsperson den Bart abschnitte, als wenn man jemanden bey uns die Peitsche gäb. Es gibt da Menschen, die einer solchen Entehrung den Tod vorziehen würden. „Ich habe einen gekannt," sagt der Herr von Arvieux, „welcher einen Stoß mit einer Flinte an den Kinnbacken erhalten hatte, und der sich lieber dem Tode preis gegeben sah, als daß er es hätte dulden sollen, daß ihm ein Chirurg, um ihn verbinden zu können, den Bart abgeschnitten hätte. Die Muftis Iman's und die respektabelsten Derwische mußten zu ihm gehen und ihn versichern, in einem solchen Fall würde sich der Prophet selbst den Bart mit den nöthigsten Vorsichtsmaaßregeln haben abschneiden lassen, um die Bart-Engel ohne Aergerniß aus ihrer bisherigen Wohnung zu bringen. Ungeachtet dieser Versicherungen bedurfte es so viel Zeit, eh er sich aus Furcht, die man ihm beygebracht hatte, daß die Würmer im schadhaften Theil wimmelten, daß der Brand dazu schlagen würde, bis er sich entschloß, diese traurige Operation endlich mit sich vornehmen zu lassen. Er ward geheilt; aber er wagte nicht mehr, sich öffentlich zu zeigen; und sogar in seinem Hause hatte er das Kinn immer in einen schwarzen Schleyer eingehüllt, bis sein Bart wieder in den Zustand versetzt war, in welchem er sich von diesem traurigen Vorfall befand.

Wir haben schon von dem Knebelbart der Muselmänner gesprochen, und wir haben bemerkt, daß sie bey weitem nicht den Respekt für ihn hegen, den sie vor ihrem untern Bart haben. Die Greise, die Imanen, die Muftis, und Leute, die eine mehr öffentliche Profession von regelmäßiger Lebensart machen, schneiden sich den Knebelbart ab, (nämlich das Haar, das zwischen der Nase und dem Munde hervor wächst) sie thun dieß mit der Spitze der Schere und so nah als möglich an der Haut; und diejenigen, welche andere an Regelmäßigkeit in der Lebensart noch übertreffen wollen, mehmen das Schermesser dazu, ob dieß gleich eine Art Ungestaltheit für das Gesicht zur Folge hat; allein sie glauben dadurch ihrem Propheten nur um so ähnlicher zu werden. Man höre hier den Grund, der ihn dazu vermochte, sich auf diese Art zu entstellen.

Jedermann, der von den Sitten der Türken unterrichtet ist, weiß, daß sie die Gewohnheit haben, Wasser mit sich zu nehmen, wenn sie in ihr Zimmer, wo sie sich aus und ankleiden, kommen; und daß sie sich mit den Fingern waschen. Es ist in den Vorhöfen der Moscheen für Bequemlichkeiten gesorgt, und es gibt daselbst bestimmte Orte, wo sich die Muselmänner dringender Naturbedürfnisse entledigen können; und wenn sie sich gut gewaschen haben, gehen sie in die Moschee, um ihr Gebet zu verrichten. Mahomed wollte sein Gebet verrichten, ging aber an den Ort, wo man sich erleichtern kann, und wusch sich rein; denn ob er gleich Gesetzgeber war, so hatte er doch ein zu zartes Gewissen, um sich von dem Gesetz auszunehmen. Zum Unglück machte es ihm ein kleines Jucken nöthig, seine Hand ans Gesicht zu bringen, und seinen Knebelbart zu berühren. Einen Augenblick darauf empfand er den üblen Geruch, den seine Finger daran zurück gelassen hatten. Was war zu thun! Er war sehr in Verlegenheit. Er wusch sich mit kaltem Wasser, welches nichts half. Er nahm laues Wasser und es schien ihm nicht besser gewirkt zu haben. Er goß warmes und fast siedendes dazu, welches auch fruchtlos war. Er war untröstlich; denn die Zeit des Gebets hieß ihn eilen. Einer von den Schutzengeln seines Barts gab ihm den Gedanken ein, das Schermesser darüber hinzuziehen. Er that es auf der Stelle mit so viel Ergebenheit und so wenig Geschicklichkeit, daß er sich die Haut ganz wegschor; hierauf war der üble Geruch zerstreut, er wusch sich ziemlich stark und verrichtete sein Gebet. Hierauf fuhr er mit seiner Hand über den langen Bart, der ihm noch übrig war, um ihm etwas von der Gnade mitzutheilen, die ihm so eben wiederfahren war, und für deren Erzeuger er seine Bart-Engel hielt. — Nach seinem Beyspiel scheren sich also die Muselmänner den Knebelbart. Es war nicht nöthig diese Operation wieder vorzunehmen; denn er hatte alle Wurzeln seines Knebelbarts so gut ausgerissen, daß ihm an dieser Stelle nie wieder eine Haar wuchs. Dieser Zufall machte es ihm nothwendig, die Knebelbärte für unrein und verächtlich zu erklären; und dieß ist so wahr, daß man alle Arten Koth auf die Knebelbärte der Muselmänner werfen könnte, ohne die Strenge der Justiz zu befürchten zu haben, wenn man es nur zu verhüten wüßte, daß nichts davon auf den eigentlichen Bart fiel. **Memoir. des Herrn v. Arvieux.**

V. Bärte, die man den heidnischen Gottheiten gab.

Es war sehr gewöhnlich bey den Alten, ihre Götter mit Bärten darzustellen, um ihnen durch diesen Zierrath ein ehrwürdigeres Ansehn zu geben. Diese Gewohnheit gründete sich auf den Respekt, den, wie wir gesehen haben, fast alle Nationen für den Bart haben. Wir haben von der Sorgfalt gesprochen, die verschiedene Völker Griechenlands anwendeten, um ihren Bart zu erhalten. Titus Livius spricht von dem Bart der Römischen Senatoren, da die Gallier in Rom eindrangen, als von einer Zierde, welche diesen Barbaren die größte Ehrfurcht für diese achtungswürdigen Greise einflößte. Ich rede nicht von der Ehrfurcht, den die Philosophen für ihren Bart hegten.

Apollon wurde nach dem Bericht des Fulgentius, eines alten Mythologen zu Hierapolis in Phrygien unter der Gestalt eines Menschen mit einem langen Bart angebetet. Lucian sagt in seiner Abhandlung über die Syrische Gottheit, dieser Gott werde von den Syriern auch unter diesem Bild angebetet; man stelle ihn gewöhnlich unter der Gestalt eines jungen Menschen vor, dem der Bart zu keimen anfange. „Denn die Uebrigen alle halten Apollo für einen Jüngling, und bil=

den ihn mit dem ersten sprossenden Barthaar ab; aber diese allein (die Syrer) haben sich ein Bild von einem bärtigen Apollo gemacht."

Es ist gar nicht befremdend, daß man Jupiter einen großen Bart gegeben hat. Der erste Rang, den er unter den heidnischen Gottheiten einnimmt, scheint zu fordern, daß er dieses ehrfurchterweckende Attribut trägt. Lucian läßt ihn in Philosophentracht auftreten, wo er zugleich einen großen Bart trägt. Die Heiden schwuren anfänglich, als er noch keinen Bart trug (Iove nondum barbato) nur bey Jupiters Augen und Kopf; denn sobald er Haare am Kinn erhielt, wurde sein göttlicher Bart in ihren feyerlichsten Schwüren erwähnt.

Da Jupiter noch bartlos war,
die Griechen noch bey keines Andern Kopf
zu schwören sich getrauten. Juv. Satyr. 15.

Man hat oben gesehen, daß Aesculap mit einem Bart abgebildet war, daß man ihm zu Epidaurien einen von Gold gegeben hatte, den ihm Dionysius der Tyrann unter dem Vorwand nahm, es schicke sich nicht, daß der Sohn einen Bart trage, wenn der Vater keinen hätte.

Obgleich Bacchus gewöhnlich unter der Gestalt eines schönen Jünglings ohne Bart vorgestellt wird, so haben doch er und Apollo bisweilen für bärtig gegolten, und sie sind so durch Schriftsteller und alte Kunstwerke abgebildet. Spanheim bringt in seinen **Bemerkungen über die Cäsarn des Kaiser Julian** zwey Medaillen des Bacchus bey, worauf er eben so jugendlich, als bärtig erscheint. Die eine stellt ihn ohne Bart mit seiner theuern Ariadne dar, und jede Figur hält einen Thyrsusstab in der Hand; sie finden sich auf der Rückseite einer Medaille der jungen Faustina, welche zu Nicea in Bithynien verfertigt worden ist; die andere zeigt ihn mit einem langen Bart, und ist auf der Insel Naxos verfertigt worden. Den Bart hat er offenbar deswegen, um dadurch zu bezeichnen, daß dieser, sonst so wenig ernsthafte Gott doch für einen Philosophen gehalten seyn wollte; eine Eigenschaft, die ihm in der That mehrere Alten, und mit ihr den Charakter des klugen, geschickten oder weisen Rath- und Gesetzgebers gegeben haben. Diodor von Sicilien bezeugt, Bacchus habe von dem Gott des Stillschweigens, seinem Lehrer, gute Einschläge und Lehren erhalten. Hierzu kann man noch rechnen, daß Bacchus bisweilen die Musen in seinem Gefolge gehabt hat, daher er den Beynamen Musaget, so gut als Apollon erhielt.

Der bärtige Bacchus kündigt sich gewöhnlich als den Indischen an. **Montfaucon** hat uns in seinem erklärten Alterthum mehrere Figuren von dem bärtigen Bacchus mitgetheilt. Der erste ist mit Laub bekrönt, hat an Statt des Thyrsusstabes eine Pike in der linken Hand, und in der rechten ein kleines Gefäß mit Wein, den er in den Rachen des Panthers auszugießen scheint. Ein anderer bärtiger Bacchus ist, was nicht gewöhnlich ist, mit einem Rock und einem Mantel bekleidet, der ihm bis auf die Knöchel geht. Auch erscheint er auf einer thebanischen Medaille mit einem Bart; denn Thebä war das Vaterland dieses Gotts so wie des Herkules. Man kann bey Montfaucon noch andere bärtige Köpfe mit Blumen-Büscheln und andern Bacchischen Attributen sehen, die alle sehr lange Bärte haben; eben so auf einiger Medaillen, wo sich Symbole des Bacchus finden. Man hat auch noch Denkmünzen in großer Menge, wo zwey sich von hinten berührende Köpfe, der eine einen Bacchus ohne, der andere einen mit einem Bart, darstellen. Das ist, wie Maffei, wie Diodor von Sicilien und der Schriftsteller unter dem Namen Orpheus bemerken, Dionysos Dimorphos, Bacchus der Zweygestaltige, oder mit zwey Gesichtern; ganz so, wie man den Janus bey den Römern, und Cecrops bey den Griechen vorstellt.

Der Gott Mars wird auf alten Denkmählern auf eine ganz gleichförmige Weise vorgestellt; als ein großer Mann mit Helm, Spieß und Schild; bisweilen als junger Mann ohne Bart; bisweilen mit Bart. S. Montfaucon.

Priap wurde bisweilen unter der Gestalt eines Grenzgotts, mit einem Bart, der sich in zwey Hälften theilt, und ihm bis auf die Brust reicht; und mit sehr langem Knebelbart vorgestellt.

Neptun sieht man auf einer großen Anzahl alter Denkmähler gewöhnlich nackt und bärtig, wie er seinen Dreyzack, sein gewöhnlichstes Symbol, ohne welches man ihn nie trifft, in der Hand hält. Philostratus beschreibt die Figur des Glaukus, eines andern Meeresgotts folgendermaßen: „sein Bart ist feucht und weiß, seine Haare dicht, und sie hängen ihm bis auf die Schultern."

Bisweilen stellte man die Flüsse, welche ihren Namen und ihr Wasser bis ins Meer tragen, durch eine bärtige Figur vor; anstatt, daß diejenigen, die ihren Namen und ihr Wasser in einem andern Fluß verlohren, ehe es ins Meer kam, ohne Bart, oder unter einer weiblichen Figur dargestellt wurden; ob diese Bemerkung gleich nicht immer anwendbar ist; denn man findet Medaillen und andere alte Kunstwerke, wo sie nicht Statt findet; z. B. eine Medaille von Philippus, wo Marsyas und Mäander ohne Bart sind. Man darf daher, wenn man einen Fluß ohne Bart vorgestellt findet, nicht sofort schließen, es sey ein kleiner, nicht beschiffbarer Fluß.

Obgleich die gewöhnlichste Art, wie man den Merkur zeichnet, diejenige ist, daß man ihn als einen schönen, bald nackten, bald mit einem, über die Schultern geworfenen Mantel, der gewöhnlich seine Blöße nicht bedeckt, bekleideten Jüngling mit einer Mütze, die man Petas nennt, und an welche Flügel befestigt sind, vorstellt, so findet man ihn doch auch, wiewohl seltner, mit einem Bart, obgleich dieser Zierrath mit den Beschreibungen Homers in vier und zwanzigsten Buch der Iliade und Virgils im vierten Buch der Aeneide von Merkur, und mit der Jugend, die ihm mehrere Alten geben, nicht zusammen zu stimmen scheint: allein diese Gründe können denjenigen nicht irre machen, der es weiß, daß dieselben Götter oft sehr verschiedertlich bekleidet und geschmückt waren, und daß diese Verschiedenheit am häufigsten bloß von dem Geschmack der Völker, oder von der Caprice der Mahler und Bildhauer abhing.

Man sieht auf einem runden, auf dem Capito lerhaltenen Altar einen Apollo mit seinem Bogen und mit einem Pfeil in der rechten Hand, und einen Merkur mit einem Bart am Kinn und mit seinem Heroldsstab in der Hand. Derselbe Gott ist auf einigen Hetruscischen Kunstwerken mit einem zugespitzten und vorwärts gebogenen Bart vorgestellt; eine Vorstellung, die aus der ältesten Art, wie sie lange Bärte trugen, bey den ersten Hetruskern entsprang. Die ältesten Griechischen Merkure haben wahrscheinlich dieselbe Gestalt gehabt; denn die Sitte, solche breite und zugespitzte Bärte zu tragen, erhielt sich; und solche sind auch die ihrer Hermen noch. S. Winkelmanns Geschichte der alten Kunst.

Ich setze hinzu, daß Merkur nach den verschiedenen Verrichtungen, die man ihm zuschrieb, auch verschiedene Gestalten gehabt hat. Wenn er nämlich das Amt des Götterbotes versah, hatte er Flügel an den Fersen, und einen Heroldsstab in der Hand. Stellte man ihn als den Gott der Beredsamkeit vor, so war es eine untersetzte Figur mit einem Kopf. Sah man ihn als den Beschützer der Kaufleute an, so trug er einen Geldbeutel. Nach diesen verschiedenen Ideen von ihm gab man ihm bald einen Bart, bald nahm man ihm denselben wieder. So gibt Artemidor diesem Gott einen Bart; dasselbe thut Pausanias, indem er von einer marmornen Statüe des Merkur spricht, die auf dem Markt zu Pharä, einer Stadt in Achaja stand, und wo er sagt, daß er mit diesem Zierrath vorgestellt war.

Vielleicht war auch die Statüe, die Herr von Cauroi gegen das Ende des zweyten Jahrhunderts zu Beauvais entdeckte, und die zu vielen Muthmaßungen die Veranlassung gab, nichts anders, als eine Statüe des Merkur. Es darf dieß nicht befremden, denn die Verrichtung, die man ihm am Grabe Healissus, auf welchem Merkur dargestellt ist, gibt, scheint einen Bart zu fordern; weil die

Alten, wie wir dieß auch in der Folge bemerken werden, zur Zeit der Trauer ihren Bart wachsen ließen. Man weiß übrigens, daß man Merkur die Verrichtung gab, die verstorbnen Seelen in die Unterwelt zu bringen, oder diejenigen, welche schon darin waren, wieder aus derselben zu befreyen. Und da war der Bart ein sehr bedeutendes Zeichen, um den Schmerz auszudrücken, den man im Augenblick der Trennung der Seele von dem Leben als betrachtender Zuschauer des Todes fühlt. Diodor von Sicilien lehrt uns (im zweyten Buch seiner Biblioth.) daß unter allen Völkern die Aegyptier die ersten waren, welche dieß Amt dem Merkur gaben. „Sie (die „Aegyptier) halten den Merkur für den Führer der „abgeschiedenen Seelen, vermöge einer alten Aegyptischen Einrichtung, das Cadaver des geweihten Stiers, wenn man es bis an einen gewissen Punkt gebracht hat, demjenigen zu übergeben, der die Gestalt des Cerberus hat. Die Griechen nahmen durch die Reisen, die sie nach Aegypten thaten, diese religiösen Vorstellungen von den Aegyptern an. Homer bezeugt, daß Penelope, Ulysses Gemahlin erwartete, daß Merkur mit seinem Heroldsstab kommen würde, ihre Seele von ihrem Körper zu trennen. Diese Meynung ging in der Folge zu den Lateinern über, und nichts ist gewöhnlicher, als sie in ihren Dichtern ausgedrückt zu finden. Man sehe deshalb Virgils Aeneide. Kam es Merkur jemahls zu, einen Bart zu tragen, so war dieß ohne Zweifel bey denjenigen Gelegenheiten der Fall, wenn es darauf ankam, eine Trauerhandlung auszudrücken, zu welcher ein langer Bart nicht übel paßte.

Nichts ist ungewöhnlicher, als den Gott Herkules ohne Bart zu finden. Fast immer ist er mit diesem Zierrath auf den alten Denkmählern abgebildet, die wir von ihm haben; wie Montfaucon in seinem erklärten Alterthum bemerkt. Man findet nur eine zu Tarsus geschlagene Medaille, wo Herkules ohne Bart vorgestellt ist. „Es hat den Schein, sagt dieser gelehrte Alterthumsforscher, daß diese sonderbare Art, Herkules vorzustellen, der Stadt Tarsus eigen gewesen seyn müsse. Die Gottheiten waren, wie wir gesehen haben, in verschiedenen Städten verschiedentlich abgebildet.

Die Heiden gaben nicht bloß den Göttern einen Bart. Sie haben selbst bisweilen ihre Göttinnen mit diesem Attribut vorgestellt. Die Römer verehrten die Göttin Venus unter der Vorstellung eines Barts; man nannte sie auch deshalb die bärtige Venus. (Man sehe Suidas) Dieß geschah, sagt man, um die Nothwendigkeit der Vereinigung der beyden Geschlechter zur Erzeugung zu bezeichnen. Nach dem Bericht des Macrobius (im dritten Buch der Saturnalien im achten Kapitel) war Venus auf der Insel Cypern mit einem Bart am Kinn, unter der Gestalt einer weiblich gekleideten Mannsperson vorgestellt. „Das Bild derselben ist zu Cypern, mit bärtigem Körper, aber weiblicher Kleidung, mit männlichem Scepter und männlicher Statur; und sie glauben, sie sey Mann und Weib zugleich. Man setzte, wie man sieht, die Meynung bey sich fest, sie sey doppelten Geschlechts. Auch nennt sie Aristophanes ein Zwittergeschöpf.

VI. Bärte, die man den Göttern darbot.

Man darf sich nach dem so eben erwähnten eingeführten Gebrauch, die Gottheiten mit einem Bart vorzustellen, nicht wundern, daß man im Alterthum seine Götter durch Darbringung der Erstlinge seiner Haare und seines Barts sehr zu ehren geglaubt hat. Dieß war, wie wir aus Kallimachus wissen, auf der Insel Delos der Fall, und die Mädchen brachten da die Erstlinge ihrer Haare zu dem Grabe der drey Töchter des Boreas als eine Gabe, die sie ihren Manen weihten; und die Jünglinge thaten dasselbe mit dem Erstlingshaar ihrer Bärte, die sie zum Grabe der Söhne des Boreas brachten, welche ihre Schwestern nach Delos begleitet hatten.

Pausanias bezeugt, daß dasselbe am Grabe der Iphinoe, der Tochter des Alcathous geschah. Plutarch bemerkt in Theseus Leben, die Jünglinge, welche so eben erst einen Bart bekämen, widmeten die Erstlinge desselben dem Apollon und gingen deshalb nach Delphi. Statius sagt da, wo er von diesem religiösen Gebrauch spricht:

Jener ließ Phöbus sein Haar, und
dieser ließ Bacchus es wachsen.

Wir wissen aus Dio Cassius, daß Nero sein erstes Barthaar in eine goldne Büchse that, die reich mit Steinen besetzt war, und es so dem Kapitolinischen Jupiter widmete. Sueton erzählt dasselbe von diesem Fürsten. „Bey einem gymna„stischen Schauspiel, das er in verschlossenen Schran„ken hielt, nahm er unter Bereitung eines feyerli„chen Opfers seinen ersten Bart ab, legte ihn in „eine goldne Büchse, und widmete sie, mit den be„sten Perlen geziert, dem Kapitolinischen Jupiter."

Auch war es eine alte Gewohnheit, seinen Schmerz worüber zu bezeugen und zu trauren. Orestes spricht bey Aeschylus von Jammerhaaren, Haaren der Trauer, und er nennt das Haar so, das er sich auf dem Grabe seines Vaters Agamemnon abschnitt. Eben so nannte Electra die Ihrigen, die sie den Manen ihres Vaters zu widmen im Begriff war. Festus Pompejus sagt, es habe zu Rom einen Baum gegeben, woran die jungen Leute ihr erstes Haar aufhingen, welches sie den Göttern widmeten, um weshalb man diesen Baum den Haarbaum oder den Baum für die Haare nannte.

Diese Sitte, irgend einer Gottheit die ersten Haare des Barts zu widmen, ging aus dem Heidenthum in das Christenthum über, und man widmete sie, anstatt daß man sie einem heidnischen Gott zueignete, irgend einem heiligen Märtyrer oder dem wahren Gott. Im Leben des heiligen Wilhelms, Herzogs von Aquitanien von dem Pater Mabillon heißt es, die Mönche widmeten Gott ihre Bärte, wenn sie sich rasiren ließen. Es scheint, der heilige Paulinus, Bischof von Nola, übte diese Gewohnheit und brachte die Erstlinge seines Barts dem heiligen Felix dar.

Siebentes Kapitel.

I. Gebrauch des Bart bey Abschließung von Bündnissen.

II. Bärte, die man verpfändete.

III. Schwüre bey dem Bart.

IV. Aufnahme an Kindes Statt durch Abschneidung der Haare des Kopfs und des Barts.

V. Gewöhnliche Cäremonien, wenn man sich den Bart das erstemal abscheren ließ.

I. Gebrauch des Barts bey Abschließung von Bündnissen.

Es war eine alte Gewohnheit, zur Verstärkung des Ansehens der öffentlichen Traktaten, die man abschloß, einige Haare des Barts an das Siegel zu befestigen, welches an alten Urkunden hängt. Dom Claude Estiennot erzählt in seiner handschriftlichen Sammlung alter Stücke von einer Urkunde aus dem Jahr 1121, wo dieser Gebrauch ausdrücklich bezeichnet ist. „Damit gegenwärtiges mehrere Gewisheit und Festigkeit erhalte, habe ich ihm die Bekräftigung meines Siegels, nebst drey Haaren meines Barts ertheilt. Glossar. unter dem Wort, Bart. Dasselbe liest man in einer Schenkung, die 1181 vom heiligen Florent de

Sau-

Saumur zu Stande gebracht wurde. „Und damit dieses Allmosen den Mönchen unangetastet bleibt, habe ich es durch Aufdrückung meines Siegels, nebst dreyen von meinen Haaren, wie der Augenschein ergibt, bekräftigen lassen. Ducang. Suppl. Gloss. Theil III. unter dem Wort Pilum.

Man liest in einem alten Fragment von einer Geschichte Frankreichs, die zu Canisius herausgekommen ist, es sey in dem Traktat, welcher zwischen Alrich, dem König der Gothen, und Clodwich, dem König der Franken abgeschlossen worden, ausdrücklich bedungen worden, daß Alrich den Bart von Clodwich berühren sollte, um dadurch sein Verwandter zu werden. „Daß Alrich Clodwichs Bart berühren soll, wodurch er sein Verwandter werde." Bey Duchesne in der Geschichte der Franken lehrt uns Gerard von Roo, Friedrich, Herzog von Oesterreich und Römischer König habe seinen Bart, nachdem er ihm sich abscheren lassen, Karl, dem König von Ungarn als ein Unterpfand der Verbindung und Freundschaft überschickt, die er mit ihm habe errichten wollen.

II. Bärte, die man verpfändete.

Hier ist ein sonderbares Faktum, welches deutlich zu erkennen gibt, wie sehr die Orientaler im zwölften Jahrhundert den Bart schätzten; es würde für unglaublich gehalten werden können, wenn es nicht von Wilhelm von Tyrus, einem sehr ernsthaften Schriftsteller, der fast Augenzeuge davon war, bestätigt würde. Baudouin du Boury, Graf von Edesse, ein Cousin von Gottfried von Bouillon, König von Jerusalem, und in der Folge dessen Nachfolger; Baudouin, sage ich, sah seine Finanzen durch den Krieg, den er hatte fortführen müssen, erschöpft, und da er nicht wußte, wovon er die Truppen, die er in seinem Dienste hatte, besolden sollte, fiel er, um von Gabriel, Herrn von Melidine, seinem Schwiegervater Geld zu bekommen, auf folgendes Auskunftsmittel:

Da er wußte, daß man im Orient viel auf den Bart hielt, den man in diesen Gegenden für eine Hauptzierde des Mannes ansah, zumahl wenn er sehr lang war, so besprach sich Baudouin, der einen Bart trug, welcher ihm bis auf die Brust ging, mit einem Officier von den Truppen, unter deren Begleitung er zu seinem Schwiegervater gekommen war, dem er seine Visite machen wollte: er sollte, wenn sie sich mit einander unterhielten, eintreten und ihm gleichsam im Namen seiner gesammten Truppe Vorstellungen darüber thun, welche Gefahren und Strapazen sie in seinem Dienst und um ihm wieder zu seiner Grafschaft Edesse zu verhelfen, ausgestanden hätten; sie hätten schon lange den Sold, den er ihnen versprochen gehabt habe, nicht erhalten, und da sie nun aufs Aeußerste gebracht wären, so wäre es Zeit, ihnen entweder ihren Sold auszuzahlen oder das Versprechen zu erfüllen, das er ihnen, im Fall er nicht im Stande wäre, sie zu bezahlen, gethan hätte.

Der Herr Gabriel, welcher sich die Klagrede des Officiers hatte erklären lassen, wünschte zu wissen, was der Graf Baudouin seinen Soldaten eidlich versprochen hätte. Der Graf stellte sich, als könnte er es seinem Schwiegervater nicht gestehen. Der Offizier antwortete für ihn, Baudouin habe sich, im Fall er sie in einem gewissen dazu bestimmten Tage nicht bezahlen könnte, verbindlich gemacht, sich seinen Bart abschneiden zu lassen. Der Herr Gabriel war über dieses Versprechen ganz erstaunt, denn alle Orientaler unterhalten, wie Wilhelm von Tyrus an dieser Stelle versichert, ihren Bart mit äußerster Sorgfalt und betrachten es als einen Schimpf, als die entehrendste Entwürdigung, wenn man ihnen nur ein einziges Haar aus dem Barte riß. Als daher der Herr Gabriel den Grafen Baudouin fragte, ob dem so sey, so leugnete dieser das Faktum nicht. Wie, erwiederte Gabriel, ihr habt eine so kostbare Sache, welche das Zeichen eines Mannes, die Zierde seines Gesichts, der fühlbarste Beweis seiner Würde und seines Ansehns ist, als wenn es die werthloseste Sache wäre, die man einem Manne nehmen könnte, ohne ihn mit Verwirrung zu schlagen, zum Pfand auszusetzen gewagt?

Der Graf antwortete, er habe es nicht ändern können; allein er hoffte bey seiner Zurückkehr nach Edessa ein Mittel zu finden, seine Soldaten zufrieden zu stellen, und er würde sie bis dahin um Credit bitten. Hierauf schrieen die Soldaten insgesammt, wenn er sie nicht augenblicklich befriedigte, so würden sie ihn alle verlassen. Da dieses der Herr Gabriel hörte, bezahlte er die Soldaten lieber aus seiner eigenen Schatzkammer, ehe er zugegeben hätte, daß sein Schwiegersohn einen solchen Schimpf duldete; er that dieß, nachdem er zuvor das Versprechen von dem Grafen sich hatte geben lassen, sich auf keine solche Art wieder verbindlich zu machen, und keine Bedingung der Art mehr einzugehen. Der Renntmeister Bernard erzählt dieselbe Geschichte fast mit denselben Ausdrücken, wie Wilhelm von Tyrus. Nur setzt er noch hinzu, Gabriel habe es haben wollen, daß Baudouins Soldaten denselben Eid ablegen sollten. Bern. Thesaurus über die Acquisition des heiligen Landes.

Ich setze noch ein anderes Beyspiel von einem verpfändeten Bart her; es gab dieß Dom Juan de Castro, Vicekönig in Indien, dessen Knebelbärte im ganzen Orient berühmt geworden sind. Im Jahr 1645, als er Vicekönig war, belagerten die

Ungläubigen die Stadt Diu im Portugisischen Gebiet, einen sehr wichtigen Platz. Um die Belagerung aufzuheben, mußte man die Flotte rüsten; aber dazu fehlte es an hinlänglichen Fonds. Was that Castro? Er ließ sich, sagt man, einen seiner Knebelbärte abscheren; er schickte denselben den Negociateurs von Goa für die Summe von 200,000 Liv. die er als Anleihe verlangte, zum Unterpfand. Die Seelengröße von Castro war bekannt; die verlangte Summe wurde als Anleihe übermacht, die Belagerung wurde aufgehoben, und der Knebelbart wurde ehrenvoll zurück geschickt.

Man kann in Camerarius sehen, daß die Griechen und Orientaler nichts kostbareres, als ihren Bart auf das Spiel setzen konnten. Dieß sagt auch Crusius in einem seiner Epigramme, wo er von dem Barte spricht:

Ja ich bin vielen ein heiliges Pfand!

und in einer Anmerkung zu diesem Programm heißt es: der Bart wurde ehemals, wenn er jemandem verpfändet wurde, für das heiligste Pfand gehalten; worüber in dem Nachtrag zu Nicephors, von Joachim Camerarius herausgegebener Chronologie, zwey sehr artige Geschichten erzählt werden.

III. Eide, die man bey dem Barte schwur.

In der ältesten Zeit schwuren *) die Menschen nur bey dem höchsten Wesen. Man hielt sich davon überzeugt, daß derjenige, der durch sein Wesen die Wahrheit selbst sey, der natürlichste Bürge der Wahrheit seyn müsse. Auch sind die ältesten Eide, die zu unserer Kentniß gelangt sind, in seinem Namen abgelegt worden. Der König Abimelech, der mit Abraham ein Bündniß eingehen wollte, verlangte von ihm, er sollte im Namen Jehovas schwören, daß er ihm kein Uebels thun wollte. Jakob schwur Laban bey dem Schrecken seines Vaters Isaac, das heißt nach der Erklärung der Ausleger, bey dem von seinem Vater Isaac gefürchteten Gott.

*) Man hat Eide geschworen, so lange es Menschen gibt; und noch scheint es nicht, als würde die Vernunft darüber gehört. Einen Eid muthet man nur dem zu, dessen einfacher Versicherung man nicht traut; aber es ist mehr als wahrscheinlich, daß uns der auch unter Anrufung Gottes, und unter Preisgebung alles zeitlichen und ewigen Glücks belügt. Der sinnliche Mensch hängt an der Gegenwart, und das Uebel, das er in dem Augenblick nicht fühlt, existirt für ihn nicht. Aber er sollte bey Verlust seiner Nase, seines Hauses, seiner Güter schwören, und er würde wohl die Wahrheit sagen.

Aber nachdem die Menschen aus dem einzigen Gott, dessen Idee so früh in der Welt verbreitet war, für mehrere Götter, die sich ihre Phantasie und ihre Leidenschaften schufen, 'aufgegeben hatten, so änderte sich mit ihren Begriffen von einem höhern Wesen auch ihr Eid *). Er nahm eben so viel verschiedene Gestalten, als ihre Gottheit an. Die Menschen, die ihre eigene ange-

*) Es ist wahr, die Idee eines einzigen Gottes existirte sehr früh; aber sie existirte nur für wenige Weise, die durch Philosophie auf selbige gelangt waren. Das Volk faßte sie nicht; und der kleine aufgeklärte Theil verbarg sich mit seiner bessern Einsicht vor den Augen der schwachen Menge, die in jeder Naturkraft eine Gottheit fand, hinter Hieroglyphen. Moses, in die Aegyptischen Mysterien eingeweiht, führte die Idee eines einzigen höchsten Wesens zuerst in die Welt ein, und baute seine Staatsverfassung für die Israeliten darauf. Allein Eigenthum des Volks wurde diese Idee nicht, da es sie nicht faßte, und bey Gelegenheit, wo sein Gesetzgeber Moses den Rücken kehrte, durch grobe Versinnlichung z. B. durch Verfertigung des goldnen Kalbs, in seinen engen Vorstellungskreis wieder zurück sank. Moses bediente sich dieser Idee nur als eines Zaumes für das Volk, wodurch er es in der Zucht hielt. Erst seit der christlichen Religion hat die Idee eines

stammte Würde nicht kannten, erniedrigten sich sogar so weit, daß sie zu Bürgen ihres Worts nicht nur Metalle, die sie selbst geschmelzt hatten, sondern auch die unbehüflichsten ekelhaftesten Thiere und die gemeinsten Pflanzen nahmen. Mit einem Wort, es gab nichts so schlechtes in der Natur, von dem sie nicht bessere Meynung, als von sich selbst gehabt hätten.

Die Aegyptier schwuren nicht nur bey ihren Göttern, Isis, Osiris, Anubis, die einen Hundskopf hatten; bey dem Stier Apis, bey dem Affen, dem Crokodil: sondern auch bey dem Knoblauch, dem Aschlauch, bey der Zwiebel, und bey vielen andern Gottheiten, die in ihren Gärten wuchsen.

Die Perser nahmen die Sonne zum Zeugen ihrer Eide; und das war auch bey Griechen und Römern der Fall. Die Scythen schwuren bey Luft und Säbel; ihren Hauptgottheiten. Die Griechen und Römer riefen ihre Götter, die sie größtentheils mit einander gemein hatten, zu Zeugen an. Und welch eine Menge Götter hatten sie nicht! Sie schwuren bald bey dem einen, bald bey dem andern, bald bey allen zugleich. Sie er-

einzigen höchsten Wesens in der Welt Fuß gefaßt und der alte Aberglaube ist aus der Welt für immer verbannt.

zeigten sogar ihren Halbgöttern dieselbe Ehre, und schwuren bey Kastor und Pollux.

Man schwur nicht bloß bey den Göttern, sondern auch bey allem, was sich in ihrem Reich erhob; bey ihren Tempeln, bey den Zeichen ihrer Würde, bey den Sinnbildern, die ihnen eigenthümlich waren.

Nachdem sich die Menschen mit ihren Eiden den niedrigsten Wesen der Reihe nach unterwürfig gemacht hatten, ließen sie sich endlich zu sich selbst herab. Sie schwuren daher bey sich selbst und bey den Personen, die ihnen theuer waren, mochten sie nun gestorben seyn, oder noch leben. Ich schwöre bey dem Namen meines Vaters und meiner Mutter, sagt Properz

> Ossa tibi juro per matris et ossa parentis.

Unter den Eidschwüren, die man bey einem der Haupttheile des menschlichen Körpers ablegte, war derjenige einer der vernünftigsten, der den Kopf zum Gegenstand hatte; weil man ihn als den edelsten Theil, und als den Sitz der Seele betrachtete. Bey diesem Haupt schwör' ich, sagt der junge Askanius bey Virgil, bey welchem mein Vater sonst schwur.

> Per caput hoc juro, per quod pater ante solebat.

Auch hatte man vor den Eiden viel Respect, die man mit der rechten Hand ablegte. Wirklich wurde sie zu allen Zeiten und unter allen Völkern als das Symbol der Treue angesehen. Auch bey den Augen schwur man. Es gab eine Zeit, wo nichts gemeiner war, als bey dem Haupt und den Haupthaar Jupiters zu schwören. Diese Art Eid erhielt sich lange, und dauerte selbst nach der Erscheinung des Christenthums noch fort, bis endlich Justinian gegen die Mitte des sechsten Jahrhunderts durch eine ausdrückliche Verordnung diese ungeziemende und ärgerliche Eidesformel unter Androhung sehr harter Strafen verbot.

Darf es daher nach dem, was wir so eben erzählt haben, wohl befremden, daß auch Nationen beym Bart geschworen haben? Wir haben Juvenal zufolge bemerkt, daß man bey dem Bart Jupiters schwur. Die große Verehrung, die man für den Bart hegte, machte, daß man ihn in die Klasse der Dinge setzte, die es verdienten, daß man sich ihrer bey Eiden bediente. Die Griechen gehörten unter diese Klasse Menschen, die den Bart als der Ehre werth ansah, daß man bey ihm Eide ablegte. Kaiser Otho der Erste hatte die Gewohnheit, bey seinem Bart zu schwören. Leibnitz sagt dieß in seinem Script. Brunsuic.

Es wird in der Geschichte der Wunder des heiligen Benedikt erzählt, daß ein Bauer, der wegen Diebereyen angeklagt gewesen sey, einen Eid bey seinem Barte abgelegt habe, allein dieser Bart, den er in seiner Hand gehalten habe, sey ihm ganz ausgegangen, so daß er seit der Zeit nie wieder gewachsen sey. Ferdinand Mendez Pinto erzählt, Faria, ein berühmter Portugisischer Reisender habe bey seinem Bart geschworen, wenn der Seeräuber, der ihn zu einer gefährlichen Unternehmung angeworben hatte, nicht alle seine Zweifel lösen würde, so wollte er ihn mit seiner eigenen Hand durchbohren.

Der Bart ward auch für einige Zeit ein Mittel der Wahrsagerkunst. Wenn irgend ein großes Unglück in der Nachbarschaft von Halicarnaß bevorstand, so bekam die Priesterin der Minerva alsobald einen langen Bart. (?) Alexander von Alexandrien, welcher dieses Faktum erzählt, sagt, dieß hätte sich zweymal zugetragen. Dieser Schriftsteller meldet auch, es habe in Carien der Glaube geherrscht, daß die bärtigen Frauenzimmer die trefflichsten Anlagen, Orakelsprüche zu ertheilen, besessen hätten.

Die Bärte der Rathsherrn in H...... einer kleinen Stadt in dem Herzogthum B...... in W——n haben zu viel Theil an der Wahl des Bürgermeisters in dieser Stadt, als daß man sie könnte mit Stillschweigen übergehen. An dem zu einer so ehrwürdigen Cäremonie bestimmten Tage nimmt der Rath rings an einer runden Tafel Platz, und jeder Rathsherr nimmt eine solche Stellung seines Körpers an, daß der Bart die Oberfläche der Tafel berührt, auf die man in der Mitte einen Floh setzt, den man mit der Wahl der neuen Magistratsperson beschwert. Es kann nicht fehlen, daß der kleine Wahlherr, wenn er einige Zeit herum geirrt ist, sich nicht endlich an einen Bart hängen sollte; und in dem Augenblick wird dieser Bart zum Bürgermeisterbart. Herr Huet, ehmaliger Bischof zu Avranche hielt es seiner nicht unwürdig, diese sonderbare Wahl in folgenden Versen zu beschreiben:

Bald kamen wir in später Nacht nach H....
Eine alte Posse wird von uns belacht;
Man schritt von neu'm zur Bürgermeisterwahl;
Ein Haufen bärt'ger Männer sitzt zu Tisch,
Mit rauhem Kinn darüber hingereckt.
Ein ganzer Wald von Bärten steht empor.
Ein beißig Thier, ein Floh, genährt in Schmutz,
Wird in die Mitt' gesetzt; und welchen Gott
Beym Bart es mahnt, den brummt der edle Rath,
Grüßt Bürgermeister die gebeugte Stadt.

IV. Annahme an Kindes-Statt vermöge des Barts.

Man sieht nirgends, daß die alten Römer die Annahme an Kindes-Statt, als eine Sache der Ehre in dem Charakter von Brüdern, die in dem Mittelalter so allgemein wurde, gekannt habe. Unsere Absicht ist nicht, uns über die verschiedenen Arten dieser Adoption, welche je Statt gefunden haben mögen, zu verbreiten. Wir werden nur von derjenigen sprechen, die im Abschneiden des Haupthaars und des Barts bestand. Wir wollen im Vorbeygehen bemerken, daß der Ursprung dieser Aufnahmen, sey es als Bruder oder Sohn, nicht aus dem Römischen Recht geschöpft werden kann; sondern aus einer Praxis und einem Herkommen, das lange Zeit unter den barbarischen und mitternächtlichen Fürsten beobachtet worden ist; denn sie hatten die Gewohnheit unter sich eingeführt, die benachbarten Fürsten ihres Staats als Söhne oder Brüder, und ihre Kinder auf eine außerordentliche Art, die den adoptirten Kindern und Brüdern kein Recht zur Nachfolge gab, zu adoptiren. Diese Adoptionen waren eigentlich zu reden, nur bloße Ehrenbezeugungen.

Unter diese verschiedenen Arten von bloßer Tituläradoption in dem Charakter von Söhnen und Brüdern, gehört diejenige, die vorzüglich im achten Jahrhundert gewöhnlich war, und die dadurch zu Stande kam, daß man demjenigen das Kopfharr abschnitt, den man als Sohn adoptirte. So schickte Carl Martel seinen Sohn Pipin zu Luitbrand, dem König der Lombarden, damit er, indem er ihm die Haare abscheren ließ, sein geistlicher oder adoptirter Vater werden möchte; welches uns Paul Warnefried in seiner Geschichte der Lombarden lehrt. „Um diese Zeit schickte Karl, König der Franken, seinen kleinen Sohn Pipin zu Luitbrand, damit er, wie es Sitte war, sein Haar in Beschlag nehmen sollte; er wurde auch, indem er sein Haar beschneiden ließ, durch diese Handlung sein Vater, und schickte ihn mit vielen Geschenken bereichert, zu seinem Erzeuger zurück. Aus diesen Worten Warnefrieds scheint zu erhellen, daß Pipin damahls noch sehr jung seyn mußte; woraus man den Schluß ziehen kann, daß es zum erstenmale war, wo man ihm das Haar abschnitt.

Diejenigen, welche so die Haare abschnitten, wurden deshalb geistliche Väter genannt Die Chronik von Novaleze sagt es mit ausdrücklichen Worten, indem sie von dem jungen Pipin spricht: und er sollte ihm, angenommener Sitte zufolge, Haare ausscheren und sein geistlicher Vater werden, welches er denn auch that.

Dieser Gebrauch war in einem noch ältern Zeitalter entsprungen. Der Kaiser Pogonat, oder der Bärtige, schickte dem Papst Benedict dem Zweyten die Haare seiner Söhne, Justinians und Heraklius, um ihm nach der Sitte der damahligen Zeiten sein Verlangen zu erkennen zu geben, daß sie der Pabst als Vater anerkennen möchte, und daß sie ihm als Kinder gehorchen und ihn als solchen ehren sollten. Dieß galt in jenen Zeiten für einen ganz unzweydeutigen Beweis in Absicht der Hochachtung, die dieser Regent für den Papst empfand. Auch nahm der Papst Benedikt diesen Beweis ihrer Unterwerfung mit sehr vielen Cäremonien auf. Seine Heiligkeit nehmen zugleich mit dem Clerus und der Armee die Haarbüschel des Herrn Justinianus und Heraklius, der Söhne des allergnädigsten Fürsten, und zugleich die wohlwollende Eröffnung an, durch die Höchstselbiger dieselben Haare seiner Heiligkeit übersendet.

Das Darbringen des Haupthaars war zuweilen das Symbol einer heiligen Knechtschaft, der man sich dadurch unterwarf. Der Bibliothekär Anastasius erzählt in seiner Vorrede zum achten Concilium, der König der Bulgaren habe dem Fürsten der Apostel seinen Respect und seine Devotion bezeugen wollen. Er habe demzufolge in Gegenwart Pauls, Bischofs von Populonium und Formosus, Bischofs von Porto, als Legaten des heiligen Stuhls erklärt, er erkenne sich für den Diener des heiligen Petrus, und des Papsts, seines Nachfolgers; und dieß habe er gesagt, indem er

Haare von sich abgeschnitten, und sie den Legaten überreicht habe.

So lesen wir auch, daß Bischöffe oft bey Cäremonien sich Haare abgeschnitten und sie als Zeichen der Bestätigung gewisser Schenkungen, die man der Kirche geweiht hatte, auf den Altar gelegt haben. Ein Beispiel dieses Gebrauchs findet man auf einer Karte von Wilhelm, Grafen von Varenne, wo er sagt, daß er sich, um die Kirche, der er eine Schenkung gemacht hatte, zu investiren, nebst seinem Bruder Raoul von Varenne, von Heinrich Bischof von Vintom die Haare habe abschneiden lassen. Ich habe sie, (die Kirche) durch die Haare meines Kopfs und durch die meines Bruders Radulphs von Varenna dotirt, welche Haare uns Heinrich Bischof von Vindon mit einem Messer vor dem Altar von unsern Häuptern abgeschnitten hat. Man findet in allen Kirchenverordnungen Gebete, in Absicht der Abschneidung der Haare, (ad capillaturam incidendam); und diese unterscheiden sich von denjenigen, welcher man sich bediente, wenn man die geistliche Tonsur erhielt.

Diese Cäremonie war bey den Heiden sehr im Gebrauch, wie man aus folgenden Versen von Statius Buch III. Sylv. in Com. Earin. sieht:

Nimm

Nimm, Phöbeischer Jüngling, nimm das Haar,
Das Cäsars Sohn dir gibt, nimm's froh,
und zeig's dem ungeschornen Vater.

Er erhielt sich bey den Christen, welche die heidnischen abergläubischen Gebräuche entweder nicht ganz abschaffen wollten, oder es auch nicht konnten, sich nach den schwachen Geistern in ihrer Mitte bequemten, und diese Uebungen lieber beybehielten, um sie durch Gebete zu heiligen und sie der Verehrung des wahren Gottes näher zu bringen, als daß sie die Heiden ganz gegen sich gereitzt und eingenommen hätten, indem sie selbige (Gebräuche) ganz unterdrückten.

Die Zeremonie des Haarabschneidens bey Kindern verrichtete man in der Kirche. Der Euchalog der Griechen bringt das bey dieser Gelegenheit übliche Gebet bey, und nennt diese abgeschnittenen Haare die Erstlinge. Diese Gebete beweisen noch überdieß, daß man sich bey solchen Gelegenheiten Pathen wählte. Goar. Euchol. Mathias Blastares sagt überdieß, der Priester habe diese so abgeschnittenen Haarflocken in die Hand des Pathen gegeben, der sie nach Einigen in Wachs eingewickelt, wo er das Bildniß des Heilands darauf gedrückt und dieß als ein Unterpfand von einer Gott geweihten Sache aufbewahrt habe.

Simeon, Erzbischof von Thessalonich scheint zu sagen, daß der Priester diese Haare an einem heiligen Orte aufbewahrt habe. Nicetas schreibt in Absicht dieses Punkts, man habe diese Zeremonie jedes Jahr wiederholt. Dieses Fest wurde Courosona genannt. Dieses Haarabschneiden geschah, wenn man über die Jahre des Knabenalters hinaus war und in das Jünglingsalter eintrat. Das alte Salische Gesetz, daß heißt dasjenige, welches durch die noch heidnischen Könige vor der Epoche der christlichen Religion zu Stande kam, lehrt uns schon, daß die Zeremonie, den Kindern die Haare zu beschneiden, in Frankreich Mode war, und daß man sie vor dem zwölften Jahre vornahm. Wenn jemand einen Knaben, der vor dem zwölften Jahre nicht beschnitten worden wäre, umbringen sollte, u. s. w. Man sehe deshalb die von Herold herausgegebenen salischen Gesetze. Und an einem andern Orte heißt es: wenn jemand einem behaarten Knaben, ohne Vorwissen und Willen der Eltern das Haar abschneidet. Diese Gesetze geben zu erkennen, daß diese Kinder durch ihre Eltern dargebracht wurden, welche mit der Zeit bey solchen Gelegenheiten eine Pathe wählten, welche in der Chronik von Novaleze der geistliche Vater heißt.

Dieselbe Zeremonie, wurde wiederholt, wenn man sich zum ersten Mahl den Bart scheren ließ. Personen von Stand ließen ehmals ihren Kindern den Bart zum ersten Mahl von Personen von Stand abnehmen, welche dadurch Pathen oder geistliche Väter dieser Kinder wurden. Aimoin bezeugt, der König Clodwich habe seine Gesandten an Alrich, König der Westgothen geschickt, um über Frieden mit ihm zu verhandeln, und ihn zu bitten, er sollte demselben den Bart berühren lassen, das heißt, re sollte ihm denselben abscheren lassen, und durch dieses Mittel sein geistlicher Vater werden. Und Alrich sollte nach der Sitte der Alten Clodwich den Bart berühren und dadurch sein adoptirter Vater werden. Im zweyten Buch Gest. Francor.

V. Gewöhnliche Zeremonien, wenn man das erste Mahl den Bart abnahm.

Man beobachtete auch Zeremonien, wenn man sich das erste Mahl den Bart abscheren ließ. Die Römer stellten an Tagen, wo diese Zeremonie vorging, ein solennes Fest mit vielen Ergötzlichkeiten und Zubereitungen an. Man darf nur dasjenige lesen, was die Geschichtschreiber von dem Kaiser August, Caligula und Nero erzählen. Der letzte von diesen Kaisern gab sogar nach dem Zeugniß des Xiphilin im Leben desselben dieser Festlichkeit den Namen Jünglingsfeste, Jünglingsfestlichkeiten (juvenales, juvenalia) und deshalb wird dieses juvenalia von einigen Notenmachern durch Neugescherte erklärt. Dion und Xiphilin machen dieselbe Bemerkung in Absicht der Kaiser Heliogabal und Avitus.

Es scheint vielleicht befremdend, daß diese Gewohnheiten, die wir für abergläubisch halten müssen, in den Christianism übergegangen sind. Man muß glauben, daß die alten Vorsteher der Kirche die Hofnung aufgegeben haben, die alten heidnischen Gebräuche ganz auszurotten, und, wie wir schon erinnert haben, die Parthey ergriffen, sie zu dulden und zu heiligen, indem sie dieselben in den Schooß der Kirche aufnahmen. So wie die Christen die Zeremonie des ersten Abschneidens des Hauptshaars der Kinder durch religiöse Gebete heiligten, so thaten sie auch dasselbe in Absicht des ersten Abnehmens der Haare des Barts. Die heiligen Reden, welche die Griechische und Lateinische Kirche in Absicht dieses Gegenstandes eingeführt hatten, sind gleichfalls in das Sacramentarium des heiligen Gregorius und den Euchology der Griechen aufgenommen worden. Man findet sie am Ende dieses Werks. Herr von Valois sagt, diese Zeremonie sey Barbatoria (Bartfest) genannt worden; ein Ausdruck, der durch Griechische Notenmacher weitläufiger erklärt wird.

Bey den Römern stattete man einen zeremoniösen Besuch bey demjenigen ab, dem man das erstemahl den Bart abgenommen hatte, oder welche die männliche Toge anlegten. Die Jahrfeyer dieser Zeremonie wurde mit großen Anstalten zu Vergnügungen begangen; sie bildete gleichsam eine zweyte Epoche im Leben.

Achtes Kapitel.

I. Man schnitt sich das Haar als Zeichen von Betrübniß und Trauer ab.

II. Man ließ sein Haupthaar und seinen Bart wachsen, um seinen Schmerz worüber auszudrücken.

III. Ein rasirter Bart, als Strafe für grosse Verbrechen oder als Mittel, jemanden lächerlich zu machen.

IV. Sprichwörtliche Redensarten, die man mit dem Wort Bart machte.

V. Andere Arten, dieß Wort zu nehmen.

I. Man schnitt sich das Barthaar zum Zeichen seiner Trauer ab.

Es ist überraschend, daß ganz verschiedene, einander ganz entgegengesetzte Gebräuche, bey denselben Völkern zur Bezeichnung einer und derselben Sache dienen konnten. Dieß sehen wir an der

Sitte, sich Haupthaar und Bart während der Trauer ganz rasiren zu lassen, um dadurch seinen Schmerz auszudrücken; ein bey den Juden eingeführter Gebrauch, während dieselbe Nation, um dasselbe Leiden auszudrücken, sich bisweilen den Bart wachsen ließ

Die Aegypter, die Moabiter, die Babylonier, die Assyrier schnitten sich gewöhnlich die Haare während der Trauer ab. Der Prophet Jesaias, wo er von der Rache spricht, die der Herr an den stolzen Maabitern nehmen müßte, sagt, Moab würde heulen und schreyen müssen; seine Einwohner würden sich alle Haare ausreißen, würden sich alle den Bart scheren lassen. **Moab heult; alle seine Köpfe sind kahl, jeder Bart hat sich scheren lassen.**

Man weiß, daß das gänzliche Abschneiden des Barts zur Bezeichnung seiner Trauer bey den Juden durch das Gesetz verboten war, zumahl, wenn es zur Ehre heidnischer Gottheiten geschah. **Sie, (die Priester) beschneiden nicht ihr Haupt, nicht ihr Haar, kasteyen, geisseln nicht ihr Fleisch.** Levit. 21. 5. Das will so viel sagen, als habe Jehova den Priestern durch dieses Gesetz verbieten lassen, die Zeichen der Trauer für ihre Mitbürger an sich erblicken zu lassen. Sie durften außer der Zeit ihres Dienstes um irgend einen ihrer Verwandten trauren; aber sie durften es nicht für Fremde, mit denen sie in Verbindung oder in Verhältnissen der Freundschaft stehen mochten. Ueberhaupt muß man in Hinsicht der Juden anders entscheiden, wenn von der Trauer der Priester; und anders, wenn von der Trauer des Volks die Rede ist.

Man muß das Verbot, von dem wir so eben geredet haben, nicht buchstäblich nehmen; so daß man glaubte, Moses habe es den gemeinen Juden schlechthin verboten, sich während der Zeit der Trauer Kopf- und Barthaar abschneiden zu lassen; sondern dieses Verbot bezog sich nur auf eine gewisse Art, dieß zur Ehre des Gottes des Todes, das heißt zur Ehre des Adonis und Osiris zu thun. Die Trauer mit allen Zeremonien war dem Jüdischen Volke erlaubt; sie durften deshalb alle Kennzeichen derselben an sich tragen, worunter Bart- und Haar-Beschneiden den ersten Rang behaupteten; aber dieß war den Priestern untersagt. So war nur diejenige Art, sich den Bart abscheren zu lassen, den Israeliten verboten, die sich auf Aegyptische Gebräuche bezog; denn bey den Aegyptern beschränkte sich der Bart nur auf die Spitze des Kinns, wie man an den Mumien und an den Figuren der Aegyptischen Gottheiten sieht, die uns noch übrig sind. Bey Menschen und Göttern waren Schläfe, Wangen und Lippen ganz glatt. Nur am Kinn sah man Barthaar, und dieses stieg bis unter die Brust hinab; und diesen Bartbüschel schnitten sich die Aegypter während der Trauer ab. Und diese Art sich den Bart abzuscheren, verbot Moses den Israeliten.

Der Prophet Jeremias, der die Expedition Nebucadnezars gegen die Moabiter vorher verkündigt, sagt, alle Köpfe würden unter ihnen ohne Haar, alle Bärte rasirt seyn. In dem Brief, welchen derselbe Jeremias den Juden in der Babylonischen Gefangenschaft schrieb, bezeugt er, falsche Priester hätten sich in ihre Tempel gesetzt, sie hätten zerrißne Kleider an, und hätten geschornen Kopf und Bart.

Wir lesen in demselben Propheten, daß nach der Zerstöhrung Jerusalems achtzig Männer von Sichem, Silo, Samaria nach Masphat kamen, um daselbst Godolias und den Ueberrest des Volks zu sehen; sie hatten rasirten Bart, zerrißne Kleider, ganz entstelltes Gesicht; das heißt, diese Menschen hatten alle Zeichen der Trauer an sich, zeigten sich dadurch als Leute, die den Sturz des Vaterlands, die Einäscherung und Entweihung des Tempels ihres Gottes tief betrauerten; und dieß zeigt, daß diese Arten Trauergebräuche nicht durch das Gesetz verboten waren, weil sie bey einer regelmäßigen und erlaubten Trauer vorkamen.

Bey den Römern war es ein Zeichen der Trauer, man mochte sich nun Bart und Haare des Kopfs ganz abscheren lassen, oder man mochte sie auch nachlässig wachsen lassen, ohne daß man sie sich abschneiden ließ. Wir lernen aus Seuton, daß, so bald der Tod des Germanikus bekannt wurde, die Asiatischen Könige, um ihren Schmerz über einen solchen Verlust auszudrücken, sich den Bart ausrissen, und ihren Gemahlinnen das Haupthaar abschneiden ließen. Nach der Einnahme der Stadt Sybaris durch die Krotonier rasirten sich fast alle Milesier zum Zeichen ihrer Traurigkeit den Bart. Aulus Gellius erzählt in seinen Attischen Nächten, daß sich die angesehensien Römer zur Zeit des Kriegs mit den Carthagern den Bart abschneiden ließen, um dadurch das Unglück zu bezeichnen, das die Republik bedrohte.

II. Man ließ den Bart als Zeichen seiner Trauer wachsen.

Man ließ vordem in der Trauer und um seinen tiefen Schmerz an den Tag zu legen, den Bart auch wachsen. Miphiboset, der Sohn Sauls hatte die ganze Zeit über, als der König David durch Absalon aus Jerusalem vertrieben worden war, seinen Bart nicht rasirt; und er erschien in diesem Aufzug vor diesem Regenten bey seiner Zurückkehr. Auch Miphiboset, der Sohn Sauls, ging dem Könige entgegen mit ungewaschnen Füßen und ungeschornem Bart, heißt es im zweyten Buch der Könige. Auch war es bisweilen bey den

Römern ein Zeichen von Betrübniß und Trauer, wenn man sich den Bart wachsen ließ. Markus Livius war bey seinem Abgange als Konsul von dem Volke verurtheilt worden, und dies verursachte ihm so viel Mißvergnügen, daß er sich auf das Land zurück zog, und sich Bart und Kopfhaar wachsen ließ. Man sah bisweilen bey Trauerfällen eine ganze Familie in ihre Wohnung sich verbannen; die Männer gingen dann in zerrißenen Kleidern, langem Bart, nachlässig um den Kopf hängenden Haaren; die Weiber trugen ihr Haar unordentlich über das Gesicht herabhängend und lagen auf den Fußboden niedergeworfen.

Die Perser rasirten sich während der Trauer; aber zur Zeit Alexanders des Großen, wo sie ganz weichlich geworden waren, hatten sie dem Bart gänzlich entsagt. Unter der Regierung der Semiramis, welche für einen Mann gelten wollte, sah man bey den Assyriern keinen Bart mehr.

III. Rasirter Bart, als Strafe für große Verbrechen.

Jehova droht im Jesaias, sich eines geliehenen Rasirmessers zu bedienen, um alles Haar am Körper seines Volks abzuscheren. **Der Herr wird mit einem gedungenen Schermesser das Haupt, die Haare der Füße und den ganzen Bart scheren.** Jes. 7. 20. Das will sagen: er wird seine Rache gegen sein Volk durch das Schwerdt der Völker jenseit des Euphrats ausüben.

Andreas Thevet bezeugt in seiner allgemeinen Kosmogenie, die Bewohner von Kandia und der Insel Kreta seyn so sehr in ihren Bart verliebt, daß sie es für den größten Schimpf und für die größte Beleidigung hielten, die man ihnen zufügen könnte, wenn man ihnen denselben abscheren ließ. Er erzählt, er habe einen Menschen gesehen, der dazu verurtheilt gewesen sey, öffentlich einen rasirten Bart zu tragen, und er sey zur Strafe dafür verurtheilt worden, weil er mörderischer Weise einen Pfeil auf seinen Nachbar abgedrückt habe; und er habe diese Strafe für eben so hart gehalten, als wenn er gehängt worden wäre. Er sagt, auf der Insel Java verurtheile man denjenigen zu gleicher Strafe, der sich eines Weibes gelüsten lasse, das für das Serail des Königs bestimmt sey.

In der Geschichte der Wunder des heiligen Julus und des heiligen Clement, der Patrone des Klosters unter demselben Namen in der Stadt Volterre in Toskana wird erzählt, es hätten Räuber in der Kirche dieser Heiligen einen Kelch und ein Evangelienbuch mit goldnen und silbernen Blatten gestohlen gehabt, und sich auf ein Schiff, das nach Pisa habe fahren wollen, gerettet. Gott habe sogleich einen Sturm entstehen lassen, der das Schiff in Gefahr, unterzugehen, gebracht habe.

Die Einwohner von Pisa hätten diesen Sturm irgend einem seit kurzen begangenen Verbrechen beygemessen, hätten alle Passagiere durchsucht und die gestohlnen Sachen gefunden. Sie hätten hierauf die Räuber in die Kirche der Heiligen gebracht; man hätte ihnen vor der Kirchthüre die Haare des Barts abgeschnitten und sie an einen Ast von einem Baum aufgehängt, wo sie lange hängen geblieben wären. Auch wurden den Räubern die Bärte abgeschoren, sie blieben vor der Thür der Heiligen lange an dem Ast eines Baums hängen, und verwitterten endlich. Man sehe die genannte Schrift.

Eine der härtesten Strafen, die man über den Araber verhängen kann, besteht darin, daß man ihm den Bart nimmt. Diese Strafe führt bey selbigen eine beständig haftende Unehre nicht nur für den Schuldigen, sondern auch für seine ganze Familie mit sich. Es gibt keinen Araber, der nicht lieber seinen Kopf als seinen Bart verlöhr. S. die Memoiren des Herrn von Arvieux.

In einigen Ländern von Indien rasirt man diejenigen auf königlichen Befehl, welche die größten Verbrechen begangen haben; dieß sagt Alexander von Alexandrien. Bey den Indiern wird derjenige, welcher ein großes Verbrechen begangen hat, mit der Strafe belegt, daß ihn der König zu rasiren befiehlt, welches für die größte Strafe gilt.

IV. Rasirter Bart, als Zeichen des öffentlichen Spotts.

Den ganzen Bart und das gesammte Kopfhaar abzuscheren war in der Kindheit der Welt eine Beleidigung und ein äußerst entehrender Schimpf. Hanon, der König der Ammoniter wollte die Gesandten des Königs David beschimpfen und schnitt ihnen die Hälfte des Barts und die Hälfte ihrer Kleider ab. (Man sehe das zweyte Buch der Könige) Er ließ ihnen nämlich den Bart auf der einen Seite des Gesichts ganz abschneiden, und David erlaubte ihnen nicht, bey Hofe zu erscheinen, bis ihnen der Bart ganz wieder gewachsen war. David rächte sich für diesen Schimpf durch einen Krieg, der für die Ammoniter sehr verderblich war. Man weiß, daß sich die Israeliten den Bart nur zur Zeit der Trauer rasiren ließen, und daß sie unter diesen Umständen ihre Kleider zerrissen. Es scheint also, als haben die Ammoniter, um den Gesandten Davids eine Beleidigung zuzufügen, sie wider ihren Willen um den König Naas, über dessen Tod sie bey seinem Sohn und Nachfolger ihr Beyleid zu bezeugen gekommen waren, zu trauren nöthigen wollen.

Herodot erzählt, daß ein Aegypter einige Soldaten, welche den Körper seines Bruders, der am Galgen hing, bewachten, betrunken gemacht;

ihnen, um sie zu höhnen, die Hälfte des Barts abgeschnitten, und den Körper seines Bruders mit sich genommen habe. — Plutarch sagt, ein jeder, der bey den Lacedemoniern einer Feigheit habe überführt werden können, sey genöthigt worden, als ein äußerst schimpfliches Schandmahl, einen Theil des Knebelbarts rasirt, und den andern behaart zu tragen. (Siehe dessen Leben des Agesilaus).

In Frankreich war es in ältern Zeiten ein Schimpf, der blutige Rache forderte, wenn man jemanden den Bart abschnitt. Man liest im Leben des Königs Dagobert des Ersten, dieser Prinz habe sich, da er noch sehr jung gewesen sey, an dem Herzog Sadregisile, welchem der König, sein Vater, seine Erziehung anvertraut hatte, rächen wollen, und habe kein schrecklicheres Mittel dazu finden zu können geglaubt, als wenn er ihm bey einem Gastmahl, wozu er ihn eingeladen hatte, den Bart abschneiden ließ. Hierauf brachte er ihn durch Rasiren seines Barts (denn dieß war für jemanden der größte Schimpf) um alle Ehre. Gesch. Dagob. des Erst.

In einem alten, von Etienne Pasquier in seinen Untersuchungen angeführten Roman unter dem Titel: die Jugend Ogiers des Dänen heißt es von den Gesandten Karlmanns, welche dieser nach Dännemark an Gottfried, Ogiers Vater, um den, dem Kaiser schuldigen Tribut einzutreiben, abgeordnet hatten, und welche von Gottfrieds Gemahlin unwürdig behandelt worden waren:

Berichtet sey das große Leid,
Das ungeehrt erfuhren Karlmanns Leut':
Ein jeder läßt sein'n Bart scher'n wider sein'n Will'n.
Ihr'm Karlmann, der so stolz sich zeigt,
Möcht' traun das Herz vor Aerger spring'n.
Daß sein' Leut sind dahin gebracht
Daß sie so verunziert sich sehn.
Da läßt sich's denk'n, wie sehr 's ihm thut leid.

Und die Gesandten sagten Karlmann bey ihrer Rückkehr:

Ihr werd't Euch ärg'rn, w'r wurt'n üb'l g'halt'n,
Maaß'n ohn' unsr' Bärt' komm'n mit unsr'n G'stalt'n.

Hierauf führt der Verfasser das Raisonnement Karlmanns an, als er Gottfried seine Beweggründe zum Kriege mit ihm, den er ihm erklärte, aus dieser Beleidigung herleitete. Diese Erzählung beruhe nun auf wirklichen Thatsachen, oder sey bloß in dem Charakter der damahligen Zeiten gedichtet, so erhellt daraus immer, daß man es für eine große Beleidigung hielt, wenn man jemanden den Bart wider seinen Willen abschnitt. Daher sind ohne Zweifel die sprüchwörtlichen Redensarten: jemanden den Bart beschneiden, anstatt zu sagen, man hätte jemanden verächtlich behandelt, ihn beschimpft; ferner die Bezeichnungen: ich wollte, man scherte mich; ich werde meinen Bart, mein Haar für ihn haben; ich will ihm den Bart scheren und ähnliche Ausdrücke entstanden.

In alten deutschen Gesetzen vom Jahr 630 war es unter schweren Strafen verboten, einem freyen Manne den Bart wider seinen Willen zu beschneiden. Die Strafe an Geld wurde, wenn man gegen dieses Gesetz sich verging, auf die Hälfte der Strafe gesetzt, die demjenigen zuerkannt war, der das Haupthaar jemanden beschnitt *).

Der Kaiser Friedrich verurtheilte diejenigen, die es thun würden, zu zehn Livres Geldstrafe. Wenn jemand den Versuch gemacht haben, oder er ihn wirklich, ohne jedoch, daß Blut dar-

*) Si Barbam alicujus tonderit non volentis, cum sex solidis componat.... Sin autem aliqua plaga in facie alicujus facta fuerit, quam capilli vel barba non cooperiant, sex solidis componant. Capitul. ann. 680.

darnach stöß, verletzt haben sollte, oder wenn er ihn um seine Haare und seinen Bart plünderte, der soll demjenigen, dem das Unrecht zugefügt seyn mag, zum Ersatz zehn Livres auszahlen. Einige Rechtsgelehrten sagen, diejenigen, welche dergleichen Beeinträchtigungen anderer sich erlaubten, verdienten eben so bestraft zu werden, als diejenigen, die jemandem ein Glied verstümmelt hätten. Baldus in L. Reos.

In einem Gesetz Rotharichs, Königs der Lombarden verurtheilt man denjenigen, der bey einer Fehde einem freyen Manne den Bart oder das Kopfhaar ausgerauft hätte, zu einer Geldstrafe. Wer bey einer entstandenen Streitigkeit einen freyen Mann bey dem Bart oder am Kopfhaar herum schleppt, soll sechs schwere Livres zahlen; wenn er aber einen Dienstsklaven, oder eines andern Sklaven für Landarbeiten am Bart oder Kopfhaar herum zieht, so soll er einen schweren Livre zahlen. Longobard. Gesetze.

Es war daher nicht nur in Frankreich, Deutschland und der Lombarden, sondern auch bey den Orientalern und mehreren andern Nationen eine sehr schimpfliche Strafe, wenn man jemanden den Bart abschnitt. Wilhelm von Tyrus bezeugt, die Orientaler und benachbarten Völker hegten so viel Ehrfurcht für den Bart, daß sie es als die größte Entehrung und die größte Infamie ansehen, wenn man ihnen verächtlicher Weise ein einziges Haar des Barts ausriß. Die Orientaler, die Griechen und andere Völker haben die Gewohnheit, sich den Bart mit der größten Sorgfalt und Aengstlichkeit zu erhalten, und sie halten es für die größte Beleidigung und den entehrendsten Schimpf, wenn ihnen auch nur ein Haar bey irgend einer Gelegenheit verächtlicher Weise ausgerissen wird.

Paul Hiob erzählt im Leben des Franz. Philelphus, dieser berühmte Grammatiker habe sich in einer Streitigkeit, die er mit einem Griechen hatte, und die bloß eine einzige Sylbe betraf, verbindlich gemacht, eine gewisse Summe Gelds zu erlegen, im Fall er unter der Bedingung, daß er nach seiner Willkühr über den Bart seines Gegners verfügen dürfte, wenn er den Streit gewänn, zu einer Strafe verurtheilt werden sollte. Philelphus siegte, und Thimotheus mochte ihm noch so viel Vorstellungen und Anerbietungen machen, um ihn von seiner Idee abzubringen; sein Bart wurde rasirt und Philelph trug ihn im Triumph herum; allerdings eine sehr große Kleinlichkeit, die von der Halsstarrigkeit dieses Grammatikers zeugt, den man beschuldigt, er habe sich in wichtigen Angelegenheiten der Sprache nur mit Kleinigkeiten abgegeben.

V. Sprichwörtliche Redensarten, die mit dem Wort Bart gebildet wurden.

Es würde diesen Beyträgen zur Geschichte des männlichen Barts an Vollständigkeit gebrechen, wenn wir der verschiedenen sprichwörtlichen Redensarten nicht erwähnen wollten, in welchen man dieses Wort gebraucht hat. Das Wort Bart wird sprichwörtlich genommen in folgenden Phrasen: **ein gut gewachsener Bart ist schon halb rasirt;** wodurch man jemanden bezeichnet, den man auf eine demüthigende Art an seine Schuldigkeit erinnert. Auch sagt man: **etwas an jemandes Bart vornehmen;** wodurch man zu erkennen gibt, daß man etwas auf eine durchgreifende Art, wider jemandes Willen, in seiner Gegenwart thut. Eben so sagt man: **der oder jener muß sich den Bart wischen,** wenn er sich in eine Angelegenheit mischen möchte, auf die er keinen Einfluß erhält. Man sagt: **man müsse weise seyn, wenn man einmahl einen Bart am Kinn trage,** weil man den Bart immer als ein Zeichen eines reifern Alters anzusehen hat, und man daher von jemanden, der schon einen Bart hat, auch ein männliches, weises Betragen erwartet. Unter den

Bart lachen *) oder in die Kappe lachen sagt man, wenn man ein Gespräch mit Vergnügen anhört, ohne daß man sein Vergnügen äußerlich zu erkennen geben will.

Man sagt, aber durch Mißbrauch, einen Strohbart zum Zehenden geben, anstatt: die schlimmsten Garben zum Zehenden geben, das schlechteste dazu geben, was man nur hat. Dieses Sprichwort ist aus der Bibel genommen, und wurde von denjenigen gesagt, die Jehova Strohgarben darbrachten, indem sie sich stellten, als brächten sie Korngarben dar.

So erklärt Herr Pasquier in seinen Untersuchungen ein anderes Sprichwort: jemandem den Bart zurecht machen, indem er sagt: wir bezeichnen damit, daß wir jemanden gering schätzen, daß wir ihm einen Schimpf angethan haben; weil es, wie wir bemerkt haben, eine schimpfliche Strafe war, jemandem den Bart zu rasiren. Denselben Sinn legt man auch folgenden Redensarten unter: ich wollte, daß man mich rasirte; ich werde Haare für ihn haben; ich will ihm den Bart rasiren.

Jungen Leuten, die es sich einfallen lassen, ältern ungebetenen Rath zu geben und die sich ein

*) Die deutsche Sprache hat hier eine andere Vorstellung in sich aufgenommen; man sagt im deutschen: ins Fäustchen lachen.

Ansehen von Selbstgenügsamkeit geben, sagt man: Ihr habt einen zu jungen Bart, ihr seyd ein junger Bart, wodurch man jemandem zu verstehen gibt, daß es ihm noch an der zur glücklichen Beseitigung von Geschäften in der wirklichen Welt nöthigen Erfahrung fehle. Man sagt im niedrigen Styl: den heiligen Bart tanzen lassen, um dadurch zu bezeichnen, man müsse diejenigen traktiren, ihnen Feten geben, deren Stimmen man zu erhalten wünscht *). Bart sagt man oft in einem figürlichen Sinn, und zum Spott gegen die Person, die ihn trägt; die schlechten Bocksbärte sind gemeynt. Bart bezeichnet auch die Gegenwart; Moliere sagt: er kommt in der Kutsche, um dich unsern Bärten zu entreißen, an-

*) Es ist bekannt, daß in diesem Sinn keine Nation den heiligen Bart mehr, als die Englische tanzen läßt! Man weiß, welche Bestechungen man sich in diesem Lande bey den Parlementswahlen, bey — bey — erlaubt; und nur England hat es zu einem Bestechungssystem gebracht. Auch wird das souveräne Englische Volk, wenn es zur Wahl seiner Repräsentanten schreitet, wirklich traktirt. Diesen Kunstgriff hat die Englische Aristokratie der altrömischen abgelernt, und das panem et Circenses (welches letztere Herr Pitt durch Matrosenpressen übersetzt) thut dem Ministerium manchen guten Dienst.

statt, um uns deine Gegenwart zu entziehn, dich aus unserer Mitte mit sich fortzunehmen.

Man sagt: ein großer und häßlicher Bart; ein Bart von drey Stockwerken, ein sehr breiter, umfangsreicher, buschigter Bart. Man sagt von Jemandem: er lacht sich in den Bart, um dadurch auszudrücken, daß ihm etwas viel Spas macht, daß er es aber nicht merken lassen will. Man sagt: Rothbart, Schwarzhaar, paß' auf, wenn du kannst.

Die Spanier sagen: Bart an Bart, das heißt, einander gegenüber, im Angesicht. Jcellui Etienne sagt zu einem Supplicanten: Du hast Dich an mich gewandt, Schalk; eh' eine Stunde vergeht, seh ich Dir in den Bart oder ins Gesicht.

VI. Andere Arten, wie man das Wort Bart braucht.

Das Wort Bart wird der Analogie, wozu der Bart dem Manne dient, gemäß, in verschiedenem Sinn genommen. Bart heißen z. B. auch die Haare, welche die Thiere am Kinn oder am Maul tragen. So haben unserm Sprachgebrauch nach Böcke und Ziegen am Kinn einen Bart. Haase, Kaninchen, Katze, Ratze haben einen Bart.

Bart wird auch von einem Kometen gebraucht, und bedeutet die Strahlen, die er in die

Himmelsgegend wirft, nach welcher seine eigene Bewegung ihn hinzutreiben scheint; und so unterscheidet man den Bart von dem Schwanz des Kometen, welche Benennung man den Strahlen gibt, die sich nach denjenigen Gegenden des Himmels hin verbreiten, von welchen sich der Komet selbst zu bewegen scheint.

Bart heißen die kleinen Absätze oder] Knorsel, welche platte Fische haben, und die bey ihnen das Schwimmen befördern; wie z. B. die Tornbutte, der Meerkütt, die Zunge, die Scholle. Die Bärte des Wallfisches sind diejenigen Flosse, die ihnen am Kinnbacken herabgehen; es sind platte und biegsame Streifen Fischbein, die man zu den Weiberröcken nahm, um ihnen eine festere Form zu geben; man nennt sie auch sonst Hängebauch.

Bart nennt man ferner die kleinen Aeste, welche die Feder auf der rechten und linken Seite wirft, und mit denen der Kiel derselben besetzt ist. Bart nennt man die langen Haare, welche an der Spitze der Kornstengel sich befinden und woraus die Aehre besteht. Gerste und Rocken haben längere Bärte, als sie der Waitzen hat. Man braucht dieses Wort auch von Haaren, die man zur Bearbeitung zäher Stoffe anwendet, z. B. die Schweinsborsten, die man an das Ende des Hanfdraths befestigt, womit man die Schuhe näht. Auch braucht man es von Dingen, die so weit gearbeitet sind, daß man ihnen nur noch die letzte Politur gibt. Er macht, sagt man da, dieser Garnitur, diesem Mantel nur noch den Bart.

Bart nennt man die Auswüchse und kleinen Haare, die den Schimmel von Sachen ausmachen, welche in Fäulniß übergehen. Dieses Zuckerwerk ist verdorben, ist schimmlich geworden; es hat einen Bart bekommen. An Münzen nennt man Bart die kleinen Einschnitte am Rand, oder auch die rauhen Theile, die sich am Metall befinden, ehe es frottirt und polirt worden ist.

Bart nennt man das rothe Fleisch, welches bey dem Hahn unter dem Schnabel herab hängt. Bart oder Unterbart ist der Theil des Kopfes beym Pferde, welcher die Kinnkette trägt, und es ist die äußere Oberfläche des untern Kinnbackens über dem Kinn. Bärte sind in der Kunstsprache der Reitbahn die überflüßigen Fleischtheile, welche bey dem Pferde in der Oeffnung des Mauls in dem Zwischenraum entstehen, welcher die Stange von beyden Seiten umgibt, und unter der Zunge sich befinden. Man nennt sie auch Frösche, Pferdefrösche; auch Ochsen.

Bart heißen die kleinen angebrachten, hervorstehenden Stücke, welche an einer von den Seiten der Riegel seines Schlosses sich befinden, und dem Schlüssel einen Punkt geben, um das Schloß zu öffnen oder zuzuschließen. Bey der Marine nennt man Bart die Theile, womit das Schiff von vorn, wo sich der Vorderstern mit dem Schiffskeil vereinigt; und wenn man von einem kleinen Fahrzeuge spricht, so ist der Bart ein kleines am untersten Theil des Schiffs von vorn befindliches Stück am Ende des Vordertheils; in großen Fahrzeugen ist es zwey Fuß groß, und an zwölf Daumen dick.

Es gibt noch mehrere andere Arten, wie man das Wort Bart in mancherley Beziehungen braucht. Darüber muß man aber die Wörterbücher befragen.

Neuntes Kapitel.

Von dem Bart der Geistlichen.

I. Tragen alle Geistlichen einen Bart?
II. Sitte der Griechen und Römer in diesem Punkt.
III. Streit der Griechen und Orientaler in Absicht des Barts.
IV. Apologie des Barts der Priester.

I. Bart der Geistlichen.

Es ist sehr wahrscheinlich, daß sich die Geistlichkeit in der Art, den Bart zu tragen, oder ihn zu rasiren, nach den Ländern und Orten richteten, wo sie sich befanden, und daß es in diesem Punkt zwischen Layen und Geistlichen keinen Unterschied gab; wenigstens findet man in den ersten sechs Jahrhunderten der Kirche keine Gesetze, welche dieses Unterschieds Erwähnung thäten. Die Ehrfurcht welche man in diesen ersten Zeiten für den Bart hegte, wo man ihn als einen Vorzug des Mannes, als ein Symbol der Weisheit und Majestät ansah, läßt glauben, daß die Geistlichen nicht daran gedacht haben, sich dieser Zierde der Natur, so lange als der Bart auf diesen Fuß betrachtet wurde, zu berauben. Es gibt in den Gebräuchen, wie man man mehr als einmahl bemerkt hat, Begriffe von Wohlstand, welche nach Verschiedenheit der Ideen und der Aufklärung unter den Menschen, oder auch nach bloßer Laune derselben wechseln. Es darf daher gar nicht befremden, daß man bey der Geistlichkeit in Hinsicht des Barts dieselbe Bisarrerie und Verschiedenheit findet, die wir bey den weltlichen Ständen nahmhaft gemacht haben.

So lächerlich diese Bisarrerien in ihrer Quelle erscheinen, so bleibt es, wenn sie einmahl allgemeinen Eingang gefunden haben, für den vernünftigen Mann, der für keinen Sonderling angesehen seyn will, doch Pflicht, sich darnach zu bequemen; und es führt am Ende zu derselben Sonderbarkeit, die sie hervorbrachte, wenn man sich nach ihnen gar nicht fügt. Deshalb wage ich zu behaupten, daß die Geistlichkeit und selbst die Mönche Gründe hatten, die Gewohnheiten der Länder und Orte, wo sie sich befanden, in Absicht der angenommenen Sitte, sich den Bart wachsen zu lassen, oder ihn sich zu rasiren, je nachdem das eine oder das andere in dem Ort ihres Aufenthalts der Fall war, zu beobachten; eben so, wie auch jetzt die jungen Geistlichen dasselbe thun und sich in dieser Hinsicht genau in ihrem Aeußern nach dem herrschenden Ton ihres Jahrhunderts darstellen, es müßte ihnen denn irgend eine Verordnung oder ein besonderes Gesetz die Verbindlichkeit eines andern Betragens auferlegen:

und in der That wäre es eine affektirte Sonderbarkeit, wenn sich jemand in Absicht einer so gleichgültigen Sache von seinem Jahrhundert unterscheiden wollte.

II. Sitte der Griechischen und Orientalischen Priester.

Gemäß der Sitte ihrer Nation, haben die Griechischen Priester und Mönche fast immer einstimmig einen Bart getragen. Der Cardinal Baronius (Tom. I. Annal. p. 577, ad ann. 58) bemerkt sehr scharfsinnig, sie wären diesem Gebrauche gefolgt, weil die Juden und übrigen Orientaler, unter welchen sie lebten, insgesammt Bärte getragen hätten. Sie würden sich zu auffallend gemacht haben, wenn sie anders gehandelt hätten. St. Epiphanias tadelt die Ketzer zu Marseille heftig, daß sie ihren Bart sich abnähmen; er geht sogar so weit, daß er ihnen das Wort Gottes in den Apostolischen Geschichtbüchern Buch I. Cap. 3. entgegensetzt, worin es mit ausdrücklichen Worten verboten ist, sich den Bart zu scheren. Von dem Bart sagt die Schrift in der Apostelgeschichte: **Verderbe dein Haar nicht**, das heißt, schneide dein Barthaar nicht ab, **noch laß dich, nach Art der Buhlerinnen, wegen deines Haars loben.** Was hier Epiphanias sagt, betrifft den Clerus und die Mönche seiner Zeit eben so gut, als die Layen.

III. Streit der Griechen und Lateiner wegen des Barts.

Dieser Gebrauch, der an sich von geringer Bedeutung ist, wurde in der Folge der Gegenstand eines sehr ernsthaften Streits zwischen der Orientalischen und Occidentalischen Geistlichkeit. Die Griechen machten den Lateinern im neunten Jahrhundert als aus einer sehr tadelnswerthen Neuerung den Vorwurf, daß sie sich den Bart rasiren ließen. Dieser Tadel hatte keinen andern, als die ungerechteste Tadelsucht bey erstern zum Grunde, die sich auch auf die geringste Kleinigkeit erstreckte, worin die Lateiner von den Griechen abwichen. Michael Cerularius, der Urheber des Schisma, und endlich der Patriarch Nectarius zu Jerusalem in seinem Buch gegen den Vorrang des Papsts, machen ihnen ein großes Verbrechen daraus; obgleich die vernünftigsten und gemäßigsten unter ihnen diese Sitte als eine sehr gleichgültige und des Anregens gar nicht werthe Sache ansahen. Deshalb schreibt Petrus der Patriarch von Antiochien an Michael Cerularius in folgenden Ausdrücken davon: was macht es denn aus, daß die Lateinischen Bischöffe ihren Bart abscheren, und daß sie Ringe tragen, zum Zeichen, daß sie ihre Kirchen als ihre Verlobten ansehen? *)

*) „Quid ad nos, si Pontifices ipsorum Barbam radant, et, si in signum, ut dixisti, desponsationis cum

In der That konnte es wohl Cerularius unbekannt seyn, daß das Concilium in Trullo die Vorschriften der dritten Kirchenversammlung zu Carthago gebilligt hatte, und worin es den Geistlichen mit ausdrücklichen Worten verboten ist, sich ihr Kopfhaar und ihren Bart wachsen zu lassen *). Ratramnus, ein Mönch zu Corbin, läßt in dem Werke, das er zur Widerlegung der Vorwürfe der Griechen schrieb, das Lächerliche ihnen empfinden, das sie dadurch auf sich fallen ließen, daß sie den Lateinern einen Vorwurf daraus machten, in rasirtem Bart und abgeschnittenem Kopfhaar zu gehen; da diese Sitte, wie ihr Gegentheil ganz gleichgültig sey, und da beydes einem jeden von der Schrift frey gestellt würde. In der That rasirten sich die Nazarener Kopf und Bart, nachdem sie die Zeit des Stands eines Nazareners ausgehalten hatten und sie warfen die Haare in das Feuer des Opfers, das sie darbrachten, wie man aus Ezechiel sieht. „Und du, Menschenkind, nimm ein scharfschneidendes Schwerdt, das Haare durchschneidet; nimm es und führe es über deinen Kopf und deinen Bart. Ezech. I. 1. Handeln die Griechischen Priester nicht selbst gegen

sancta Dei Ecclesia, gerant annulum?" Petri Antioch. Epist. ad Mich. Cerularium.

*) Clericus nec comam nutriat, nec barbam.

die Befehle des Apostels, welcher will, daß sich alle Männer die Haare scheren sollen? 1 Cor. 7. Natramnus bemerkt, daß die Sitte, sich Bart und Kopfhaar zu scheren, zu seiner Zeit, unter der abendländischen Klerisey allgemein war; und das ging so weit, daß die geistliche Krone nur ein Büschel Haare war; daß ihre Kleider nicht einerley Form bey allen öffentlichen christlichen Gesellschaften gehabt haben; daß aber diese Verschiedenheit keine Spaltung, weder im Orient noch im Occident je verursacht habe. Ratamn. Corb. c. 4. gegen die Einwürfe der Griechen. Eneas, Bischof zu Paris bedient sich in seiner Abhandlung gegen die Griechen, die um dieselbe Zeit geschrieben ist, fast derselben Gründe, die Natramnus anwendete, um die Sitte, den Bart zu rasiren, welche die Priester der Römischen Kirche eingeführt hatten, zu rechtfertigen.

Wir haben schon bemerkt, daß sich die alten Römer den Bart scheren ließen, und daß ihn nur die Philosophen nach Art der Griechen, oder vielmehr aus Eitelkeit, als aus irgend einem andern Grunde beybehielten. Es ist bekannt, daß man es dem Cyniker Maximus, welcher sich des Sitzes zu Konstantinopel zum Nachtheil des heiligen Gregorius von Nazianze bemächtigt hatte, verwieß, daß er einen großen Bart nach Art der Philosophen zu tragen affectirte. Es scheint sogar, daß es zu Antiochien im vierten Jahrhunderte Sitte gewesen sey, sich den Bart zu scheren, wie die Vorwürfe und beißenden Bemerkungen bezeugen, welche die Bewohner dieser großen Stadt sich gegen den Kaiser Julian erlaubten, und welche ihm Ge- Gelegenheit gaben, sein Buch: der Bartfeind betitelt (oder Misopogon) gegen sie zu schreiben. Man kann daraus schließen, daß die Orientaler in frühern Zeiten in Absicht dieses Punkts mit den Lateinern übereinstimmten, und man sieht daraus, wie wenig Grund die Erstern hatten, den Occidentalern aus der Gewohnheit, sich den Bart scheren zu lassen, die sie bey sich eingeführt hatten, ein Verbrechen zu machen. — Diese Streitigkeit der Griechen und Lateiner in Absicht des Barts war übrigens von keinen Folgen, und sie verhinderte die Geistlichkeit beyder Nationen nicht, daß jede nicht ihrer Sitte ergeben geblieben wäre.

Es scheint sogar, daß die Lateiner seit dem Schisma der Griechen, um sich von selbigen zu unterscheiden, bey sich die Sitte allgemein gemacht haben, sich ihre Bärte abzunehmen. Es gibt sogar noch Verordnungen wegen der Schur des Barts. Man hat sich dadurch den apostolischen Zeiten wieder zu nähern geglaubt. Die Griechen haben im Gegentheil die Parthey der großen Bärte mit großer Wärme genommen. Sie konnten in den abend-

abendländischen Kirchen keine Heiligen sehen, die keinen Bart hatten.

IV. Sitte der Lateinischen Geistlichkeit in Absicht des Barts.

Bey dem abendländischen Clerus war die Art, wie man den Bart trug, von jener der morgenländischen Klerisey ganz verschieden. Bald fand man, es verrieth Weichlichkeit, sich den Bart scheren zu lassen, und lange Bärte entsprächen der priesterlichen Würde besser; bald sah man die Sache wieder von der entgegengesetzten Seite an, und glaubte, ihr sonst so ehrwürdiger Bart verrieth Stolz.

Der Pater du Moulinet bemerkt in seiner Geschichte der souverainen Päpste über die Medaillen Papst Clemens des Siebenden, er sey der erste Papst gewesen, den man kennt, welcher einen Bart getragen habe; er habe es nämlich im Gefängniß, worin er fünf Monate gewesen sey, vernachläßigt, sich rasiren zu lassen, und da er sein Gefängniß mit einem langen Bart verlassen habe, so habe er ihn dann für immer getragen; und seine Nachfolger haben dieß eine Zeit lang nachgemacht.

Aber die Pater Henschenius und Papebroch sprechen hiervon in dem Prolyaeum vom Monat May Seite 209 weit bestimmter. Sie bemerken, daß Anastasius der Vierte der erste seines

Jahrhunderts war, der sich den Bart scheren ließ; daß ihn viele bis auf Julius den Zweyten nachahmten, welcher ihn wachsen ließ; daß Anastasius gleichwohl der Erste nicht sey, der ihn sich habe rasiren lassen; daß sie vom Jahr 797 an fanden, daß Leo der Dritte einen rasirten Bart getragen habe; daß darauf, wo die Griechischen Kaiser keine Länder mehr in Italien besaßen, der Papst diese Sitte derjenigen, welcher die Griechen treu blieben, und bey welchen noch heut zu Tage die Bischöffe und Mönche ihre Bärte mit großer Sorgfalt beybehalten, vorgezogen habe; daß in der Folge, im Jahr 960 Johannes der Zwölfte wieder mit einem langen Barte erschien; daß dieß gerade in den Zeitpunkt gefallen sey, wo Rom viel Rücksicht für die Deutschen Kaiser bezeugt habe, und dieß habe vielleicht zu jener Veränderung die Veranlassung gegeben, indem sich die Deutsche Nation immer weit besorgter gezeigt habe, ihren Bart zu unterhalten, als die Französische.

Man begreift nicht, wie der Papst Gregorius der Siebende, da er an die Richter zu Calliari auf der Insel Sardinien im Jahr 1073 schrieb, und von Jacob sprach, den er zum Erzbischof zu Cagliari eingeweiht hatte, nachdem er ihm vorher die Verbindlichkeit auferlegt hatte, sich seinen Bart zu beschneiden, wie, sag' ich, dieser Papst hat behaupten können, dieß sey die Sitte der occidentalischen Kirche jeder Zeit gewesen, daß sich die Klerisey mit rasirtem Bart getragen hätte. **Gleichwie der Klerus der ganzen abendländischen Kirche vom Anfange des christlichen Glaubens an die Sitte des Bartscherens behauptet hat, so soll ihn auch unser Bruder, Euer Erz-Bischoff sich rasiren.** Gregor. VII. lib. 8. ep. 10. Es ist vielmehr gewiß, daß lange Zeit vor diesem Papst diese Sitte nichts weniger, als gleichförmig im Occident angenommen war. Das vierte Concilium zu Karthago, das 398 gehalten wurde, verbietet den Geistlichen, ihr Haupthaar wachsen zu lassen, und sich den Bart abzunehmen. **Der Geistliche soll weder sein Kopfhaar nähren, noch seinen Bart scheren,** lauten die Worte des Conciliums.

Diese Verordnungen und einige andere scheinen bey Gelegenheit der Messalier und einiger anderer ähnlicher Ketzer, welche die guten Sitten, die Arbeit der Hände, die Heyrath verdammten, und lange Haare und prächtige Kleider nach Art der Frauenzimmer trugen, erlassen zu seyn. Man sieht aus dieser Verordnung, daß weder der heilige Augustin, noch die Geistlichen, noch selbst die Mönche in Afrika lange Bärte trugen; denn die Mönche dieses Landes waren damals der Clerisey beygesellt, und führten gleichen Namen mit ihr.

Sidonius von Apollonien bezeugt, daß die Geistlichen zu seiner Zeit, das heißt im fünften Jahrhundert in Gallien und fast im ganzen Occident langen Bart und kurze Kopfhaare (coma brevis, Barba promissa) getragen haben. Vielleicht hat Gregorius der Siebende an besagter Stelle nur von der Römischen Geistlichkeit und von der Geistlichkeit in den umliegenden Gegenden Roms, welche sich den Bart scheren ließen, sprechen wollen. Wie dem auch sey; genug, dieser Papst erließ sehr strenge Befehle an den Bischoff zu Cagliari, um ihm die Abnahme des Barts bey seinen untergebenen Geistlichen zur Vollziehung einzuschärfen. Aus Furcht, seine Befehle möchten schlecht respectirt worden seyn, schrieb er 1082 an den Herzog von Sardinien, um ihm deshalb dringende Vorstellungen zu thun, und es ihm zur Pflicht zu machen, sich mit dem Bischoff zu Cagliari zu vereinigen, um an einem so verdienstlichen Werke gemeinschaftlich zu arbeiten.

Bald darauf änderte sich dieser Gebrauch. St. Peter Damien, der in demselben Jahrhunderte mit Gregorius dem Sisbenden lebte, belehrt uns, daß sich die Geistlichkeit rasiren ließ. Wir haben weiter oben angeführt, daß derselbe Papst Gregorius der Siebende sechzig Diener des heillgen Petrus, die nur Layen, beweibt oder bekebsweibt waren, einen rasirten Bart trugen, eine Mütze auf dem Kopfe hatten und sich deshalb für Priester-Cardinäle ausgaben, vertrieb. Einen rasirten Bart tragen, hieß also damahls so viel, als Priester seyn.

Man hat bemerken können, daß der Gebrauch der langen Bärte im zwölften Jahrhundert so allgemein geworden war, daß nur die Diener der Kirche sich rasiren ließen, und daß sogar mehrere behaupteten, die Layen begingen ein großes Verbrechen, wenn sie sich den Bart abnehmen ließen. Ein Schriftsteller der damahligen Zeit erzählt in einem Bruchstück von einer Schrift, welches sich am Ende des Werks von Othlon, Mönch von dem heilg. Emmeran zu Regensburg, betitelt: über den geistlichen Lauf findet; dieser erzählt, ein Laye, den man des Diebstahls wegen angeklagt gehabt habe, sey genöthigt worden, sich durch die Probe mit kaltem Wasser, die damahls sehr üblich gewesen sey, von dieser Anschuldigung zu reinigen. Da er durch dieses Mittel seine Unschuld nicht habe darthun können, so habe er einen Geistlichen um Rath gefragt, welcher dann die Frage an ihn habe ergehen lassen, ob er sich eines Verbrechens schuldig wüßte, wodurch er sich diese Ungnade zugezogen, und dessen er sich nicht durch ein Geständniß angeklagt hätte? Er habe darauf geantwortet, daß er keines wüßte. Darauf habe ihm der Priester erwiedert: wie wagt ihr es, zu behaupten, daß ihr euch keines sträflichen Vergehens schuldig fühltet, da ihr wirklich euch dadurch schuldig zeigt, daß ihr euch als ein Laye euren Bart habt rasiren lassen, welches nur Geistlichen zukommt; da ihr es dadurch noch mehr werdet, daß ihr es nicht bekannt habt, ob es gleich eine große Sünde ist, die ihr freylich selbst nicht kennt, die euch aber demungeachtet diesen traurigen Zufall zuzieht *).

Der Verfasser fährt fort: nachdem der Laye versprochen gehabt habe, sich den Bart nicht mehr rasiren zu lassen, habe er sich von neuem der Kaltenwasserprobe unterworfen, die ihm auch geglückt sey, worauf man ihn von dem angeschuldigten Verbrechen freygesprochen habe; und dieß, sagt der Verfasser, rechtfertigt die damahls übliche Gewohnheit, welche den Layen verbot, sich den Bart scheren zu lassen. Es trat aber einige Zeit darauf gleichwohl der Fall wieder ein, daß dieser Laye sein Versprechen vergaß, und sich den Bart wieder ab-

*) Tunc ille Clericus: quomodo, inquit, hoc potest verum esse, cum peccatum magnum in te videam, quod nec confitendo nobis prodidisti, nec peccatum esse credis; laicus namque cum sis, et juxta morem Laicorum barba minime rasa incedere deberes; tu, e contra, divinae legis contemtor, quasi Clericus, barbam tuam rasisti? Bern. Pez. Thesaur. Anecd. Tom. III. part. 3. pag. 399.

nehmen ließ; aber dafür erfuhr er auch, sagt man, alsbald die Wirkung der göttlichen Rache; denn er wurde von seinen Feinden gefangen genommen, und sie stachen ihm die Augen aus (?)!

Niemand wird freylich an die Wahrheit dessen glauben, was der gute Geistliche sagt, niemand wird sich von der vorgeblichen Sünde des Layen, die er gutmüthiger Weise für wahr hält; noch von der dabey obwaltenden Rache des Himmels überzeugen können; aber wenigstens läßt uns diese Erzählung doch deutlich sehen, daß im eilften Jahrhundert bey den Layen im Ganzen die Sitte Statt fand, den Bart unbeschnitten zu tragen, und daß die Klerisey nur davon eine Ausnahme machte und sich ihn rasiren ließ.

Während des Schisma's, welches sich in der Kirche bey Gelegenheit der Investituren ereignete, wurden die Sachen so weit getrieben, daß, wenn die Anhänger des Kaisers einen Geistlichen oder einen Mönch mit rasirtem Bart antrafen, so wie es die damahlige Sitte mit sich brachte, sie ihn beleidigten und mißhandelten. Wenn einem Anhänger des Kaisers von ungefähr ein Geistlicher in den Wurf kam, der vielleicht aus Liebe zu dem himmlischen Vaterlande die Sitten des Jahrhunderts nicht streng beobachtete, oder den Bart zum Zeichen seiner Religiosität abgeschnitten trug, so thaten sie ihm als einem Feind der königlichen Ehre allen Schimpf an und nannten sie verächtlicher Weise Kirchenleute *).

Um in Absicht des Barts einige Gleichförmigkeit unter die Glieder der Kirche zu bringen, hatten deshalb einige Concilia Verordnungen getroffen. Das Concilium zu Bourges verordnete allen denen, welche sich dem Dienst der Kirche gewidmet hatten, sich den Bart rasiren zu lassen. Damit Archidiakoni, Aebte, Präpositi, und alle diejenigen, die in der heiligen Kirche einen Dienst zu versehen haben, die kirchliche Tonsur, das heißt einen rasirten Bart und eine Krone auf dem Kopfe erhalten **). Das Concilium zu Limoges von demselben Jahre schrieb dasselbe vor. Andere Kirchenversammlungen, die in diesem und dem folgenden Jahrhunderte gehalten wurden, machten ähnliche Verordnungen bekannt.

Es scheint, daß diese Verordnungen nicht lange befolgt worden seyen, und daß es die Geistlichen nicht räthlich gefunden haben, sich darnach zu bequemen, weil man sie von Zeit zu Zeit wieder erneuern mußte. Eine Provinzial-Synode zu Paris vom Jahr 1335 verbietet unter andern bey Strafe der Suspension und sogar der Excommuni-

*) S. Hist. Trevir. 59 Specil. Tom XII.

**) S. Tom 9. Concil. Labb. p. 866.

kation jeden Geistlichen, sich den Bart wachsen zu lassen. Gleichfalls ermahnen wir ein für alle Mahle und aus Ursache alle Geistlichen, welche sich unter den schirmenden Flügeln der Kirche befinden und zu unserer Diöces gehören, die langen Haare und Bärte abzulegen *) Peter Benedict, Bischof zu St. Malo hatte einige Mühe, die Hartnäckigkeit der mehresten Geistlichen seiner Diöces in Absicht dieses Punkts zu besiegen. Er sah sich 1370 gezwungen, in seinen synodalischen Statuten seinem Klerus das Tragen langer Bärte und abfallender Knebelbärte zu verbieten.

Die Sitte, sich den Bart zu rasiren, war unter der Engländischen Geistlichkeit nicht weniger, als unter der Französischen allgemein geworden. Wilhelm von Malmesbury erzählt in seiner Geschichte der Englischen Könige, die Spione, welche der König Harald in das Lager Wilhelms des Bastards, Herzogs der Normandie geschickt habe, wären mit dem Bericht wieder zu ihrem Könige gelangt: die Soldaten des Herzogs Wilhelm schienen alle Priester zu seyn, denn sie trügen insgesammt rasirten Bart, und gingen sogar ohne Knebelbart. Die von dem Englischen Könige Harald in das Lager Wilhelm des Unehlichen geschick-

*) Marten. Ampliss. Collect. Tom VII. p. 1289.

ten Kundschafter kamen alle mit der Nachricht zurück, sie sähen lauter Bischöffe in dieser Armee, denn sie trügen ihr ganzes Gesicht und beyde Lippen völlig rasirt. Wilhelm. Malm. l. 3 de Gest. Reg. Angl. Wir lernen aus dieser Stelle, daß man sich im eilften Jahrhundert in der ganzen Normandie, wie im ganzen übrigen Frankreich mit rasirtem Bart trug, und daß bey den Engländern gerade die entgegen gesetzte Sitte Statt fand.

Ungeachtet dieser Verordnungen der Concilien, welche den Geistlichen die Verbindlichkeit, sich den Bart scheren zu lassen, auflegten, war es gleichwohl in der Folge kein unerwarteter Anblick, wenn man Bischöffe und Priester sah, die sich ihre Bärte wachsen ließen. Die Geschichte liefert uns Beyspiele und zwar sehr merkwürdige Beyspiele hiervon. Der Kardinal Bessarion, welcher 1472 starb, trug einen langen Bart, den er mit vieler Sorgfalt unterhielt. Man erzählt von ihm, daß er von Seiten des Papsts Sixtus des Vierten an den König Ludwig den Eilften als Gesandter geschickt worden sey, um einen Frieden zwischen diesem Prinzen und dem Herzog von Bourgogne zu vermitteln, und daß Bessarion, welcher geglaubt habe, der Herzog sey am wenigsten zu einer friedlichen Annäherung geneigt, es für zweckmäßig gehalten habe, diesem sich zuerst vorstellen zu lassen;

aber Ludwig der Eilfte habe dieß, da er sich ihm zur Audienz genähert habe, sehr übel aufgenommen, habe die Hand an dessen großen Bart gelegt, und ihm die Worte eines Grammatikers entgegen gerufen:

Griechische Bärtlinge (Barbaren) wie sie die Natur einmal schuf, arten nicht aus.

Mehrere behaupten, diese Beschimpfung, die der Cardinal nicht habe verdauen können, wäre die Ursache seines Todes gewesen; aber es ist bloß Vermuthung, die auf keinem gewissen Grunde beruht. Nicolas Prevot, sein Secretär, versichert ausdrücklich in seiner Note zum fünfundzwanzigsten Epigramm im Ersten Buch des Martial, die Krankheit, an der Bessarion starb, sey ihm durch seinen Arzt verursacht worden.

Herr Pompejus Sarnelli, Bischoff zu *** bringt in seinen Briefen über Gegenstände der Kirche die Verordnungen bey, welche die Geistlichen dazu verbinden, sich den Bart ganz scheren zu lassen; und er bemerkt, daß die des Kardinal Bessarion ihn um den Päbstlichen Stuhl gebracht habe; denn die Kardinäle wären wegen der Affektation, vermöge welcher er seinen großen Bart noch sorgfältig bewahrt habe, gegen ihn aufgebracht gewesen, und hätten ihn deshalb nicht zum Papst erwählt; und sie hätten diese Eigenheit ihm als eine fortdauernde Liebe für die Sitten der Griechen, die er dadurch zu rechtfertigen geschienen hätte, ausgelegt. Deshalb sagt der Cardinal von Avignon, indem er zu den andern Cardinälen spricht, folgende bedeutende Worte: Wie? Bessarion will auf seinen Bart nicht Verzicht thun, und wir wollen ihn zu unserm Oberhaupte machen *)?

Im Jahr 1551 wurde Antonius Caracciolí zur Bischoffswürde zu Troies ernannt, da er aber einen langen Bart trug, machte das Capitel dieser Gemeinde Schwierigkeit, ihn aufzunehmen, so lange er nicht seinen Bart, wie es die Statuten der Diöces vorschrieben, rasirt hätte. Aber der König Friedrich der Zweyte erließ einen besondern Befehl an das Kapitel, um es dahin zu vermögen, daß es ihn mit seinem Bart aufnahm.

Königlicher Kabinetsbefehl.

„Werthe und Vielgeliebte. Wir sind davon „benachrichtigt, daß Ihr Schwierigkeiten macht, „Unsern lieben und getreuen Oncle, Herrn Anto„nius von Carraccioli, Euern Bischoff, in Eure „Kirche aufzunehmen, wenn er nicht zuvörderst sei„nen Bart, nach Maaßgabe einiger Statuten, die „Ihr die Gewohnheit habt, in solchem Fall zu be-

*) Nondum barbam rasit Bessarion, et nostrum caput erit? Let. Eccles. di Pompejo Sarnelli Ep. 12.

„obachten, scheren läßt. In dieser Absiche haben
„haben wir geruhet, Euch gegenwärtiges zu schrei-
„ben, um Euch zu bitten, daß Ihr ihn deshalb
„nicht in seinen Gerechtsamen zurück setzt, sondern
„ihn, auf Unsere desfallsige Vergünstigung, von
„diesen Statuten für freygesprochen ansehen mögt;
„und das um so mehr, weil Wir beschlossen haben,
„ihn in kurzem an einen Ort außerhalb des König-
„reichs zu senden, und zwar in Angelegenheiten,
„die Uns sehr am Herzen liegen, wo Wir nicht
„wünschten, daß er ohne seinen Bart erschien. In
„der Ueberzeugung, daß Ihr das thun werdet, wol-
„len Wir gegenwärtiges Euch nicht noch weitläufti-
„ger zu Gemüth führen, und euch nur noch zu wis-
„sen thun, daß Ihr Uns dadurch einen sehr ange-
„nehmen Dienst thun werdet, und so gehabt Euch
„denn wohl, Werthe und viel Geliebte, und der
„Himmel nehme Euch in seinen Schutz. Gegeben
„zu Fontainebleau den achtundzwanzigsten Novem-
„ber 1551.

Heinrich."

Antonius Carraccioli trat sein Bisthum zu Troies noch den dreyzehnten December desselben Jahres an. Einige Zeit darauf verließ er die katholische Kirche, um sich mit den Neuerern zu verbinden. Er war zehn Jahr lang Bischoff zu Troies, halb Catholik, halb auf die Seite neuer Begriffe geneigt. Endlich nahm er 1562 seine Zuflucht zum Soldatenstand.

Eben so erließ Heinrich der Zweyte 1556 an die Domherren zu Orleans eine Kabinetsordre, worin ihnen der Regent anbefiehlt, Herrn von Morvilliers zum Bischoff anzunehmen, ob er gleich, sein Kinn ganz mit Haaren bedeckt, sich trug; sie sollten diesen Umstand als keinen Verstoß gegen die Gesetze ihres Kapitels ansehen, die einem Kanonikus zur Pflicht machen könnte, sich seinen Bart scheren zu lassen. Das Kapitel de Notre-Dame zu Paris bestand 1555 gleichfalls darauf, daß der neue Kanonikus Peter Lescot, der sich präsentirte, um sich installiren zu lassen, sich den Bart rasiren lassen müßte. Das Kapitel war lange unschlüßig, wie es sich in einer so delikaten Sache zu benehmen hätte; und die Aeltesten vom Kapitel willigten nicht ohne Schwierigkeit ein, daß man das Verdienst des Gegenstandes, dem zu Gefallen dieß geschähe, in Erwägung gebracht, von der Strenge der weisen Einrichtungen der Kirche nachlasse, ohne daß selbigen jedoch dadurch Eintrag geschehen könnte.

Die Domherren zu Mons waren nicht so gefällig, als die zu Paris. Im Jahr 1556 stellte sich nämlich der Kardinal von Agennes vor, um von der Würde eines Bischoffs Besitz zu nehmen. Mehrere Domherrn erklärten deshalb, ihr Gewissen erlaubete ihnen nicht, zu seiner Installirung vor-

vorzuschreiten; denn dieser Prälat that keinesweges auf seinen Bart Verzicht. Er wendete sich an den König Heinrich den Zweyten, der den Domherrn die Verbindlichkeit auflegte, ihn mit seinem Bart anzuerkennen. Der Kardinal schrieb an das Kapitel, und bat es, von seiner Forderung abzustehen. Vergeblicher Wahn! Das Kapitel fügte sich weder dem königlichen Befehl, noch gab es den Bitten des Prälaten Gehör. Durch einen Beschluß des Kapitels ward festgesetzt, daß man Ihro Majestät unterthänigst gebeten haben wollte, daß es Höchstdenselben gefallen möchte, die Domherrn zu Mons, bey der Ausübung ihrer Constitutionsartikel, ihrer heiligen Dekrete, ihrer ältern Statuten, und löblichen Gewohnheiten, wie selbige jederzeit in ihrer Kirche zu Mons, deren Beschützer Höchstdieselben zu seyn geruhten, beobachtet worden wären, zu schützen und zu erhalten. Endlich erhielten sie einen königlichen Befehl unter Androhung höchster Ungnade im Uebertretungsfall, daß sie sich nicht dagegen sträuben sollten, ihren Bischof in ihre Kirche aufgenommen zu sehen, und zwar mit seinem Bart, und ohne auf seine Rasirung weiter anzutragen. Die Domherrn protestirten gegen diese gewaltsamen Maaßregeln und fügten sich dem königlichen Willen.

Wilhelm Duprat, Sohn des Kardinal Duprat, der zum Bischoff von Clermont ernannt worden war, stellte sich mit seinem Bart am Kinn dar, um sich aufnehmen zu lassen. Wie sehr war er erstaunt, sich am Eingang der Kirche von dem Dechant in Begleitung der Domherrn Schermesser in einem silbernen Becken unter der Protestation darreichen zu sehen, sie würden ihn nicht eher aufnehmen und als ihren Bischoff begrüßen, bis er auf seinen Bart Verzicht geleistet hätte. Duprat überzeugt, daß ein Bart weniger, als eine Bischoffswürde werth sey, und daß es billig sey, die Vorurtheile der Menge zu respectiren, nimmt das dargebotne Instrument, und bringt großmüthig das Opfer, das sein Clerus fordert.

Antonius von Crequi ward nur unter der Bedingung zur Besitznahme der Bischoffswürde zu Amiens zugelassen, daß er ein königliches Patent von Carl dem Neunter, das den 13ten November 1564 von Marseille aus datirt war, und wodurch der König die Duldung des langen Barts, den der neue Bischoff trug, verlangte, aufzuzeigen hatte.

Zu den Zeiten des heiligen Carl Barromäus hatte die Sitte, lange Bärte zu tragen, so sehr unter der Geistlichkeit seiner Diöces zu Meyland und in den an die Hauptstadt grenzenden Kirchsprengeln

geln um sich gegriffen, daß dieser heilige Erzbischoff sein Ansehn dem einreißenden Strom dieser Neuerung, die er für einen großen Mißbrauch hielt, entgegen setzen zu müssen glaubte. So erklärt er sich selbst hierüber in einem Briefe an Carl Franz Bonhomme, Bischoff von Verceil, seinen Freund, der sich bey ihm darüber beklagte, daß ihm eine ärgerliche Krankheit einen Theil seines langen Barts gekostet habe. Der heilige Carl schrieb ihm deshalb: „ich bedaure Sie nicht nur nicht deshalb, daß Sie ei„nen Theil Ihres Barts durch Krankheit verloh„ren haben; ich würde im Gegentheil Ihr Schick„sal beneiden, wenn Sie sich ganz und für immer „davon befreyen könnten; denn ich bin einem Ge„sicht ohne Bart so gut, daß ich, gewohnt, meinen „Bart oft zu rasiren, ihn nie um ein Beträchtliches „empor schießen lassen kann."

Derselbe Heilige beklagt sich noch, daß wenig Personen seinem Beyspiel folgten, und daß der entgegengesetzte Gebrauch durch das Beyspiel mehrerer durch ihren Charakter und ihr Verdienst achtungswerther Geistlichen immer mehr Eingang gewänn. Gleichwohl kam er zu seinem Zweck, den Bart im ganzen Umkreis seiner Diöces durch ein Dekret der fünften Mayländischen Kirchenversammlung zu unterdrücken, welches allen Geistlichen die Pflicht auferleat, sich den Bart rasiren lassen. Die

Einrichtung des Bartscherens ist von den Vätern der Kirche auf der Versammlung zu Karthago feyerlich genehmigt, und wie man aus einer alten Handschrift des Papstes Gregor des Siebenden weiß, schon ehemals in jeder Kirche und auch in unser Ambrosianischen bis auf jetzige Zeiten (wie wir sehen) von den geistlichen Priestern, die auf die alte heilige Kirchenverordnung hielten, und endlich auch durch unsern schriftlichen Befehl wieder in Uebung und Thätigkeit gesetzt worden; und wir befehlen so hiermit, und machen es zur Pflicht, daß ein jeder Priester und Geistlicher, weß Ranges und Standes er auch sey, seinen Bart scheren läßt.

Indeß billigte es der heilige Prälat nicht, daß man in dieser Hinsicht sich zu eifrig zeigte; denn da er vernahm, daß Cäsar Speciano, Bischoff von Cremona, sich strenger Maaßregeln gegen diejenigen Geistlichen, die sich weigern würden, sich ihren Bart scheren zu lassen, bedienen wollte, und daß er sogar den heiligen Stuhl um ein Dekret anging, um sie dazu zu nöthigen, so schrieb ihm Karl, um ihm zu bedeuten, daß er sein Betragen nicht billigte. Hieraus kann man schließen, daß der Eifer des Bischoffs zu Cremona für die Ausrottung der langen Bärte die Veranlassung zu der Apologie der Priesterbärte, die Pierius Valerianus schrieb, und auf die wir sogleich zu sprechen kommen werden, gegeben haben mag.

Man trug gleichwohl einen Knebelbart; und der heilige Carl verordnete auf mehrern Kirchenversammlungen, die er ausschrieb, daß man diese Knebelbärte abschneiden sollte, damit die Haare nicht in den Kelch tauchten, und das köstliche Blut aufzehrten. Der Bart der Oberlippe soll so beschnitten werden, daß die Haare bey der heiligen Handlung der Messe, den Genuß des Leibes und Blutes Christi nicht beeinträchtigten. Concil. Provinc. II. 2. Uebrigens will derselbe, daß sich die Geistlichkeit aller funfzehn Tage und noch öfter, wenn es nöthig sey, rasiren solle. Er machte es seinen Vicaren zum Gesetz, sich genau davon zu unterrichten, ob die Geistlichen seine Verordnungen im Betreff des Barts genau beobachteten. Er befahl, die Geistlichen, welche den Dienst mit einem langen Bart verrichten würden, sollten der Austheilungen, die zu dem Dienst gehörten, beraubt seyn.

Wir lernen aus dem Provinzialconcilium zu Benevent unter dem Erzbischoff Johann Baptist Foppa, welches 1656 gehalten wurde, daß die Geistlichen dieses Kirchsprengels noch lange vor dem letzten Jahrhundert einen Bart trugen; denn es wurde ihnen durch den siebzehnten Artikel dieses Conciliums aufgetragen, sich die Oberlippe oder den Knebelbart rasiren zu lassen, dergestalt, daß sie dem Genuß des Leibes und Bluts Christi kein Hinderniß in den Weg lege. Damit die Geistlichen den Bart der Oberlippe dergestalt scheren, daß er denen, welche das heilige Sakrament des Leibes und Blutes Christi genießen, nicht beschwerlich falle. Ernelph, Bischoff von Roff gibt im zweyten Theil seiner Specilege de Dom Dacheri beynahe denselben Grund davon an, warum man zu seiner Zeit den Layen die Communion nicht unter der Gestalt des Weins gab. Es ist, sagt er, so oft der Fall gewesen, daß Layen, die große Bärte und lange Knebelbärte tragen, wenn sie sich dem Kelch nähern, mit mit den Haaren ihres Barts das kostbare Blut berühren, ehe sie damit zu ihrem Munde gelangt sind *). — Man untersucht hier nicht den Grund, den der Bischoff von dem Verfahren gibt, daß man den Kelch den Layen entzog, untersucht nicht, ob er haltbar ist; genug, es bleibt immer wahr, daß noch 1656 die Geistlichkeit zu Benevent einen Bart trug, oder doch wenigstens

*) Evenit enim frequenter, ut barbati et prolixos habentes granos (vulgo moustaches) dum poculum inter epulas sumunt, prius liquore pilos inficiant, quam ore liquorem infundant.

einen Knebelbart: und dieß kann man auch von den Layen dieses Kirchsprengels versichern, welche die Sitte der langen Bärte, die sie von den Lombarden, ihren Vorfahren, welche man dieser Mode sehr ergeben weiß, erhalten hatten, ungeachtet der Bemühungen des Kaiser Karlmann, sie davon abzubringen, aufrecht zu erhalten suchten.

Während die Kapitel von Domen es sich angelegen seyn ließen, ihren Bischöffen den Bart beschneiden zu lassen, war man in der Sorbonne darüber im Streit, weil man gern wissen wollte, ob es sich für einen Theologen schicke, an der äußersten Spitze des Kinns Haar zu tragen. Die Materie ward in den ersten Tagen des Julius 1561 in Untersuchung genommen, es ging dadurch ein Dekret hervor, wodurch entschieden ward, der Bart sey der Bescheidenheit zuwider, welche eine Haupttugend von einem Doktor der Theologie sey. Die Baccalaureen können mit bedecktem Kopf in die Schule kommen und so wieder nach Hause gehen; aber sie müssen ihre Bärte aufgeben und mit geschornem Bart erscheinen; welches auch von unsern Magistern gilt; sie dürfen nicht mit bedecktem Kopf respondiren oder argumentiren, und müssen hierin die einem Theologen geziemende Bescheidenheit beobachten.

V. Apologie des Barts der Priester.

Einige Personen von angesehenem Stand wollten im sechzehnten Jahrhundert den Papst dazu vermögen, ein, wie sie vorwendeten, in dieser Hinsicht ehemals durch ein altes Concilium (es war das vierte zu Carthago) erlaßnes und von dem Papst Alexander dem Dritten bestätigtes Dekret zu erneuern, wodurch den Priestern verboten wurde, einen langen Bart zu tragen. Diese wahre oder falsche Neuigkeit schlug Lerm. Johann Pierius Valerianus, gebürtig von Belluno in der Mark Trevisano, wollte der traurigen Begebenheit, welche die Bärte bedrohte, zuvorkommen, und unternahm es, in einem kleinen lateinischen, sehr artig und lebhaft geschriebenen Werke, worin man sehr sonderbare Dinge über diese Materie findet, den Bärten der Priester eine Standrede zu halten. Diese Schrift, welche dem Cardinal von Medicis zugeeignet ist, führt den Titel: pro Sacerdotum Barbis Defensio, **Vertheidigung der Bärte der Priester**, zum ersten Mahl zu Rom 1531 in 8. und hierauf mehrere Mahle anderwärts gedruckt. Man legte sie 1639 zu Leyden, begleitet von Musonius, einem Griechischen Schriftsteller und von Hospinian, über das Rasiren des Kopfhaars und Bartes, wieder auf. Man höre nun die Gründe derer, welche wollten, daß man die

Priester dazu anhalten sollte, sich den Bart rasiren zu lassen, und die Antworten darauf.

1) Die Priester, sagte man, müssen in allem, und also auch durch ihr vernachläßigtes Aeußeres, und durch die Verachtung, die sie gegen allen überflüßigen Zierrath beweisen müssen, Muster für die Menschheit seyn, und sich dadurch die Verachtung der Weltmenschen zuziehn; dieß kann aber bey einem langen und mit Sorgfalt unterhaltenen Bart nie der Fall seyn.

Man antwortete, dieses Raisonnement treffe mehr das Haupthaar. Es schiene in der That der Anständigkeit mehr gemäß, es sich zu verschneiden, als es lang zu tragen. Im Gegentheil schiene nichts einem würdigen Aeußeren, das den Dienern der Kirche so wohl anstehe, so sehr zuwider zu seyn, als ein rasirtes und ein ganz bartloses Gesicht; weil es sehr wahrscheinlich sey, daß die Sitte, sich das Kinn rasiren zu lassen, nur Weichlichkeit und Eitelkeit zum Grunde habe; und dieß sey so wahr, daß diejenigen, welche sich das Gesicht zuerst hätten rasiren lassen, anfänglich als verweichlichte Menschen, ungeachtet sie sich übrigens durch vortrefliche Handlungen könnten achtungswerth gemacht haben, angesehen worden wären. Nur erst spät, das heißt 454, finde man Barbiere zu Rom. Scipio der Afrikaner sey, (wie auch oben bemerkt worden ist) der erste gewesen, welcher die Sitte, sich alle Tage rasiren zu lassen, eingeführt habe, und sie sey durch August zum Gegenstand des guten Tons gestempelt worden. Aber man dürfe glauben, diese Handlung sey nicht die schönste seines Lebens; auch werfe man diesem Römer vor, etwas zu viel der Weichlichkeit sich ergeben zu haben und in seinem Betragen zu affectirt gewesen zu seyn. Man habe sich sogar schon bey Gelegenheit jenes entscheidenden Zeitpunkts, wo die große Frage, ob man gegen Carthago zu Felde ziehen sollte, auf Entscheidung drang, über die sich aus Mangel an Mannszucht einreißende Erschlaffung beklagt. Was August betreffe, so hätten die zügellosen Verse, die er im Bad gedichtet, seinem Rufe weniger, als der zu häufige Gebrauch des Schermessers geschadet. Ob man denn nicht wisse, daß bey den Alten ein Gesicht ohne Bart und von zu abgemessen regelmäßiger Form für eine weibische Phisiognomie gehalten worden sey? Mehrere Nationen hätten sich, (wie auch oben erwähnt worden ist) zum Kennzeichen, daß man trauerte, den Bart ganz rasirt. Und warum? Das sey deswegen geschehen, weil man es nur dem Charakter der Weiber angemessen gehalten haben, sich durch Unglück und Ungnade, in die jemand fiele, beugen zu lassen, und ein trauriges Aeußere eines Mannes unwürdig gewesen sey.

2) Man sagte ferner, einen Bart tragen, wäre für einen Priester ein Schimpf. Man sieht aber, erwiederte man hierauf, nicht ein, worauf ein solcher Vorwurf sich gründen kann. Sollte es der Bart an und für sich seyn? Aber was könnte ein Bart, wenn man ihn in Beziehung auf diesen Stand denke, schimpfliches haben? Diene er nicht dem Kinn und den Wangen gleichsam zur Bedeckung? Sey er nicht gleichsam des Mannes natürliche Zier? Auch hätten ihm die Lateiner den Namen Bekleidung (vestis) gegeben. Sie hätten ferner die jungen Leute vor den Jahren der Mannbarkeit mit einem Ausdruck benannt, welcher nackt, unbekleidet seyn bedeute. Nichts sey in guten lateinischen Schriftstellern gewöhnlicher, als daß sie sagten, die Wangen mit Milchhaar bekleiden, (genas lanugine vestire) um dadurch auszudrücken, daß der Bart jemandem zu keimen angefangen habe.

Sey denn übrigens der Bart nicht das Kennzeichen, das Merkmahl, wodurch sich das männliche Geschlecht unterscheide? Auch habe ja Diogenes, der nie aufgehört habe, gegen diejenigen loszuziehen, die sich rasiren ließen, demjenigen, der ihn gefragt, warum er einen langen Bart trüge, geantwortet: das thue ich darum, um nicht zu vergessen, daß ich ein Mann bin. Es sey daher ganz ohne allen Grund raisonnirt, wenn man eine Sache als etwas schimpfliches ansehe, die nur Kindern, Weibern, Verschnittenen und Weichlingen fehle, das heiße, wenn man Haar an Wangen und Kinn zu tragen für eine Schande halte.

3) Man setzte der Sitte, große Bärte zu tragen, mehrere geistliche Gesetze entgegen, die sie dem geistlichen Stande wirklich untersagten. Man führte nur als Beyspiel den Kanon des vierten Conciliums zu Karthago an, in Absicht welches man sich auf die Bestätigung desselben durch Papst Alexander den Dritten berief: die Clerisey soll weder Kopf- noch Barthaar nähren. So führte man diese Worte des Kanons an.

Man antwortete dagegen: 1) es sey nicht wahr, daß die Kirchenversammlung zu Carthago dieses Verbot habe ergehen lassen, und der Canon, wie man ihn jetzt habe, sey verstümmelt; man müsse ihn so lesen, wie er sich in Gratian und in alten Manuscripten vorfinde. Clericus nec comam nutriat, nec barbam radat, der Kleriker lasse sein Kopfhaar nicht wachsen, und hüte sich, sich den Bart zu rasiren. Auch sey das Dekret Alexanders des Dritten, das an den Erzbischoff von Kanterbury gerichtet sey, verfälscht; man habe das Wort Bart hinzugesetzt, und man müsse nicht lesen: clerici, qui barbam et comam nutriunt, die Kleriker, welche ihren Bart und ihr

Kopfhaar nähern; sondern bloß: qui comam nutriunt, etiam inviti Archidiaconis suis tondantur; die Archidiakone möchten dafür sorgen, daß auch diejenigen Geistlichen, welche ihr Kopfhaar wachsen ließen, selbiges, auch sogar wider ihren Willen abschneiden ließen. So lese man in dem Dekret des Conciliums zu Arles, woher das Dekret eigentlich seinen Ursprung habe.

Wirklich findet man mehrere Dekrete von Concilien und Päpsten, welche den Geistlichen ihr Kopfhaar abzuscheren gebieten, weil es weibisch ließe, wenn man sie lang und frisirt trüg; allein aus demselben Grunde, erwiedern sie, müßte man, weit entfernt, ihnen das Tragen eines langen Barts zu verbieten, ihnen vielmehr untersagen, sich zu rasiren und die Haare zu verschneiden. Um die Behauptung zu rechtfertigen, daß die angeführten Stellen verdorben seyn könnten, brachte man mehrere Beyspiele solcher Veränderungen bey, die eine gute Kritik und die Vergleichung der spätern Exemplare mit alten Manuscripten, die man nach Wiederauflebung der Wissenschaften anzustellen im Stande war, hat entdecken und verbessern können.

4) Die Römische Kirche, sagt man, muß die langen Bärte mißbilligen, um die abtrünnigen Griechen nicht nachzuahmen; dieß ist ein Grund, welcher die Veranlassung zu den Dekreten mehrerer

Päpste gegeben hat, die es den Geistlichen der Lateinischen Kirche zur Pflicht machen, sich das Haar abzunehmen, um sich dadurch von den, der Römischen Kirche widerwärtigen Orientalern zu unterscheiden. Aber, entgegnete man, wer sieht nicht, daß nichts unbedeutender ist, als dieser Einwurf? Welcher Vortheil sollte dadurch für die Römische Kirche zu erwarten seyn? Im Gegentheil, habe man nicht die Erfahrung gemacht, daß diese Hartnäckigkeit, nichts von gewissen unbedeutenden Gebräuchen nachlassen zu wollen, und dagegen andere Gewohnheiten von wenig Belang für die Religion zu verdammen, das größte Unheil in der Kirche verursacht habe, dessen Folgen sie noch lange habe büßen müssen? Vielleicht wären Griechenland und der ganze Orient noch katholisch, wenn man mehr Nachgiebigkeit und Herablassung gegen die Gebräuche dieser Kirche, welche weder den Grund der Religion noch wesentliche Seiten derselben gefährdeten, gezeigt hätte.

5) Diejenigen, welche die Parthey des langen Barts nehmen, gestanden ein, man könnte einige Provinzialconcilien anführen, welche Gesetze gegen die Bärte der Priester hätten ergehen lassen; aber wären denn diese Gesetze, wie alle diejenigen, welche nur willkührliche Gebräuche zum Gegenstand hätten, nicht selbst der Veränderung unterworfen? Wie viel Maaßregeln der Art, die ehmahls

volle Gültigkeit erhalten hätten, seyen nicht durch spätere Concilien oder durch eingetretene Veränderungen, oder durch andere Gründe des Wohlstands, der Bequemlichkeit, vielleicht selbst der Nothwendigkeit widerrufen worden? Und so sey es jetzt eine sehr tadelnswerthe Sonderbarkeit, diese alten Gebräuche einzig aus dem Grunde, weil man sie durch einige Concilien empfohlen finde, erneuern zu wollen. Was zu jener frühern Zeit der Analogie und dem Wohlstand des geistlichen Standes angemessen geschienen habe, würde jetzt eine ausgezeichnete Affektation seyn, welche diejenigen, die sich darnach in ihrem Betragen richteten, lächerlich und verächtlich mache.

Uebrigens finde man nicht, daß diese Gesetze, die man ihnen entgegen stelle, durch die souverainen Päpste bestätigt würden. Die Päpste, Julius der Zweyte und Clemenz der Siebente, hätten sie keine langen Bärte getragen? Wie viel Kardinäle, Bischöffe, Priester und sofort hätten nicht nach ihrem Beyspiele dasselbe gethan? Hierzu fügte man noch: wenn diese Streitsache für irgend ein Gericht, welches es auch sey, gebracht würde, so würde man immer mehrere unter den Richtern finden, die lange Bärte trügen; man würde deren in dem Kollegium der Kardinäle, unter den Erzbischöffen und Bischöffen, in den Schulen der Theologen und in allen Ständen der Kirche und des Staats finden.

Welche Ungestalt, sagt man, welche Unreinlichkeit bey einem langen Bart. Wenn derselbe ein Zeichen von Traurigkeit sey, so müßten die Priester, vorzüglich in Zeiten, wo die Welt mit Unglücksfällen überhäuft sey, trauern. Sey er ein Kennzeichen gesetzten Charakters und eines würdigen Betragens, warum wollte man dessen die Priester berauben? Der Bart sey etwas natürliches, durch das Gesetz der Natur gebilligtes; das Mosaische Gesetz habe ihn erlaubt; das Gesetz der Gnade habe ihn nie verdammt; die Sitte der Heiligen und der achtbarsten Menschen spreche für ihn. Sollte einmahl hierüber eine Verordnung zu Stande kommen, so wäre es diesem Zweck gemäßer, es jedermann zur Pflicht zu machen, sich rasiren zu müssen; nicht, daß man bloß den Geistlichen das Tragen ihres Barts untersagen wollte.

Dieß sind die Hauptgründe, welche im sechzehnten Jahrhundert diejenigen beybrachten, welche es dahin zu bringen suchten, daß die Diener der Kirche sich gegen den fast allgemeinen Gebrauch, der damahls unter der Geistlichkeit in Ansehn war, den Bart rasiren lassen müßten; da gleichwohl derselbe durch das Beyspiel der Päpste selbst, durch das Beyspiel mehrerer Kardinäle und Bischöfe, von denen der größte Theil auf alten Denkmünzen, die uns von ihnen noch übrig sind, mit langen Bärten vorgestellt wird, in Schutz genommen wurde. Man darf glauben, daß Pierius Valerius, der die Sache der Bärte so gut vertheidigt hat, selbst Interesse an dem Gegenstande seiner Vertheidigung genommen habe, und daß sein langer Bart, den er liebte, ihm die Vertheidigung dieser männlichen Zierde mit so viel Muth habe führen lassen. Die Antworten, die er auf alle Gründe gab, welche man gegen den eingeführten Gebrauch der langen Bärte erhob, haben nicht bloß den Zweck, ihn zu rechtfertigen; er beweißt sogar dem Papst, den Kardinälen, und allen, die der berüchtigten Bulle, die ihn stürzen sollte, mit gespannter Erwartung entgegen sahen, daß nichts schöner für einen Mann, nichts ehrwürdiger für einen Priester, nichts angemeßner für die Religion, für Natur und Gesetz sey, als wenn man einen Bart trüg.

Zehntes Kapitel.

I. Bart der Mönche im Orient und Occident.

Das Raisonnement über die Bärte der Mönche im Orient und Occident fällt nothwendig verschieden aus. Es ist gewiß, daß sich die erstern unverrückt bey der Sitte, lange Bärte zu tragen, erhalten haben. Der Verfasser der Analyse der Lehre des heiligen Athanasius, die er an die Mönche richtet, empfiehlt es ihnen an, sich das Kinn nicht zu rasiren. Rasirt euch das Kinn nicht, sagt er Seite 16 seiner Abhandlung selbst. Arsenes trug einen Bart, der ihm bis auf die Brust herab

herab hing. Er trug einen langen Bart, der ihm bis auf den Bauch ging (gestabat Barbam longam, quae ad ventrem pertingeret. Monum. Eccl. Graec. Apopht. Tom. I. p. 371). Scyrillus von Scythopolis sagt dasselbe von dem heiligen Euthymus, im Leben dieses heiligen Abts. Was in dem Bollandisten von dem Märtyrerthum der acht und dreyßig Mönche, denen der Kaiser Constantin Copronymus den Bart abbrennen ließ, nachdem er ihn mit Pech beschmieren lassen, erzählt wird, beweist, daß diese Heiligen lange Bärte trugen. Der heilige Sebas und seine Schüler trugen deren gleichfalls, wie man in dessen Leben liest. Dasselbe finden wir in Absicht des heiligen Antiochus, in dem Leben des heiligen Theodors Siceates. St. Isidor von Pelus bezeugt, dieß sey bey den Mönchen seiner Zeit herrschende Sitte gewesen. „Es ist kein sicheres Kennzeichen eines religiösen Lebens, lieben Brüder, wenn man mit einem Mantel und einem langen Barte prahlt. St. Basilius der Große, St. Gregorius von Nazianze, sind auf sehr alten Denkmählern mit langen Bärten abgebildet.

In Hinsicht der Mönche des Occidents scheint es herrschende Sitte gewesen zu seyn, sich den Bart rasiren zu lassen. In der That findet man einige

Beyspiele von Mönchen, die lange Bärte trugen. St. Gregorius von Tours sagt in seiner Charakteristik des St. Leobarts, Mönchs im Kloster Marmoutier, er hätte einen langen Bart. Auch gefiel er sich nicht, wie Einige, in langen Haarseilen oder in einem herabhängenden Bart *). Aber es ist sehr wahrscheinlich, daß dieß nur die Einsiedler und Mönche, die von der Welt ganz abgeschieden lebten, thun mochten; denn übrigens ist es ohne Ausnahme wahr, daß die Cenobiter-Mönche, das heißt diejenigen, die in den Klöstern sich aufhielten, sich rasiren ließen. Der heilige Wilhelm z. B. Herzog von Aquitanien und in der Folge Mönch des heiligen Guillem ließ sich, als er sich dem Klosterleben widmete, rasiren. Der heilige Petrus Urseolus, Doge von Venedig, hatte sich im zehnten Jahrhundert entschlossen, seiner Würde zu entsagen, um Mönch zu werden; und da er sah, daß diejenigen, die man abgeschickt hatte, um ihn zurück zu bringen, nahe daran waren, ihn zu erreichen, so sagte er zu dem Abt Guarini, welcher ihn begleitete, er sollte eilen, ihm den Bart abzuscheren, und ihm das Mönchskleid anzulegen. **Nimm so bald du nur kannst, das Schermesser, nimm mir den Bart ab, und ziehe mir die Mönchskutte an.** Da dieß geschehen war, er-

*) Nec fibi, ut quidam, dimiſſis capillorum flagellis, aut Barbae demiſſione plaudebat.

kannten ihn seine Verfolger nicht, und ließen ihn entwichen.

Ich führe ein anderes Beyspiel an, welches beweist, daß diejenigen, welche den Mönchsstand ergreifen wollten, damit anfingen, sich den Bart abzunehmen; es ist das eines gewissen Eldecards, dessen in der Chronik von Vulturne Erwähnung geschieht. Der allmächtige Gott hat mir durch Eingebung den Entschluß eingeflößt, diese Welt zu verlassen, meinen Kopf und Bart zu scheren, und das heilige Mönchskleid anzulegen. Ich könnte mehrere andere Beyspiele anführen, um das Gesagte zu bestätigen, aber dieß mag genug seyn.

Gleichwohl muß man gestehen, daß dieser Gebrauch, sich den Bart zu scheren, unter den Mönchen des Occidents nicht so allgemein angenommen war, daß man nicht zuweilen Beyspiele des Gegentheils fänd. Angelius von Nuce hat in seinen Anmerkungen über das vier und zwanzigste Kapitel des Lebens des heiligen Benedikts ein altes Gemählde nachstechen lassen, wo dieser heilige Gesetzgeber mit Johann, Abt von Mont-Cassin vorgestellt ist, wie derselbe einen runden Bart und Knebelbart trägt. Goldast theilt in seinen Bemerkungen über das Leben Karlmanns die Beobachtung mit, er habe wenige alte Figuren von Mönchen gesehen, wo sie nicht mit Bärten vorgestellt wären. Es gibt sehr selten unter alten Abbildungen von Mönchen, deren ich sehr viele gesehen habe, solche, die keinen Bart hätten. Daraus schließe ich, daß die Disciplin in Absicht des Barts nach Verschiedenheit der Orte und Umstände habe verschieden seyn können.

II. Hatte der heilige Benedikt einen Bart?

Es läßt sich die Frage aufwerfen, ob der heilige Benedikt, der Patriarch der Mönche des Occidents einen Bart getragen habe? es ist sehr wahrscheinlich, daß dieser Heilige, der Sitte des Jahrhunderts, worin er lebte, gemäß, keinen langen Bart getragen habe. Die Mönche des Occidents trugen deren, wie wir gesehen haben, keine; ganz hierin von den Mönchen des Orients verschieden, die sie sehr lang trugen. Wirklich ist das die alte Tradition des Klosters von Mont-Cassin, das man von dem heiligen Gesetzgeber selbst gestiftet glaubt. Es scheint nämlich nicht möglich gewesen zu seyn, daß die Sitte, sich den Bart zu rasiren, sich seit so vielen Jahrhunderten ununterbrochen in diesem Kloster sollte erhalten haben, wenn sie dieser Heilige nicht vorgeschrieben, oder wenigstens sein Beyspiel in Aufnahme gebracht hätte.

Indeß scheint es gewiß zu seyn, daß sich die Mönche von Mont-Cassin immer haben rasiren lassen; dieß bezeugen sehr alte Gemählde, die sie durchgängig mit rasirten Bärten darstellen und einen Beweis davon ablegen, daß diese Sitte in dieser Abtey immer herrschend gewesen sey. In einem Manuscript ist der heilige Benedikt ohne Bart dargestellt. In einem andern von dem Abt S. Angelo ad foras sieht man den Abt Didier und alle seine Mönche schlechthin ohne allen Bart, und mit einer Krone, die denen der Dominikaner gleicht.

Es ist wahr, daß andere Gemählde den heiligen Gesetzgeber mit einem langen Bart darstellen; aber diese Art, ihn zu mahlen, kommt vielleicht von der Phantasie der Mahler, oder derjenigen, die ihn so haben darstellen wollen, um sich nach dem in ihrer Provinz, und in andern Gegenden, wo große Bärte in Aufnahme waren, eingeführten Gebrauch zu bequemen. In der That, sieht man den heiligen Augustin, z. B., nicht auf mehrern Gemählden mit einem langen Barte, ob es gleich gewiß scheint, daß zu seiner Zeit alle Afrikanischen Geistlichen nach dem Beyspiel der Römischen Geistlichkeit, mit rasirtem Bart gingen? Eben so ist Karlmann auf mehrern alten Gemählden mit einem langen Bart vorgestellt; ob er gleich auf den Insiegeln, die uns von diesem Regenten noch übrig sind, und die man in der Abtey des heiligen

Dionysius in Frankreich und in der des Saint Germain de Prez aufbewahrte, mit einem geründeten oder vielmehr krausen Bart erscheint, und auf seinen Münzen und in seiner Figur, die sich vor der Bibel befindet, die sich zu St. Paul in Rom aus jener Zeit erhalten hat, sich, wie die alten Kaiser, ohne Bart vorgestellt findet.

Könnte man nicht sagen, die Priester hätten sich einfallen lassen, uns den heiligen Benedikt aus einem symbolischen Grunde mit einem langen Barte vorzustellen, daß heißt, sie hätten durch diesen Zierrath sein Alter, seine Eigenschaft als Patriarch, wie man gewöhnlich die alten Patriarchen mit ehrwürdigen Bärten darstellt, andeuten wollen?

III. Wenn und wie man den Bart rasirte.

Was die Regel betrifft, die man in den Klöstern beobachtete, um den Mönchen den Bart abzunehmen, so richtete man sich nach der Zeit und der Art, sich zu rasiren. Die Versammlung der Aebte, die 817 in Aachen unter Ludwig dem Frommen gehalten wurde, bestimmte die Tage, an welchen sich die Mönche rasiren sollten. Sie durften es überhaupt nur einmahl in der Fasten, nämlich den heiligen Abend; einmahl in der Osterwoche, und die übrige Zeit des Jahres aller funfzehn Tage einmahl thun *). Die Regel der Einsiedler erlaubte ihnen nur, sich aller sechs Wochen einmahl zu rasiren. Die Einsiedler, und vorzüglich diejenigen, welche die heiligen Mysterien zu besorgen haben, dürfen sich nur von vierzig zu vierzig Tagen rasiren und die Haare verschneiden. Griml Reg. f. Einsiedl. L. 50.

Die alten Gebräuche in Deutschen Klöstern bestimmten die Tage, an welchen man sich den Bart abnehmen lassen durfte, folgendermaaßen: Man rasirte sich in der ersten und letzten Woche in der Fastenzeit; die übrige Zeit des Jahrs über aller zwölf Tage, wenn kein großes Fest dazwischen fiel. Von der ersten Fastenwoche an bis zur letzten dürfen sie sich nicht rasiren; für die übrige Zeit sollen immer zwölf und zwölf Tage zum Rasiren festgesetzt seyn; wenn nicht etwa ein sehr nahes Fest erwartet wird **).

*) Ut in quadragesima, nisi in sabbatho sancto, non radantur, in alio autem tempore semel per quindecim dies, et in octavis Paschae. Conc. Aquisgr. can. 6.

**) A prima quoque hebdomada quadragesimae non se radant, usque in ultimam; reliquo tempore ad radendum duodecim dies deputentur, nisi forte ali-

In dem Kloster zu Cluny rasirte man sich vom Sonntag Septuagesima bis Ostern von drey zu drey Wochen; die übrige Zeit über hing die Bestimmung dieses Punkts vom Prior ab.

Die alten Mönche des Cistercienserordens rasirten sich anfänglich nur siebenmahl des Jahrs; in der Folge geschah es zwölfmahl des Jahrs; aber die Layenbrüder blieben der ältern Einrichtung getreu, denn in Absicht ihrer fand kein Grund zum öftern Rasiren Statt, der in der nothwendigen Ehrerbietigkeit beym Empfang des Leibes und Blutes des Heilands bestand *).

Die alten Karthäusermönche rasirten sich nur sechsmahl des Jahrs; das heißt den Osterheiligen-Abend, den Pfingstheiligenabend, den Tag vor der Himmelfahrt Maria's, vor dem Fest aller Heiligen, vor Weyhnachten, und zu Anfang der Fasten **). In der Folge vermehrten sie die Zahl dieser Tage und rasirten sich im Anfang jedes Monats ***).

qua exspectetur festivitas valde proxima. Antiq. Germ. Consuet. num. 31.

*) Propter reverentiam sacratissimam altaris suscipiendi. Lib. Usuum Cisterc. c. 85. Apud Marten. de Antiq. Mon. Rit. l. 5 c. 7.

**) S. Statut. Guig. c. 9.

***) S. Statut. Ant. Part. 1. c. 15. §. 16.

Aber nach ihren neuen Statuten ließen sie sich aller funfzehn Tage rasiren. Es war sogar den Prioren, Vikaren, den Rektoren und Prokuratoren, die oft in Angelegenheiten des Hauses auszugehen sich genöthigt sahen, sich die Woche einmahl zu rasiren erlaubt.

Die Cölestinermönche scheren sich ihren Bart aller funfzehn Tage, so wie es ihre Ordensregel mit sich bringt; die Väter der Congregation von Bursfeld scheren sich aller vierzehn Tage einmahl.

Wie man sich den Bart rasirte?

Die Art, sich den Bart zu scheren, wurde ehemals als ein reguiirtes Geschäft betrieben. Man sehe deshalb die durch die alten Statuten von Cluny vorgeschriebenen Zeremonien, die von dem heiligen Udalric (l. 3. c. 16.) gesammelt sind; ferner die von dem Kloster Farfe; die Gebräuche des heiligen Benigne von Dijon; die Statuten des heiligen Lanfranc.

1) Der zu Verrichtung dieses Geschäfts bestimmte Ort war das Kloster; ausgenommen die Kranken; diese verrichteten es im Siechhaus. Wer nicht mit der übrigen Gesellschaft hatte rasirt werden können, that es im Wärmezimmer. Jeder Mönch rasirte sich selbst, oder ließ sich durch einen seiner Mitbrüder rasiren. Wer nicht rasiren konnte, bat jemanden, ihm diesen Dienst zu erweisen. In dem Kloster zu Croyland kam dieß demjenigen

zu, der die Aufsicht im Siechhause hatte, und er mußte alle Mönche, jeden nach seinem Rang rasiren *). Aber dieser Gebrauch war dem gleichförmigen Verfahren anderer Klöster zuwider, wo es etwas ganz unbekanntes war, daß Weltgeistliche die Mönche rasirten.

2) Die Verwahrung der, zur Tonsur nöthigen Instrumente war einem Mönche übergeben, der sie in einem Schranke in der Schlafzelle unter Verschluß hielt; er theilte die Schermesser aus, und der Almoseneinnehmer gab die zum Rasiren nöthigen Schüsseln her *). Diejenigen, welche die Woche über am Tisch aufgewartet hatten, mußten das Wasser besorgen und warm machen, das zu dieser Operation erfordert wurde.

3) Man rasirte sich stillschweigend, und die ganze Zeit über, so lange diese Beschäftigung dauerte, sang man Psalmen. Folgendes geschah nach den Statuten von St. Lanfranc. Jedermann war da angekommen, wo die Tonsur vor sich gehen sollte; der Abt oder der Prior stimmte fünf Psalmen an, fing mit dem Psalm: verba mea und den andern über die Pflichten der Todten an. Hierauf las der Priester, welcher an der Woche war, sitzend

*) Ingulph. Hist. Croyl. ad ann. 1091.

**) Consuetud. Farfens. Udalric. lib. 3.

die Kollecte ab. Nach diesen fünf Psalmen mußte man zusammen alle kanonischen Horen bis zu den Vespern hersagen, und der Priester sagte, wenn sie geendigt waren, weder (Dominus vobiscum) Gott sey mit Euch, noch (Benedicamus domino) Gelobt sey der Herr, sondern er sagte bloß: (Per omnia secula seculorum) In alle Ewigkeit; hierauf sagte er noch: (adjuterium meum) Meine Hülfe; hierauf sagte man die Vespern des Tages nach denen der Todten und der Vollendeten her. Man sah dieselbe Ordnung in Absicht der Psalmenabsingung am Ende einer alten Ordnungsführung zu Corbie mit dem Titel: (Ordo Psalmorum ad rasuram) Tagesordnung der Psalmen bey dem Bartscheren. Die Ordensregeln in der Abtey Farfe sprechen nur von fünf Psalmen, die man für die Todten absingen mußte, welche diese Zeit über im Kapitel angegeben worden waren; und diese Psalmen wurden nebst andern Gesängen, wie man sie in der Küche sang, und nebst einigen andern Psalmen abgesungen.

4) Wenn es sich traf, daß man gerade in die Betstunde läutete, so mußten die Mönche, die mit ihrer Tonsur noch nicht zu Stande waren, dieß Geschäft aufgeben, um sich in die Kirche zu verfügen; aber sie gingen nicht auf das Chor; sie traten an einen besondern Ort, und kehrten nach der Betstunde wieder an den Ort, wo sie sich rasirten, um dieß Geschäft vollends zu beendigen. Sie woll-

ten dadurch zu erkennen geben, wie sehr sie die Maxime des heiligen Benedikt respektirten: nichts geht dem Dienst Gottes vor. Der Klostergebrauch von Cluny verordnete: daß diejenigen, die mit den Uebrigen nicht im Kloster rasirt werden konnten, in der Gemeinstube sich rasiren lassen mußten. Waren die zu dieser Arbeit bestimmten Stunden verflossen, so konnte man sich ohne besondere Erlaubniß nur nach der None rasiren, wo es erlaubt war, im Kloster zu sprechen; aber man konnte es in der Gemeinstube thun, und zwar in den Zwischenräumen zwischen den kleinen Horen und den Vespern. Das Stillschweigen war an Tagen, wo man sich rasirte, nicht so streng, und die Mönche durften da reden.

5) Die Mönche hatten ein gemeinschaftliches Schermesser, und jeder rasirte sich den Bart, oder sie rasirten sich einander. Sie rasirten sich sowohl den Kopf, als das Kinn; aber sie rasirten sich den Bartbüschel mit der Schere. Man verlangte von jedem Mönch, daß er rasiren lernen mußte.

IV. Sitte den Bart der Geistlichen und Mönche einzusegnen.

Die Tonsur ward einem Mönche oder Geistlichen das erstemahl mit viel Pomp und unter viel Ceremonien gegeben. Man weihte überhaupt Haare und Bart dem Herrn. Der heilige Aurelius, Bischoff zu Arles will, man solle, wenn man einem Mönche zum ersten Mahl die Tonsur gäbe, einen Theil seiner Haare unter den Altar werfen, wo die Reliquien, oder die Körper der Märtyrer wegen des Bekenntnisses ihres Glaubens sich befanden, damit, wenn er etwa Gott einmahl untreu werden sollte, seine Haar gewissermaaßen wider ihn zeugen möchten. Der heilige Wilhelm, der vor seiner Bekehrung Graf war, wurde Mönch zu Gellone, mit der Mönchskutte angethan, und seine Haare sowohl, als sein Bart wurden Gott geweiht *).

Das Rituale oder das Reglement in der Abtey von Aniane thut ausdrücklich der Einsegnung des Barts bey denjenigen Erwähnung, welche das Mönchskleid anlegten. Folgende Collekte oder Gebet begleitete diese Ceremonie.

Gebet.

Verleihe doch, o allmächtiger Gott, — wir bitten dich darum — diesem deinem Diener, dessen Bart wir heute für deine göttliche Ehre rasiren, verleih ihm, daß er immer in deiner Liebe bleibt, und bewahre ihn fleckenlos in Ewigkeit. Durch den Herrn u. s. w.

*) Coma nobili, barba venerabili deposita et Deo consecrata.

Die Klostergebräuche des heiligen Benignus von Dijon schreiben dieselbe Sache vor. Es wird von dieser religiösen Handlung im Leben des heiligen Godehard, Bischoffs zu Hildesheim gesprochen, der 1038 starb *).

Bernard, Mönch zu Cluny, lehrt uns in der Sammlung der Gebräuche dieses berühmten Klosters, daß dieß auch zu Cluny so war. Nachdem der Priester zwey Gebete oder Collecten hergesagt hatte, die für die Tonsur gehalten wurden, fügte er ein drittes hinzu, welches von der Einsegnung des Barts begleitet war. Wenn zwey Collekten hergesagt worden sind, und er ihnen (den Novizen) die Haare rasirt, soll der Convent diesen Gesang anstimmen: Du bist es Herr, der ihn wieder ersetzen wird, u. s. w., nebst dem Vers des Psalmen: Erhalte mich Herr, u. s. f. und: Ehre dem Vater; hierauf wiederholt er ihn; dann singt der Priester eine andere Collecte ab, und nach Endigung derselben spricht er den Segen über die Anwesenden und den Bart **). Der Bart und die Haare eines Novizen wurden Gott geweiht.

*) M. s. Boll. Tom. I. Maji pag. 506. num. 12.

**) Ord. Ann. part. I. c. 56.

Man verbrannte sie und warf die Asche in die Wassergosse *).

Dasselbe geschah, wenn man den Geistlichen den Bart rasirte und ihnen die Tonsur gab; das heißt man sprach über Bart und Haare den Segen und weihte sie Gott. Ademare von Chabane sagt von Jourdani, Bischoff zu Limoges, er habe, nachdem er die Messe auf dem Grabmahl des heiligen Martial gehört habe, sich ins Kloster begeben. Den Tag darauf ging die Ceremonie des Barteinsegnens und sodann das Bartscheren vor sich. Hierauf führte man ihn zum Stuhl des heiligen Martial, wodurch man ihn feyerlich als Bischoff einsetzte, und ihm den Hirtenstab in die Hand gab.

In der That findet man in dem Kirchenbuch zu Salisbury und in einem andern, das man in der Abtey zu Beck aufbewahrte, die Gebete, die dabey gebraucht wurden, wenn man neuerlich aufgenommenen Mönchen die Tonsur gab, und selbst bey der Barteinweihung der Bischoffsbärte gebraucht wurden. Man glaubt dem Leser eine Probe davon schuldig zu seyn, um ihn in den Stand zu setzen, sich einen Begriff davon zu machen.

*) Usuum Cisterc c. 102. Vide Vitam S. Wilh. Duc. c. 23. ed. Mabil.

Collecte
des Kirchenbuchs in der Abtey zu Beck.

Einsegnungsformel bey der Bartschur.

Der Herr sey mit Euch.

Laßt uns beten, Geliebte, und den allmächtigen Gott bitten, daß er diesem seinem Diener N N., den er bis ins Jünglingsalter zu führen würdigte, die Geschenke seiner Segnung bewillige; daß, so wie ihm nach dem Beyspiel Petrus, des Fürsten der Apostel, alle äußern Kennzeichen der Jünglingschaft aus Liebe zu Christus beschnitten werden müssen, ihm eben so jeder Auswuchs des Innersten seines Herzens benommen und er so der Früchte der ewigen Seligkeit theilhaftig werden möge. Dieß gebe derjenige Gott, dem allein in der Dreyeinigkeit ewiger Ruhm gebührt, Amen.

Hier folgen noch einige Collecten, die beym Haarabschneiden abgesungen wurden.

Zum Haarabscheren.

Gott, durch dessen Geist sich jede erwachsene Creatur ihres Wachsthums erfreut, erhöre unser Gebet in Absicht dieses deines

deines Dieners N. N., der sich der Zierde der Jugend erfreut, und bey erster günstiger Gelegenheit die Tonsur erhalten soll; daß er in jeder Hinsicht mit der Hülfe deines Schutzes ausgerüstet, die himmlische Weyhung empfangen, um sich der Freuden des gegenwärtigen und des zukünftigen ewigen Lebens zu erfreuen haben möge. Durch den Herrn u. s. w.

Diese Collecte findet sich fast mit denselben Ausdrücken in dem Altarbuch des heiligen Gregorius in den alten Kircheninventarien zu Reims, zu Ratold und im Römischen Orden.

Gebet nach rasirtem Bart.

Gott, der du deine Kirche immer mit neuen Früchten des Glaubens vermehrst, verstatte deinem Diener N. N., welcher aus einem Instinkt von göttlicher Liebe und Furcht sich die äußern Zeichen der Mannbarkeit hat abscheren lassen; damit er durch Vermittelung der Verdienste aller Heiligen den Muthwillen des Fleisches nicht nur den Worten nach, sondern bis in das innere Bewußtseyn seines Herzens, in heiligem Umgang verbleibend, und indem du vor ihm überall hergehst, und ihn überallhin begleitest, zu Boden schlagen und verachten und so des Genusses des ewigen Lebens sich würdig machen möge.

Auszug

aus dem beynahe sechshundertjährigen Kirchenbuche zu Salisbury.

Gebet bey Rasirung des Barts.

Gott, durch dessen Vorsehung sich jede erwachsene Creatur ihres Wachsthums erfreut, sieh gnädig herab auf diesen deinen Diener N. N., der sich der Zierde des jugendlichen Alters erfreut, und sey mit Wohlgefahlen bey der Abnahme der Blüthe der ersten Jugend zugegen; damit er sich in jeder Hinsicht der Hülfe deines Schutzes erfreuen, in einem höhern Alter die himmlische Segnung empfangen und der Freuden des gegenwärtigen und zukünftigen Lebens genießen möge. Durch unsern Herrn u. s. w.

Während des Scherens saget man den Halbvers her:

So wie der Thau Hermon auf Sion herabsteigt, so komme Segnung auf dich herab. Psalm. Siehe, wie gut u. s. f.

Gebet.

Allmächtiger, ewiger Gott, segne diesen deinen Diener N. N. welcher dir die Erstlinge seiner Jugend darbringt. Gieß, Herr, deinen Segen über ihn aus, und er gehe auf sein Haupt und seinen Bart über, wie die Salbe, welche in dem Bart Aarons duftete, damit er bey derselben Segnung in dem Wege deiner Befehle einher geht und bis zum höchsten Alter gelangt. Durch den Herrn u. s w.

Hier sind einige Gebete, die sich in der Eulogie der Griechen bey Goar finden.

Gebet bey der Abnahme des Barts.

Herr, Gott der Tugenden, Vater unsers Herrn Jesu Christi, der du uns verworfene Sünder durch deine Freysprechung zu dem heiligen Werke des Priesterthums erwählt hast, damit ein getreues, dir ergebenes Volk, durch uns deinen heiligen Namen verehren möge; wir rufen dich an und bitten dich, Herr, unser allmächtiger Gott, segne das Werk unserer Hände, so wie Du gleichsam Segen auf das Haupt Aarons und auf seinen Bart herab kommen ließest, wie der Thau Hermon, der auf den Berg Sion herab fällt; so müsse dein Segen über das Haupt und den Bart deines Knechts N. N. kommen, du, dem alle Ehre gebührt.

Gebet auf die Beschneidung des Barts oder des Kopfhaars.

Herr, unser Gott, der du alle Creaturen, als Beweise deiner Größe aus dem Nichts hervor gehen läßt, und den Menschen nicht nur mit dem Ebenbilde deines Verstandes und deiner Vernunft geziert, sondern ihn noch durch verschiedene Haare verschönt hast, laß auch diesem deinem Knechte N. N., der zur Schönheit seines Gesichts an Bart und Haar rasirt worden ist, alle deine göttlichen Gnadenbezeugungen zu Theil werden; dein Segen komme über seinen Bart und sein Haupt herab, wie er auf das Haupt und den Bart Aarons herab träufte; denn zu deinem Ruhm, zu dem du uns alles thun heißest, gibt sich dein Knecht zur Scherung seines Barts und seines Haupthaars her; und dir gebührt dafür aller Ruhm.

Die Zeremonie des Bartabnehmens hieß Bartschur (Barbirasium). Es wird ihrer oft in den Schriftstellern des Mittelalters erwähnt. Man sehe deshalb Peter Damien. Erst. Buch. Brief 15. 20. Buch 8. Brief 17. Peter Diacre. Schül. v. Cassn in vet. Discip. Monast. S. 3. Keiner nehme ohne Befehl des Dekans die Bartschur vor. Man sehe Ratier, Bischoff von Verona: De contemtu canonum, part. 2.

VI. Ueber bärtige oder Layenbrüder.

Man unterscheidet im Klosterstande zwey Arten Mönche. Die eine Art derselben ist zum Klerus gehörig, und besteht aus studirten, zum Dienste des Chors und zu andern religiösen Verrichtungen bestimmten Personen; die andere Klasse machen die Commis, Layenbrüder oder bärtigen Brüder aus; auch nennt man sie bisweilen Idioten oder Ungelehrte, Nichtstudirte, weil sie sich mit nichts, was zu den Wissenschaften gerechnet werden kann, beschäftigten, und nur zum mechanischen Dienste der andern Mönche und des Klosters bestimmt waren. Sie dienten auch wirklich der Kirche; sie trugen bisweilen die Weyhrauchgefäße, das Kreuz, und antworteten bey Privatmessen, und versahen den Chor. Sie hatten ein Chor, das von dem Chor der andern Mönche abgesondert war, und schliefen in besondern Zellen. Die Layenbrüder ge-

gehören eben so wie die eigentlichen Mönche, zum Klosterwesen; aber sie sind nicht wie diese zu geistlichen Verrichtungen bestimmt *).

Die Layenbrüder waren also in dem, was ihren Stand betraf, und was die wesentlichen Verbindlichkeiten des Mönchslebens ausmacht, von den eigentlichen Mönchen nicht verschieden; sie unterschieden sich von ihnen bloß durch die Form und Farbe ihrer Kleider, durch die Tonsur und vorzüglich durch ihren Bart. In den alten Urkunden des Cistercienserordens wird der bärtigen Brüder (fratres barbati) Erwähnung gethan. In einem Ordensreglement wurde bestimmt, daß man diese Art Brüder von Seiten des Bischoffs mit aller möglichen Gefälligkeit aufnehmen und ihnen dieselbe Behandlung mit den übrigen Mönchen wiederfahren lassen würde; aber man würde sie nicht als wahre Mönche ansehn **).

Cäsarius, Mönch zu Hesterbach spricht von diesen bärtigen Brüdern folgender Maaßen: **An einem gewissen Tage rief er einen Layenbruder zu sich** und sagte zu ihm: **weißt du Bärtiger**

*) S. Martenne: de antiq. Monach. Ritib.

**) Tuncque definierunt, Conversos Laicos barbatos ex licentia Episcpi sui suscepturos, eosque in vita sua et in morte, excepto Monachatu ut semetipsos tractaturos. Ord. Cisterc. c. 15.

(barbate) warum ich in den Orden getreten bin? und ferner: viele von diesen Bartmönchen führen sich so auf, daß sie im Kleid und der Tonsur der Religion in den Ländern herumstreichen und viele Menschen betrügen. In einer alten Urkunde des Grafen Eberhard für die Abtey von Saint-Pierre im schwarzen Wald, die Herr Schannat beybringt, verlangt dieser Graf, man sollte den Bartbrüdern dieselbe Quantität Brod geben, welche die andern Mönche erhielten. Die Chronik von Mont-Serra thut gleichfalls dieser Art Layenbrüder Erwähnung; sie spricht von einer Art derselben, welche der Sprachgebrauch Bärtige genannt habe. Die Chronik von Lauresheim entwirft von ihnen folgendes Portrait:

Höre nur noch aufmerksam, wer die Bärtigen seyen:
Sie sind Layenbrüder und leben mit Mönchen in Bunde;
Ihnen gab das Gelächter des Volks den thörigten Namen,
Ungestalt, rauh, und gleich durch Sitten den Böcken,
Gleichen den Böcken an Bart, den Masken der tragischen Rollen.
Und da der Menge Gunst mit ihrem Fittig sie schützet,

So ist ernst ihr Gesicht und geschoren ihr Haupthaar,
Grade geschnitten und zierlich gekämmt vom Kinn bis zur Wirbel,
Sind sie mit unermeßlichen Socken beschuhet,
Und gehen behängt mit langer, geräumiger Kutte.
Wer sie vermögend dünkt, wird begrüßt in demüthiger Stellung:
Gnade, Friede mit Euch, seyd gesegnet, und schenket uns Glauben,
Tausend Vater Unser für Euch fleht der heilige Orden.
Und mit des Bartes Zauberwerk wirken sie mächtig
Wie sie, die Diener des Herrn, der bewegliche Pöbel beurtheilt;
Aber sie verrathen sich selbst als Betrüger und Gaukler.

Etienne, Bischoff zu Tournay erzählt die Unruhen, die durch die bärtigen Brüder oder durch die Bettelmönche des Ordens von Grammont erregt wurden. Wir verfolgen ein trauriges Schauspiel in der Kirche Gottes mit treuer und kläglicher Theilnahme; es sind die Layenbrüder von Grammont, die uns diese traurige Stimmung verursachen, sie, ein bedauernswürdiger Haufe mit langen Bärten herumlaufender Mönche, als wenn sie mit Hörnern um sich stießen *). Im Anfange dieses Ordens war die Zahl der Layenbrüder weit größer als die der Priester und Cleriker; und dieß verursachte unter ihnen oft Zwiespalt. Die Layenbrüder trieben ihre Unverschämtheit sogar so weit, daß sie sich gegen ihren General-Superior auflehnten und ihn 1180 absetzten. Der deshalb entstandene Streit dauerte drey ganzer Jahre lang, und ward erst durch den Pabst Innocent den Dritten beendigt. Man findet noch einige Schreiben von Johann, König von England, diesen Streit der bärtigen Brüder des Ordens von Grammont betreffend **).

Im Orden der Cistercienser zeichneten sich die Layenbrüder durch die Farbe ihrer Kleider und durch ihren Bart aus. Sie haben nie eine Bartkrone getragen; sondern sie waren ganz rasirt, oder man verschnitt ihnen die Haare mit der Schere ganz kurz. Anfänglich sah man in diesem Orden Layenbrüder. Sie waren zu beschwerlichen Arbeiten bestimmt. Man behauptet sogar, dieser Orden habe ihnen seine großen Güter, und die prächtigen Gebäude verdankt, von denen man noch Ueberreste sieht.

*) Steph. Tornac. Ep. 152.

**) Guill. Prynn. in Libertat. Eccl. Angl. Tom III. p. 23. Vid. Mir. S. Wilfr. c. 8.

Die Statuten des Prämonstratenserordens besagen, daß sich die Layenbrüder dem allgemeinen Brauch, Bärte zu tragen, entziehen wollten, und sie geben als Maaßregel an, die man dagegen genommen habe, daß man von dieser Art Ordensbrüder keinen wieder aufnehmen würde, wenn sie sich nicht verbindlich machten, eine graufarbige Kappe und einen Bart zu tragen *).

Es gab ehemals in der Congregation von Mont-Cassino eine Art Layenbrüder, welche öffentlich Gelübde thaten, ein schwarzes Skapulier und eine braune Kutte trugen und ihren Bart wachsen ließen. Seit langer Zeit nahm man deren keine mehr auf. Die Layenbrüder der Congregationen zu St. Vanne und St. Maur trugen jederzeit ein schwarzes aber kurzes Kleid und ein Skapulier, das enger war als das der Chormönche; aber sie gingen ohne Bart.

Alberic, Mönch von Dreybrunnen redet von einem besondern Mönchsorden, wo die Mönche Bärte trugen. Auch erwähnt desselben der Verfasser der belgischen Chronik und sagt, dieser Orden

*) In ecclesiis vero, in quibus Conversi sunt adeo rebelles, quod nolunt cappas griseas et barbas ordinatas habere, de caetero non recipiantur conversi, donec recepti cappas griseas receperint, et barbas habuerint ordinatas. Ord. Praem. dist. 4. cap. 17.

habe sechzig Häuser gehabt. Aber man sagt nicht, was für eine Art Mönche dieß war.

Neuerlich trugen die Layenbrüder fast nirgends mehr einen Bart. Es gibt noch einige deutsche Klöster, z. B. in der Abtey des heiligen Blasius im Schwarzwald, wo dieser Gebrauch noch Statt findet. Bernhard von Cluny bezeugt, daß sich die Layenbrüder schon zu seiner Zeit rasirt hätten, und zwar in dem Orden von Cluny eben so gut, als anderwärts.

VII. Ob der heilige Franz den Gebrauch der langen Bärte vorgeschrieben hat?

Ob es gleich sehr wahrscheinlich ist, daß der heilige Franz, der Stifter des Ordens, welcher seinen Namen führt, einen langen Bart getragen hat, so wie man ihn noch jetzt vorstellt, so findet man doch nichts, was er darüber verfügt hätte. Man kann im Gegentheil versichern, daß sich die Priester dieses Ordens, so wie die übrige Geistlichkeit, wie man aus dem Porträt des heiligen Antonius von Padua, und des seligen Benedikt von Arezzo, Ministers der Provinz Antiochien, der nach dem Bericht der Bollandisten 1224 starb, sieht, rasirte Bärte trugen. Ein unbestreitbarer Beweis, daß die ersten Schüler des heiligen Franz keinen Bart trugen, ist die Bulle des Pabst Honorius des Dritten, die er noch bey Lebzeiten dieses Heiligen gab, und vermöge welcher er den Brüdern, welche bey den Serracinern das Evangelium predigen wollten, gleichsam als ein Privilegium die Erlaubniß gab, ihren Bart wachsen lassen zu dürfen. Hierzu rechne man noch, daß der Bruder Eli, welcher seiner Würde als Oberhaupt seines Ordens entsetzt wurde, sich in den von Cortona, ein Kloster, das durch den heiligen Franz gestiftet worden war, zurück zog, um daselbst ein strenges Leben zu führen, und daß dieser seinen Bart wachsen ließ.

In der Folge, das heißt ungefähr sechzig Jahre vor dem Tode des heiligen Antonius, war es fast allgemeine Sitte in dem Orden des heiligen Franziskus, daß jedermann, selbst die Priester ihre Bart-Haare daselbst wachsen ließen, wie man dieß noch aus einem alten Denkmahl ersehen kann, welches aus jenen Zeiten noch existirt. Dieses Monument, das zu Villefranche aufbewahrt wurde, stellt Eleonore von Savoyen im Todesbette vor, wie sie von drey Minoriten-Brüdern umgeben ist, welche Bärte tragen. Es scheint sie seyen Priester; denn die Layenpriester waren nicht dazu bestellt, ihr die letzten Pflichten zu leisten. Diese Prinzessin starb 1296.

In den neuesten Zeiten trugen die Franziskaner oder die Layenbrüder desselben Ordens eben so, wie die Barfüßer einen ganz rasirten Bart. Die von Picpus und Tiercelin trugen einen Bart, aber er war nicht sehr stark; sie ließen sich bis ans Kinn rasiren; hierauf erhielten sie von dem Papst die Erlaubniß, sich ganz rasiren zu lassen, und traten dadurch mit den andern Stiftungen dieses Ordens in gleiche Rechte ein. Die Capuciner hingegen trugen ihren Bart sehr lang und dicht. Dieß sey genug, um an einem besondern Gegenstande des menschlichen Körpers zu beweisen, wie die Zeit allein unvermerkt Welt und Sitten ändert.

Ende.

Falsche Bärte gab es bereits in der Zeit der Babylonier, Assyrer und Perser.
Ninive, Herrscher der Dynastie von Akkad (um 2500 v. Chr.)

Sokrates wird der Ausspruch zugeschrieben: «Ich trage einen weißen Bart, um mich, wenn ich diesen weißen Bart sehe, vor jeder Handlung zu bewahren, die seiner unwürdig wäre.»

Büste des Sokrates (470–399 v. Chr.)

Die Bärte des Altertums waren oft wahre Kunstwerke.

Gilgamesch (722–705 v. Chr.)

Zur Zeit von Kaiser Hadrian war in Rom der Vollbart in Mode.
Kaiser Hadrian (76–138 n. Chr.)

Rechts:
In der frühen Neuzeit zeigte sich der Wunsch nach stärkerer Individualität auch in der Barttracht.
Ludger tom Ring der Ältere: Bildnis eines Mannes (um 1540)

NATVS ANNO M.CCCCC

Während der Renaissance stellte man seinen Vollbart zur Schau.
Leonardo da Vinci (1452–1519): Selbstbildnis

Dem Zeitgeschmack entsprechend, wurde der Vollbart im 16. Jahrhundert oft waagrecht beschnitten.
Albrecht Dürer: Friedrich der Weise (1524)

Der Henri-Quatre-Bart war eine Art gestutzter Ziegenbart mit kleinem Oberlippenbärtchen.
Anthonis van Dyck (1599–1641): Selbstbildnis

Links:
Das «Chevallierbärtchen» war zur Zeit des frühen Barock ein standesgemäßes Abzeichen.
Diego Rodriguez de Silva y Velásquez: Philipp IV. (1636)

Einfache Volksschichten trugen zu allen Zeiten Bärte unterschiedlichster Form.
Franz Altmutter: Bildnis von Andreas Hofer (1746–1817)

Links:
Im Spätbarock ließ die voluminöse Allongeperücke nur wenig Platz für einen Bart.
Antoine Coyzevox: Grabmal für Kardinal Mazarin, Ausschnitt (1692)

Nach der Französischen Revolution von 1789 kam, von England ausgehend, der Backenbart auf den Kontinent.
Caspar David Friedrich: Selbstbildnis (nach 1818)

Mitte des 19. Jahrhunderts wurde der Bart in vielerlei Gestalt zur allgemeinen Mode.
Johann Peter Hasenclever: Der Dichter Freiligrath (1851)

Ende des 19. Jahrhunderts pflegte man einen wohlbeschnittenen Bart um die Mundpartie.
Ferdinand Hodler (1853–1918): Selbstbildnis

Links:
Napoleon III. gab einer Bartform den Namen, der aus einem sehr schmalen Kinnbart und spitz auslaufenden Schnurrbartenden gebildet wurde.
Napoleon III. und Eugénie (1808–1873)

Der Schnauzbart war um die Jahrhundertwende die bevorzugte Bartform.
Büste von Friedrich Nietzsche (1844–1900)

Nachwort

> *«Der Schöpfer des Universums konnte keine Zierde für den Mann wählen, die seiner Wahl würdiger gewesen wäre.»*
> *(Schelle)*

Rasieren? Ist es nicht ein Handeln gegen die gottgewollte Natur, die den Mann also geschaffen hat?

Frauen haben keinen Bart. Und wenn, dann ist er Unnatur. Früher wurden sie als Hexen verbrannt. Denn «nur der Mann ist zur Herrschaft geboren und trägt dieses Abzeichen seiner Vollmacht, das deshalb keinen Zweifel übrig läßt. Dieser Bart, welcher sein Kinn ziert, und der bald furchtbar, bald ehrfürchtig macht, dieser Bart – wenn man ihn genau betrachtet –, entdeckt den Weibern die Absicht der Natur, und lehrt sie Demut, Unterwerfung, Gehorsam» (Schelle). Wen wundert es, wenn schon früh die Sorge des Mannes seinem Bart galt, ja daß man die Bartfrage oft zur Glaubensfrage machte.

«Gott möge dir den Bart ausreißen», war ein fürchterlicher Fluch bei den Beduinen. «Ohne Bart kommt niemand ins Himmelreich», erklärten die Patriarchen der Ostkirche auf ihrem 1551 stattfindenden Kongreß. Auch den Israeliten verbot das mosaische Gesetz die Rasur. Die Heiden dagegen opferten ihr abgeschnittenes Haar den Göttern, oder es wurde verbrannt oder beerdigt. Auf jeden Fall durfte es nicht – da «mit der Persönlichkeit des Mannes gesättigt» – achtlos fortgeworfen werden, denn Feinde könnten sich seiner bemächtigen und es zu magischen Zwecken mißbrauchen.

Priester alter Kulturen trugen immer einen Bart. Scheren, so das Argument, mache den einwohnenden Geist unbehaust, schon bloßes Bartstutzen könne ihn verletzen: Rache wäre die Folge. Jahrhundertelang war der Bart Zeichen der Weisheit. Gottvater und alle großen Götter der Völker trugen dieses Zeichen. Auch personifizierte Naturkräfte, Zwerge, Berggeister u. ä. stellte man sich mit Bart vor. Einen großen Bart identifizierte man mit großen Verstand ... auch heute noch?

Es gab aber auch praktische Gründe, die für den Bart sprachen. Elisabeth I. (Königin von England 1558–1603), die hochgebildete und zielstrebige Politikerin, scheute auch vor unpopulären Maßnahmen nicht zurück, um Hof und Heer finanzieren zu können. Sie hatte die verblüffende Idee, die Bärte ihrer Untertanen zu besteuern. Ein mehr als vierzehn Tage alter Bart fiel unter die Steuerpflicht. Die Veranlagung erfolgte entsprechend der jeweiligen gesellschaftlichen Stellung.

Ein Jahrhundert später griff Zar Peter der Große zum gleichen Mittel. Die Beweggründe waren allerdings andere. Die mangelnde Schulbildung sowie die wildwuchernden Bärte der russischen Bevölkerung waren seinen sich an Westeuropa orientierenden Reformbestrebungen im Wege. Da Verbote nichts nutzten, erging der Erlaß, daß jeder Bartträger beim Passieren der Stadttore Steuern zu entrichten hatte. Die als Quittung ausgegebenen Kupfermarken, die sogenannten «Bartzeichen», haben heute bei Sammlern hohen Kurswert.

Der Bart nutzt indessen nicht nur dem Staat, sondern vor allem dem Träger. So wärmt ein großer Bart seinen Besitzer, wie die Wolle das Schaf wärmt. Hier stellt sich für den Fachmann die Frage: Ist der Bart – da immer kraus (Ausnahmen bestätigen die Regel) – morphologisch der Wolle oder dem Haar zuzuordnen? Die Frage «hat einen Bart»: Schon Horaz beschäftigte sich damit, und noch viele nach ihm «stritten um des Kaisers Bart», nämlich um den Geißenbart und seine fragliche Zuordnung zu Wolle oder Haar. Im Lauf der Zeit wurde aus dem Geißenbart der Kaiserbart.

Unbestritten ist die Tatsache, daß der Bart vor Kälte schützt – und angeblich auch vor Zahnschmerzen. «Einen von Gott bestimmten Brustschützer» nennt ihn ein Schriftsteller in einem 1860 erschienenen Buch mit dem Titel «Rasieren, eine Verletzung des Sabbats und ein Hindernis für die Ausbreitung des Evangeliums». Karl Gottlob Schelle meint, «daß höchstwahrscheinlich die Natur durch das Haar am Kinn die zarten Teile des Halses vor Kälte verwahren» wollte.

Nutzen bringt der Bart seinem Besitzer nicht zuletzt dadurch, daß er ihn schmückt. «Es ist die schönste Zierde, die der Mann sich vorzugsweise verschaffen und durch die er sich ohne viel Unkosten auszeichnen kann.» Und das ist doch sehr viel.

Feinden wurde der Bart kurzerhand abgenommen, ebenso Sklaven und Knechten. In Bayern waren dies die «G'scherten». Aussätzige durften keinen Bart tragen, um schon von weitem als solche erkannt zu werden.

Alexander den Großen ärgerte es, daß die Bärte seiner Soldaten eine gute Handhabe für den Gegner waren. Er befahl kurz: «Abrasieren!» Bei den Ägyptern hatte der Bart die Bedeutung einer Krone. Auch ägyptische Königinnen trugen einen angebundenen oder angeklebten falschen Bart. Kunsthandwerker fertigten sie aus Holz, Emaille, Glas und Edelmetallen. Falsche Bärte gab es auch bei den Babyloniern, Assyrern und Persern. Die unterschiedlichsten Formen sind durch die Jahrhunderte zu beobachten (Seite 357/358). In der Regel trug nur das einfache Volk den ungekünstelten Kinnbart. Die führende Schicht ließ den Bart in ganzer

Länge wachsen. Wangen- und Oberlippenbart wurden sorgsam gelockt oder gekräuselt, das Kinnhaar stufenartig abwechselnd gelockt oder geflochten. Zur Bartpflege verwendete man gelbe Stärke und Goldpuder. Diese Bärte waren Kunstwerke! Bei derartigem Zeitgeschmack und dem Zwang, mithalten zu müssen (zumal der Bart die Funktion eines Statussymbols hatte), verwundert es nicht, wenn falsche Haarteile verarbeitet und Bartperücken verwendet wurden.

In Griechenland trug man bis 500 v. Chr. vorwiegend einen Kranzbart mit abstehender Bartspitze und ausrasierter Oberlippe, die «Fräse», die sehr gut auf den attischen schwarzfigurigen Vasenmalereien zu sehen ist. Das schon in der «Ilias» erwähnte Rasiermesser diente dazu, den Oberlippenbart zu entfernen. Plutarch berichtet in seiner Schrift «De sera numinis vindicta», daß die Ephoren, die höchsten Beamten in Sparta, bei ihrem Amtsantritt das Volk durch Heroldsrufe aufriefen, sich die Schnurrbärte, d. h. die Oberlippenbärte abrasieren zu lassen. Der Sinn dieser sonderbaren Vorschrift war vermutlich, daß die Rasur ein symbolisches Zeichen für die Unterwerfung und den Gehorsam der jungen Männer unter die Staatsgewalt war.

Von den Stoikern behaupten böse Zungen, daß sie sich aus nichts soviel machten wie aus ihrem langen Bart und daß er oft ihre ganze Weisheit ausmache. Auf den «bärtigen Pädagogen» Sokrates (Seite 359) könnte der Ausspruch zurückzuführen sein: «Ich tue das (nämlich einen großen Bart tragen) deshalb, um mich, wenn ich diesen weißen Bart sehe, vor jeder Handlung zu bewahren, die seiner unwürdig wäre.»

Bevor um 300 v. Chr. die ersten Barbiere in Rom ihre Arbeit aufnahmen, trug der Römer Vollbart. Später wechselte die Mode von Zeit zu Zeit. 120 n. Chr. wurde durch Kaiser Hadrian (Seite 360) der Vollbart in der herrschenden Schicht wieder populär; Kaiser Julian schrieb eine Satire über den Bart mit dem Titel «Misopogon» (Der Bartfeind).

Neue Anregungen brachten die Völker aus dem Norden, so die Gallier mit ihrem Heerführer Vercingetorix, der den nach ihm benannten Schnauzbart trug. Oder später der Ostgotenkönig Theoderich der Große, der erstmals den Kotelettenbart berühmt machte. Ohne Rücksicht auf die jeweils herrschende Mode ließen ältere Senatoren meistens ihren Bart scheren, sobald er anfing, grau zu werden.

Zur Zeit Karls des Großen trugen die Vornehmen den Schnurrbart, Grannen genannt, das Volk den Vollbart. Vorwiegend bartlos zeigten sich die Männer in der Gotik. Daneben waren aber auch die unterschiedlichsten Bartformen zu beobachten, denn Männer mit eigenwilliger Persönlichkeit haben auch in Zeiten einer bartlosen Mode ihren Bart gepflegt. Sogar falsche Bärte gab es, wie einer 1351 in Spanien erschienenen Kleiderordnung zu entnehmen ist: «. . . daß niemand einen falschen Bart zu tragen oder zu verfertigen wagt.»

Prächtige Bärte sieht man auf den Bildnissen der Renaissance (Seite 361/362). Zunächst trug man den gestutzten Vollbart; später wurde dem Zeitgeschmack entsprechend Kopfhaar und Bart waagrecht beschnitten (Seite 363). Gleichzeitig gab es Bartlose oder Konservative, die an der bartlosen Mode der Gotik festhielten. Als sich eine Diözese aufgrund alter Statuten außerstande sah, einen neuernannten Bischof wegen seines langen Bartes anzuerkennen, schrieb der französische König Heinrich II. an das Domkapitel, den Bischof doch anzunehmen, weil er «. . . beschlossen habe, ihn in kurzem an einen Ort außerhalb des Königreiches zu senden, und zwar in Angelegenheiten, die uns sehr am Herzen liegen, und wo wir nicht wünschten, daß er ohne seinen Bart erschiene».

Heinrich IV. von Frankreich hat einer Bartform im ausgehenden 16. Jahrhundert den Namen gegeben. Der Henri-Quatre-Bart, eine Art gestutzter Ziegenbart mit kleinem Oberlippenbärtchen (Seite 364), war notwendiges Attribut des sich nach spanischer Mode kleidenden Mannes. Dazu benötigte er noch: kurze, mit Wolle, Pferdehaaren o. ä. Füllmaterial faltenlos ausgestopfte Pluderhosen, ein innen stark ausgepolstertes Wams (man ging von der Annahme aus, die persönlichen Verdienste würden durch einen dicken Bauch aufgewertet) und natürlich die spanische Halskrause, ein kurzes Mäntelchen, Handschuhe und Degen. Das einzige, was man wirklich sah, waren die seidenbestrumpften Beine.

Die spanische Tracht hielt sich bis etwa 1620. Dann beobachtet man eine völlig andere Geschmacksrichtung, die wieder im wesentlichen von der Männerwelt demonstriert wird. Es entstand die seltsame, aus deutschen, französischen, spanischen und niederländischen Elementen zusammengesetzte Figur des A-lamode-Stutzers. Er trug u. a. soldatische Stiefel, aber mit superweiten Schäften (Knobelbecher), eine ärmellose Weste aus verziertem Leder, langes gelocktes Haar, einen breitkrempigen Schlapphut und einen sehr sorgsam gestutzten Bart. Dieses «Chevallierbärtchen» (Seite 365) bestand aus zwei schmalen, meist nach oben gerichteten Schnurrbartstreifen und einer kleinen «Fliege» am Kinn. Michael Moscherosch (1601–1669), der bedeutende elsässische Sittenschilderer, setzte sich sehr eingehend mit dieser Modeerscheinung auseinander. In seinem Werk «Philander von Sittewald» muß sich Philander, die tragende Figur der Handlung, vor einem «aus den deutschen Helden des Altertums» gebildeten

Gerichtshof wegen seines A-la-mode-Wesens verteidigen und wird schließlich verurteilt, «... sich den Bart auf Deutsch wachsen zu lassen, ... sich ehrbar und untadelig zu tragen, ... die Muttersprache rein und unverfälscht zu reden und sich mit keinen fremden Wörtern zu beschmutzen und zu verunehren ...».

«Die langen herunterhängenden Haare ...» heißt es weiter, «... sind rechte Diebeshaare und von den Welschen, welche um irgendeiner Missetat willen ein Ohr abgeschnitten ist, erdacht worden, um es so mit Haaren zu bedecken, auf daß man es nicht merken solle! ... Ihr wollt alle Monat, alle Wochen eure Bärte berupfen und bescheren, ja alle Tage und Morgen mit Eisen und Feuer peinigen, foltern und martern, ziehen und zerren lassen: jetzt ein Zickelbart, jetzt ein Schneckenbart, ein Jungfrauenbärtchen, ein Tellerbärtchen, ein Spitzbärtchen, ein Entenwedeln, ein Schmalbart, ein Zuckerbart, ein Türkenbart, ein spanischer Bart, ein italienischer Bart, ein Sonntagsbart, ein Osterbart, ein Lillbärtchen, ein Spillbärtchen, ein Drillbärtchen, ein Schmutzbärtchen, ein Stutzbärtchen, ein Trutzbärtchen, indem ihr euch der rechten Bärte und Knebel schämt, werdet ihr noch gar zu Bengeln. O ihr Weibermäuler, ihr Unhaarige! In den Löffeljahren rupft und zupft ihr, bis die Gauchhaare herauswollen, und wenn ihr durch die Gunst der Natur dieselben endlich erlangt habt, so wißt ihr ihnen nicht genug Marter anzutun, bis ihr sie wieder vertreibt, ihr Bartstümmler, ihr Barträuber, ihr Bartschinder, ihr Bartstutzer, ihr Bartzwacker, Bartholterer, Bartwipper, Bartpeiniger, Bartabtreiber, falsche Bartmünzer, ihr Bartnarren, ihr Bartmörder!»

Moscherosch steht mit seiner Meinung nicht allein. Eine Spottschrift, 1648 erschienen, ergänzt: «... der Bart wird so artig aufgesetzt, daß kein einzigs Härlein niederhängen bleibt, welches keiner anderen Ursache halber vermeine zu geschehen, als daß dieser Wurm (Spottname für den Kavalier à-la-mode) vielleicht die Ehre haben würde, seiner Liebsten ein Küßchen zu geben, die Süßigkeit ihres korallenroten Mundes auf seinen Lefzen desto besser herunterfließt und nicht im Barte hängen bleiben möge.»

Was Spott und Hohn nicht erreichte, erreichte schließlich die Mode. Ein Bart paßte nicht mehr zu dem femininen Erscheinungsbild der Barockherren mit ihren von Spitzen und Bändern besetzten stoffreichen Kleidung und den rockartigen «Hosen», die um die Mitte des 17. Jahrhunderts die Rheingrafenmode dem Mann von Welt vorschrieb. Nur einzelne Individualisten konnten sich nicht von ihrem Bärtchen trennen, auch nicht, als die große, meist goldblonde Allongeperücke und das spitzenreiche, gefältete Beffchen kaum noch Platz dafür ließen (Seite 366). Das Rokoko zeigte sich schließlich ganz bartlos. Man trug Puderfrisur und Zopf. In den Wirren der Französischen Revolution fiel mit den Köpfen auch er.

Von England ausgehend, kam in Mitteleuropa der Bart langsam wieder zu Ehren. In den Randstaaten und außerhalb Europas hatte man nie aufgehört, dieses wichtige Attribut der Männlichkeit zu pflegen (Seite 367). Am Beginn des 19. Jahrhunderts trug der Mann zum glatt rasierten Gesicht kurzgeschnittenes gelocktes Haar, eine Frisur, die sich an römischen Vorbildern orientierte. Junge Leute, die sich auch äußerlich von den Traditionalisten der Restauration abheben wollten, bevorzugten kurzes, in die Stirn gekämmtes Haar und den mehr oder weniger ausgeprägten Koteletten- oder Backenbart, wie er in England schon während der Revolutionsjahre getragen wurde. Man konnte ihn je nach Temperament und Haarwuchs recht unterschiedlich gestalten (Seite 368). Da gab es z. B. den Bindfadenbart, einen schmalen Bartstreifen zwischen Mund und Ohrläppchen, der mit einem Bindfaden ausgerichtet wurde. Diese Variante des Backenbartes konnte natürlich auch breiter ausfallen.

Wurde der Bart als schmaler Bartkranz um das ganze Kinn geführt, nannte man diese Zierde «Favoris». Beliebt waren seitlich breit abstehende Backenbärte. 1835 schrieb ein Modeberichterstatter aus Paris nach Deutschland, die jungen Leute sähen «armselig, gemein, abscheulich» aus: Man mußte sich wieder an die ungewohnte Erscheinung eines Bartträgers gewöhnen. Nur das Militär, und in Frankreich nur der Kavallerist, durfte einen Schnurrbart tragen. Ein Zivilist mit Bart war «unmöglich», und es gehörte, wie Max von Boehn schreibt, «Mut, Kaltblütigkeit und Menschenverachtung» dazu, sich mit diesem männlichen Vorzeichen auf der Straße zu zeigen. Lange war es gefährlich, zumindest verdächtig, unrasiert zu bleiben. Die Schrecken der Revolution saßen noch zu tief. Auf Neuerungen, und wenn es sich nur um ein paar Stoppeln im Männergesicht handelte, reagierten die Politiker allergisch.

In Modena wurden allen bärtigen Reisenden, deren Pässe Unstimmigkeiten aufwiesen, der Bart kurzerhand abrasiert. In Neapel ergriff man einen Franzosen und schleppte ihn von der Straße weg in die Barbierstube, wo er auf staatliche Anordnung hin seinen Bart geschoren bekam. Jungen Leuten im Königreich Sizilien konnte es passieren, daß sie wegen des «Verbrechens eines revolutionären Hutes und Bartes» verhaftet wurden, um dann ihr Vergehen in der Verbannung oder im Kastell abzubüßen.

Der Bart als äußerliches Zeichen freiheitlicher Gesinnung wucherte aber immer wilder, je wilder, desto freiheitlicher die Überzeugung. Mit Mißbilligung sah es die ältere Generation. Der französische Außenminister Talleyrand weigerte sich, einen Grafen bei Hof vorzustellen, weil dieser nicht gewillt war, seinen sehr dezenten Kotelettenbart vorher abnehmen zu lassen. Kurz bevor der Bürgerkönig Louis Philippe seine Regierung antrat, boten ihm zwei einflußreiche Minister ihre Unterstützung an, stellten aber zur Bedingung, daß er sich von seinem Schnurrbart trennen müsse. Konservative Politiker fürchteten um die altpreußische Herrlichkeit, als sie Minister mit Bart im Kabinett erblickten. Ein glattrasiertes Gesicht war das Kennzeichen von Anständigkeit, Wohlerzogenheit und vaterländischer Gesinnung. 1846 war es preußischen Beamten generell verboten, unrasiert ihren Dienst anzutreten.

Am Backenbart fanden in Wien schon vor der Märzrevolution die Angehörigen der besseren Kreise Gefallen. Man nannte ihn «Greislerbart»; einige Jahre später wurde daraus der «Biedermeierbart». Ein Greisler war in Wien ein Grünzeug- oder Gemischtwarenhändler. Im übertragenen Sinn meinte man damit jedoch einen Menschen mit beschränktem Horizont. Es ist heute nicht mehr nachzuweisen, ob die Greisler in Wien zuerst diese Bartform als oppositionelles Zeichen wählten oder ob die ältere Generation die jungen barttragenden «Grünschnäbel» damit verspotten wollten.

Eine auffallende Erscheinung im modisch sehr bewegten 19. Jahrhundert war der Dandy, der die männliche Erscheinung der nachfolgenden 100 Jahre geprägt hat. Die Blütezeit des englischen Dandytum fiel in die beiden ersten Jahrzehnte des Jahrhunderts. Der Dandy war eine Mischung von Höflichkeit, Arroganz, Ironie, Menschenverachtung, Eleganz und Geschmack. Sein Denken und Tun war von der Idee geleitet, die gesamte äußere Erscheinung, Kleidung, Gesten, Sprache, einschließlich der Umgebung zu einer vollkommenen Einheit zusammenzuschmelzen. Der König der Dandys war der legendäre Bryan Brummell (1778–1840). Sein oberstes Prinzip war äußerste Schlichtheit. Er mied Farben, modische Spielereien, Schmuck, lautes Reden. Seinen Zylinder ließ er aus matter Seide anfertigen. Schlaflose Nächte kostete ihn der Entwurf passender Westen zur immer selbst entworfenen Kleidung. Er beschäftigte zwei nur für ihn arbeitende Handschuhmeister, wovon einer ein Spezialist für den Handschuhdaumen war. Auf ihn geht angeblich der eingerollte Regenschirm zurück.

Natürlich trug «Beau Brummell» einen sehr dezenten Kotelettenbart. Der Dandyismus war eine Lebensphilosophie. Den jungen Balzac fesselte dieser Lebensstil. Mit achtundzwanzig Jahren schrieb er unter dem Pseudonym «Baron de l'Empesé» zwei Abhandlungen: «Die Kunst seine Schulden zu bezahlen» und «Die Kunst seine Krawatte zu binden». Dem Leser wird hier u. a. der Unterschied zwischen klassischen und romantischen Krawatten gezeigt und erklärt, daß zu einer Krawatte à la Bergami ein Backenbart gehöre.

Zu keiner anderen Zeit war das Erscheinungsbild des Mannes so Gesprächsstoff wie in der ersten Hälfte des 19. Jahrhunderts. Und es hat noch nie vorher in so kurzer Zeit eine so grundlegende Veränderung erfahren – vom gepuderten, geschminkten und bezopften Kavalier am Ende des 18. Jahrhunderts zum unauffälligen Äußeren des Mannes in der Mitte des 19. Jahrhunderts.

Der Sieg der Demokraten war schließlich auch der Sieg des Bartes. Ab 1848 konnte man ihn unbehelligt sehen lassen. Die ältere Generation wagte sich zuerst nur sehr zögernd an den Backenbart. Der modische Herr pflegte ihn mit duftender Pomade. Sehr schnell sprossen dann aber in ganz Europa üppige Bärte in den phantasievollsten Formen (Seite 369). Oft gaben ihnen die führenden Herrscher wie auch in der Vergangenheit den Namen. Ausdruck gesteigerten Selbstbewußtseins war vorrangig der Vollbart. Dadurch, daß die Halskonturen verschwinden, erscheinen Kopf und Leib als eine wuchtige Masse. Das Minenspiel verschwindet hinter dem Haarwald. Der Vollbartbesitzer drückt durch sein Erscheinungsbild Würde und weise Gelassenheit aus. Der Psychologe läßt sich allerdings nicht täuschen, denn Spielen am Bart, Schnurrbartzwirbeln, Haarekauen werden als Übersprunghandlungen diagnostiziert – das Barthaar als Schnullerersatz.

Der Mann, seit dem 19. Jahrhundert in ein schmuckloses Gewand gesteckt, widmete seine ganze Phantasie der Gestaltung seines Bartes. Und welch hervorragendes Gestaltungsmittel war ihm da in die Hand, in das Gesicht gegeben worden, um sich von seinen Geschlechtsgenossen abheben zu können! Sehr beliebt war der Vollbart mit ausrasierter Mundpartie. Bei einer anderen Bartform wurde das ganze Kinn bis auf einen Kranzbart unter dem Kinn ausrasiert. Wer den Senatorenbart trug, zeigte sich mit ausrasiertem Kinn und ausrasierter Oberlippe. Der relativ lange gepflegte Bakkenbart hatte dann abstehende Enden. Einmal wurde ein spitz zulaufender Vollbart gewählt, ein andermal wurde die Bartspitze geteilt und ein zweispitziges Gebilde bevorzugt.

Eine weitere Variante war der in Österreich sehr beliebte Kaiser-Franz-Joseph-Bart, bei der zu o. g. zweispitzigen Form ein großer Schnauzbart gehörte. Auch Jacques Offenbach liebte es, sich so zu zeigen. Napoleon III. gab einer Bartform den Namen, der aus einem sehr schmalen Kinnbart und spitz auslaufenden Schnurrbartenden gebildet wurde (Seite 370). Zum schmal und zierlich geformten Schnurrbart wurde auch – und wer konnte es übersehen – ein winzig kleines, spitzes Bärtchen unter der Unterlippe geformt. Andere wieder rasierten ihre Wangen sehr sorgfältig und pflegten einen wohlbeschnittenen Haarwald um die Mundpartie (Seite 371). Der Hoffriseur Kaiser Wilhelms II. kreierte eine Bartform, bei der die Schnurrbartenden fast im rechten Winkel zur Mundpartie in die Höhe ragten. Vaterländisch gesinnte Preußen erreichten diese «Es-ist-erreicht»-Schnurrbartform, indem sie über Nacht eine Schnurrbartbinde anlegten. Wie die angriffbereiten Hörner eines Stieres stachen nach der Nacht die Bartspitzen in den Morgen. Als musikalische Untermalung paßte dazu Säbelrasseln. Sie wirken schon sehr überzeugend, die «Hurra» schmetternden kampfbereiten Soldaten der Jahrhundertwende.

Überhaupt war der Bart zu allen Zeiten eine bevorzugte militärische Dekoration. Zum Bart ließ der Soldat nach Möglichkeit auch das Haar lang wachsen, da Haar generell als Träger männlicher Kraft empfunden wurde. Das ging gut, bis die Feuerwaffen erfunden wurden. Beim Gebrauch der alten Luntengewehre war langherabhängendes Haar stark gefährdet und fing allzuleicht Feuer, wenn der Hintermann zu nahe mit Pulverteller und brennender Lunte hantierte. Nicht minder leicht konnte ein Vollbart Feuer fangen. Er mußte darum zum Schnurrbart und evtl. einem kleinen Kinnbart zurückgestutzt werden. Ungarische Militärs kamen auf die Idee, wegen möglicher Brandgefahr die Köpfe der Soldaten kahl scheren zu lassen (was der sehr verbreiteten Läuseplage auch ein Ende setzte). Nur an den Schläfen durften lange Haarsträhnen stehen bleiben, die vor dem Anzünden der Lunten über dem Kopf zusammengebunden wurden. Einige Regimenter kamen auf die Idee, die Haarsträhnen zu Zöpfen zu flechten, wie auch lange Barthaare mitunter zu Zöpfen geflochten wurden.

In vielen europäischen Heeren herrschte bis zum Ersten Weltkrieg Schnurrbartzwang. Es kam jedoch nicht selten vor, daß junge Rekruten dienten, die noch keinen Bart aufweisen konnten. Was tun? Das Problem wurde von einfallsreichen Wachtmeistern genial gelöst. Man malte den «Milchgesichtern» martialische Schnurrbärte auf. Bei der Truppenvisite konnten die Offiziere dann eine vorschriftsmäßig dekorierte Mannschaft demonstrieren. Ein österreichisches Dragonerregiment machte eine Ausnahme hinsichtlich des Bartzwanges. Die Geschichte weiß zu berichten, daß der entscheidende Sieg bei einer Schlacht von sehr jungen Soldaten errungen wurde, von denen die wenigsten schon einen Bart hatten. Die «Ehrung», die ihnen für ihre Verdienste zuteil wurde, bestand in der Order, daß das Bataillon auch in Zukunft in Erinnerung an den Sieg bartlos zu erscheinen habe.

Bei der englischen Marine war in der ersten Hälfte des 19. Jahrhunderts der Kranzbart Vorschrift. Es werden die unterschiedlichsten Gründe für diese Regelung angeführt. So soll ein Vollbart die Stimme zu sehr dämpfen, so daß Befehle falsch oder nicht verstanden würden. Zwischen den Mannschaften käme es zu Kommunikationsschwierigkeiten bei Sturm und tosender See. Auch sei der Seemann Frost und Regen ausgesetzt und habe oft nicht die Möglichkeit, die vom Atem herrührende Eisbildung aus dem Bart zu entfernen. Eine Erklärung für die Vorschrift des Kranzbartes ist auch darin zu sehen, daß die Matrosen sehr lange auf Fahrt waren und sich nicht so oft rasieren konnten und wollten. Die Uniform war wesentlich länger zu tragen, wenn keine aufscheuernden Bartstoppeln erlaubt waren.

Oder sollte der Grund darin zu suchen sein, daß beim Essen aus der gemeinsamen Schüssel Erbsen und

Bohnen besser gelöffelt werden konnten und das Sauerkraut nicht in den Bärten hängen blieb?

Die Bartverordnung wurde nach der Jahrhundertwende aufgehoben. An der ganzen Nordseeküste blieb aber der Kranzbart die bevorzugte Bartform bei den Fischern und Seeleuten. Er wurde auch von den Zimmerleuten getragen und nannte sich dann «Timmermannsbart», «Timmermannsfrees» oder «Timmermannsbort». Die Maurer trugen den Kranzbart als sehr schmalen Haarkranz um Kinn und Wangen, den «Maurerfrees». Interessanterweise war die Bartform, bei der die Mundpartie frei blieb, auch im Schwarzwald weit verbreitet. Vermutlich haben die Händler mit Schwarzwalduhren diese Mode von England mit nach Hause gebracht.

In den Städten der westlichen Welt zeigte sich der Bürger am Ende des Jahrhunderts im Straßenanzug nach englischem Vorbild. Seine unverkennbaren Attribute: unauffällig, gediegen. Es war die Uniform des erfolgreichen und aufstrebenden Geschäftsmanns, die sich, wie ein Zeitgenosse treffend sagte, «wie ein schmuckloser Rahmen um ein gutes Bild» legte. Die Grundgarderobe bestand aus Frack, Smoking, Sakko und Gehrock, dem Rock, den die Engländer wählten, wenn sie zum Dinner gingen; darum auch oft Bratenrock (roastmeetclothes) geheißen.

Frei von Kleidersorgen war der Mann damit allerdings nicht, denn Etikette und «Vatermörder» engten ihn unbarmherzig ein. Man verzieh eher das Geschniegelte als ein «Sich-gehen-lassen». Der steife hohe Kragen, eben der «Vatermörder», und die gestärkte vorgeknöpfte Hemdbrust zwangen förmlich in die vorgeschriebene Haltung. Dazu legten die Grundregeln der Gesellschaft bis in alle Einzelheiten fest, was man zu jeder möglichen Gelegenheit zu tragen hatte. Und es ist erstaunlich, wie diese Grundgarderobe mit den dazugehörigen Accessoires wie Weste, Handschuhe, Schirm, Gamaschen usw. für die verschiedensten Anlässe variiert werden konnte. Frei war der Mann eigentlich nur in der Wahl seiner Krawatten und in der Form, die seinen Bart betraf, denn dieser wird in den «Kleiderordnungen der Jahrhundertwende» nicht erwähnt. Seine ungenutzte Phantasie galt darum vorrangig diesen beiden Dingen.

Robert Montesquiou-Fézensac, der Salonliterat der «Belle Époque», besaß mehrere hundert Krawatten, keine Museumsstücke, sondern Gebrauchsgegenstände, die, aufgereiht und in Glasvitrinen vor Staub geschützt, ihrer möglichen Wahl harrten. Henrik Ibsen sah in jeden Spiegel, um Haartolle und Schnauzer zu kontrollieren. Von Bernard Shaw wird berichtet, daß er seine Kleidung passend zu seinem rotblonden Bart wählte. Berühmt wurde sein terrakottener Anzug, wie er überhaupt die gedämpften Farbnuancen der Rot-Gelb-Töne bevorzugte. Damit die harmonische Wirkung seiner Erscheinung nicht gestört würde, wählte er auch Schuhe und Hut in der Bartfarbe. Zeitgenossen meinten spöttisch, er sähe wie ein wandelndes Aquarellgemälde aus.

Nach der Jahrhundertwende trug man noch vereinzelt die Bartform von Napoleon III. oder Eduard VII. Man liebte aber auch den in englischer Bürstenform gestalteten Schnauzbart sowie den weichen, elegant geschwungenen Schnurrbart nach französischem Vorbild. Der Mann von Welt pflegte ihn mit Pomade, und es wird dem Jüngling in Ratschlägen für die Körperpflege geraten, kein schwarzes oder braunes Bartwachs zu kaufen, da es die Kleidung beschmutze.

Ein glatt rasiertes Gesicht – in Amerika schon vor dem Ersten Weltkrieg in Mode – empfand die Mehrzahl noch als unmännlich, höchstens Geistlichen und

Schauspielern angemessen. Aber schon wenige Jahre später sollte sich das Bild ändern. Auf den alten Familienfotos scheint es, als ob die mittlere Generation eine Verjüngungskur durchgeführt habe, denn die gleichen Männer, die vor dem Krieg noch den schneidigen Kaiser-Wilhelm-Bart oder den Würde ausstrahlenden Vollbart trugen, findet man zehn Jahre später als bartlose «Tangojünglinge» – wenn auch einige reichlich betagt, denn die Devise der zwanziger Jahre heißt «Jugend». Da ein Bart in der Regel alt macht, verschwindet er – bis auf den kleinen englischen Bürstenbart, der sich hartnäckig bis über den Zweiten Weltkrieg hinaus hält. Nur der ältere Bürger pflegt weiter seinen Vollbart, von dem er sich nicht trennen kann.

Die in den Kriegsjahren geborene Generation wird größtenteils bartlos bleiben, denn die nächsten fünfzig Jahre ist das Bild eines bärtigen Mannes nicht mit dem allgemeinen Zeitgeschmack vereinbar. Die Macht der Gewohnheit läßt diese Männer auch später, als der Bart wieder zum alltäglichen Bild gehört, täglich zum Rasierapparat greifen. Obwohl viele mit der männlichen Zierde liebäugeln, bleibt es bei der Mehrzahl Wunschdenken. Zu den Ausnahmen gehören einige Künstler. Manche Zeitgenossen kennen Salvadore Dalís Bart besser als seine Werke. Angeblich ist Dattelsaft der Haarfestiger seines Schnurrbartes.

Der nach Möglichkeit der nordischen Rasse zugehörige Mann der dreißiger Jahre war natürlich glatt rasiert. Die tägliche Rasur war Zeichen für Disziplin, Sauberkeit, Geradheit, Härte. Wer sich nicht rasierte, war auch sonst nicht sauber.

Schon bald nach dem Zweiten Weltkrieg war der hochglanzrasierte Mann wieder «in». Der tüchtige Bundesbürger der Nachkriegsjahre, optimistisch, dynamisch, breite Schultern (Wattierungen), schmale Hüften, zurückgekämmtes Haar, war dabei, das Wirtschaftswunder zu vollbringen. Jugendlichkeit war das Ideal, von der Werbung pausenlos demonstriert. Wohl zeigten die Avantgardisten der Mode schon einige Jahre vorher wieder einen kleinen Bart. Ihre Vorbilder waren Schauspieler, wie z. B. Adolphe Menjou, der Hollywoodschauspieler und Prototyp des Filmliebhabers. Das Menjou-Bärtchen, ein kleiner, schmal ausgezogener Oberlippenbart, fand besonders in Frankreich zahlreiche Nachahmer. Nicht minder bewundert und kopiert wurde der kleine Bart von Charlie Chaplin.

Die Vorbilder für die Nachkriegsgeneration waren aber nicht die alten Schauspieler. Bewundert und nachgeahmt wurden die Könige von heute: Revolutionäre, Liedermacher, Künstlergruppen u. ä. Man trug den Bart wie Fidel Castro oder Che Guevara, einen das Gesicht umrahmenden Existenzialistenbart, den italienischen Balbo-Bart, der aus kurzem dichtem Kinnhaar gebildet wurde, oder einen Schnurrbart, wie ihn schon bald die Beatles zeigten.

Die Mehrzahl der jungen Männer hat heute – 1983 – einen Bart. Er sprießt allenthalben auch der mittleren Generation, die, wenn auch unbewußt, mit einem Bart zeigen kann, daß sie nicht von gestern ist.

Wo sind die Beweggründe zu suchen, die den Bart heute so beliebt machen? Liegt ein Handeln nach der Devise «zurück zur Natur» vor? Bequemlichkeit kann als Ursache nicht herangezogen werden, denn die wenigsten Bärte kommen ohne Rasierapparat aus. Und jeden Morgen – wie die Gärtner in Versailles die Ligusterhecken – die angestrebte Form exakt Haar für Haar herauszuarbeiten, das kostet Mühe, Zeit und Liebe fürs Detail. Viel eher ist der Bart als vorzügliches Instrument sozialer Gruppenbildung zu sehen. Dadurch, daß fast schon alle Männer unter 50 Jahren einen Bart tragen, bekommt der Bart die Funktion von Uniform, und Uniformierung ist bekanntlich die extremste Form der Sozialisierung. Die Individualität der Bartträger ist damit aber keinesfalls ausgeschlossen. Jeder vermag seinen Bart zu pflegen. Schon die Natur hat durch unterschiedlichen Haaransatz im Gesicht und unterschiedliche Haardichte für Abwechslung gesorgt. Hinzu kommt die Haarfarbe, die Struktur des Barthaares, die Form von Kopf und Kinn als Gestaltungsvarianten. Damit sind dem Mann viele Möglichkeiten gegeben, sich von anderen Bartträgern abzuheben. Rivalenkämpfe mit Bartstoppeln gibt es nicht nur in Bayern, wo bekanntlich die prächtigsten Bärte prämiiert werden. Ein wohlgewachsener und wohlgestalteter Bart ist seiner Bewunderer sicher – und das sind, wie es heißt, immer die anderen Männer. Frauen urteilen nach anderen Kriterien.

Hier ist schließlich der Bartanfänger zu gedenken, die der stille Ehrgeiz leitet, alle anderen in wenigen Wochen zu übertrumpfen. Und ebenso der «Möchtegern-Bartträger», die Mutter Natur bezüglich des Haarwuchses im Gesicht stiefmütterlich behandelt hat.

Die zunehmende Anzahl der Bartträger ist mit Sicherheit auch auf die Tatsache zurückzuführen, daß Frauen in männliche Positionen aufsteigen, daß sie sich angeschickt haben, eine männliche Bastion nach der anderen zu nehmen. Daß sie es verlernt haben, «ihm um den Bart zu gehen», um «dieses Zeichen der Vollmacht», das sie «Demut, Unterwerfung, Gehorsam lehren» sollte.

Indessen – alle Emanzipationsbestrebungen müssen am Bart enden. Frauen haben keinen Bart, und wenn, – dann ist er Unnatur (s. o.).

Literatur

Boehn, Max von: *Die Mode,* Band 1–9; Brückmann, München 3. Aufl. 1963.

Forster, E.: *Haar- und Barttrachten vom Altertum bis zur Gegenwart;* München ^{2}1924.

König, René: *Macht und Reiz der Mode;* Econ 1971.

Kybalová, Ludmila: *Das große Bilderlexikon der Mode;* Artia, Prag 1966.

Kiener, Franz: *Kleidung – Mode – Mensch;* Ernst Reinhardt Verlag, München – Basel 1956.

Mötefindt, H.: *Studien über Geschichte und Verbreitung der Barttracht in: Anthropos 23* (1928).

Wendel, Friedrich; *Die Mode in der Karikatur;* Paul Aretz-Verlag, Dresden 1928.

Die Autorin

Ingeborg Kappler ist Professorin für visuelle Kommunikation und Kunstpädagogik an der Fachhochschule Rheinland-Pfalz.

Moden, Trachten, Uniformen

Band Nr. 86
Pariser Mode vor hundert Jahren
Nachwort von Ruth Bleckwenn. 127 Seiten, 42 farbige Abbildungen, 12,80 DM

Band Nr. 117
Journal des Luxus und der Moden
80 kolorierte Kupfer aus Deutschlands erster Modezeitschrift. Erläuterungen von Christina Kröll. 182 Seiten, 80 farbige Abbildungen, 16,80 DM

Band Nr. 125
Philipp Franz Freiherr von Gudenus
Reiter, Husaren und Grenadiere
Die Uniformen der Kaiserlichen Armee 1734. Erläuterungen von Hans Bleckwenn. 93 Seiten, 40 Farbtafeln, 14,80 DM

Band Nr. 210
Ruth Bleckwenn (Hrsg.)
Gazette du Bon Ton
Aus dem ersten Jahrgang der Modezeitschrift 1912–1913. 184 Seiten, davon 60 Farbseiten, 16,80 DM

Band Nr. 228
Die schönsten Kimonos
Ein Musterbuch aus dem 19. Jahrhundert. Nachwort von Peter Thiele. 67 Seiten, davon 50 Farbseiten, 16,80 DM

Band Nr. 231
Hans Bleckwenn
Altpreußische Uniformen
1753–1786. 141 Seiten, 60 Farbseiten, 16,80 DM

Band Nr. 235
H. A. Eckert/D. Monten
Das deutsche Bundesheer
Nach dem Uniformwerk aus den Jahren 1838–1842. Bearbeitung von Georg Ortenburg. Band 1: Preußen–Mecklenburg. 198 Seiten, 71 Farbtafeln, 19,80 DM

Band Nr. 244
H. A. Eckert/D. Monten
Das deutsche Bundesheer
Nach dem Uniformwerk aus den Jahren 1838–1842. Bearbeitung von Georg Ortenburg. Band 2: Sachsen–Thüringische Staaten–Anhalt–Hessen-Kassel. 178 Seiten, 73 Farbtafeln, 19,80 DM

Band Nr. 251
H. A. Eckert/D. Monten
Das deutsche Bundesheer
Nach dem Uniformwerk aus den Jahren 1838–1842. Bearbeitung von Georg Ortenburg. Band 3: Österreich–Liechtenstein–Schweiz. 140 Seiten, 65 Farbtafeln, 19,80 DM

Band Nr. 258
H. A. Eckert/D. Monten
Das deutsche Bundesheer
Nach dem Uniformwerk aus den Jahren 1838–1842. Bearbeitung von Georg Ortenburg. Band 4: Hannover–Braunschweig–Oldenburg–Hansestädte–Holstein. 160 S., 82 Farbtafeln, 19,80 DM

Band Nr. 264
H. A. Eckert/D. Monten
Das deutsche Bundesheer
Nach dem Uniformwerk aus den Jahren 1838–1842. Bearbeitung von Georg Ortenburg. Band 5: Württemberg–Baden–Hessen-Darmstadt–Hohenzollern. 170 Seiten, 75 Farbtafeln, 19,80 DM

Band Nr. 269
H. A. Eckert/D. Monten
Das deutsche Bundesheer
Nach dem Uniformwerk aus den Jahren 1838–1842. Bearbeitung von Georg Ortenburg. Band 6: Bayern–Nassau–Frankfurt. 150 Seiten, 70 Farbtafeln, 19,80 DM

Band Nr. 309
So herrliche Kleider!
Bilder aus dem „Courrier des Dames". Nachwort von Gretel Wagner. 182 Seiten, 80 farbige Abbildungen, 16,80 DM

Band Nr. 396
Karl Gottlob Schelle
Die Geschichte des männlichen Bartes
Mit einem Nachwort von Ingeborg Kappler. Ca. 40 Abbildungen, ca. 320 Seiten, 14,80 DM

Band Nr. 401
Gerda Buxbaum (Hg.)
À la mode
Die Modezeitschriften des 19. Jahrhunderts. Ca. 110 Abbildungen, ca. 250 Seiten, 19,80 DM
Erscheint Juli 1983

Literatur

Band Nr. 8
Pater Hilarion
alias Joseph Richter
Bildergalerie
weltlicher Misbräuche
Nach der Ausgabe von 1785. 270 Seiten, 20 Tafeln, 9,80 DM

Band Nr. 17
Lügen-Chronik oder
Wunderbare Reisen
zu Wasser und zu Lande
und lustige Abenteuer des
Freiherrn v. Münchhausen
Nach der Ausgabe von 1839. 504 Seiten, 117 Holzschnitte, 14,80 DM

Band Nr. 20
Johann Wolfgang von Goethe
Die Leiden
des jungen Werthers
Friedrich Nicolai
Die Freuden
des jungen Werthers
Nach den Ausgaben von 1774 und 1775. Nachwort von Heiner Höfener. 307 Seiten, 12,80 DM

Band Nr. 25
Deutsches Balladenbuch
Nach der Ausgabe von 1861. 360 Seiten, 122 Holzschnitte von Ludwig Richter u. a., 12,80 DM

Band Nr. 35
Das Nibelungenlied
Übersetzt von Gotthard Oswald Marbach. Nach der Ausgabe von 1840. 416 Seiten, 44 Holzschnitte, 14,80 DM

Band Nr. 38
Oliver Goldsmith
Der Landprediger
von Wakefield
Übersetzt von Ernst Susemihl. Nach der Ausgabe von 1841. Nachwort von Heiner Höfener. 288 Seiten, 58 Holzschnitte von Ludwig Richter, 7,80 DM

Band Nr. 42
Johann Peter Hebel
Allemannische Gedichte
für Freunde ländlicher
Natur und Sitten
Nach der Ausgabe von 1851. 273 Seiten, 95 Holzschnitte von Ludwig Richter, 7,80 DM

Band Nr. 44
Johann Gottfried von Herder
Der Cid
Nach der Ausgabe von 1859. Nachwort von Heiner Höfener.
260 Seiten, 73 Holzschnitte von Eugen Neureuther, 9,80 DM

Band Nr. 45
Theodor Storm
Immensee
Nach der Ausgabe von 1857. 60 Seiten, 12 Abbildungen von Ludwig Pietsch, 6,80 DM

Band Nr. 49
Johann Wolfgang von Goethe
Reineke Fuchs
Nach der Ausgabe von 1867. Nachwort von Walter Scherf. 36 Stahlstiche von Wilhelm von Kaulbach. 356 Seiten, 12,80 DM

Band Nr. 51
Abraham a Sancta Clara
Hundert Ausbündige Narren
Nach der Ausgabe von 1709. Nachwort von Wilfried Deufert. 101 Tafeln von Johann Christoph Weigel, 532 Seiten, 16,80 DM

Band Nr. 54a
Johann Gottwerth
Müller von Itzehoe
Siegfried von Lindenberg
Nach der Ausgabe von 1779. Anhang von Friedrich Priewe, Wolfgang Reschke und Alexander Ritter. 254 Seiten, 12 Abbildungen von Chodowiecki, 6,80 DM

Band Nr. 60
Johann Wolfgang von Goethe
Das römische Carneval
Nach der Ausgabe von 1789. Nachwort von Harald Keller. 20 Farbtafeln nach Georg Schütz. 129 Seiten, 12,80 DM

Band Nr. 61
Heinrich von Kleist
Der zerbrochene Krug
Nach der Ausgabe von 1877. Nachwort von Marianne Bernhard. 34 Holzschnitte von Adolph von Menzel. 108 Seiten, 6,80 DM

Band Nr. 68
August Friedrich Cranz
Charlatanerien
Nach der Ausgabe von 1781. Nachwort von Horst Möller. 410 Seiten, 12,80 DM

Band Nr. 73
Homer
Ilias
Übertragen von Johann Heinrich Voß. Nach der Ausgabe von 1882. Nachwort von Gerhard Lohse. Zahlreiche Abbildungen von Friedrich Preller d. J. 436 Seiten, 14,80 DM

Band Nr. 76
Marquis de Sade
Die hundertzwanzig Tage
von Sodom
Übersetzt von Karl von Haverland. Nach der Ausgabe von 1909. Nachwort von Marion Luckow. 51 Illustrationen von Karl Maria Dietz. 568 Seiten, 16,80 DM

Band Nr. 79
Homer
Odyssee
Übertragen von Johann Heinrich Voß. Nach der Ausgabe von 1872. Nachwort von Gerhard Lohse. 40 Abbildungen von Friedrich Preller. 366 Seiten, 14,80 DM

Band Nr. 85
Oscar Wilde
Salome
Mit den Illustrationen von Aubrey Beardsley. Nachwort von Gabriele Sterner. 76 Seiten, 16 Abbildungen, 7,80 DM

Band Nr. 87
Johann Peter Hebel
Schwänke aus dem
Rheinländischen Hausfreund
Herausgegeben von Hubert Göbels. Illustrationen von Carl F. Schulz. 643 Seiten, 120 Abbildungen, 14,80 DM

Band Nr. 122
Carl Ludwig Wilhelm
von Poellnitz
Das galante Sachsen
Nach der Ausgabe von 1735. 336 Seiten, 1 Abbildung, 12,80 DM

Band Nr. 144
Theodor Fontane
Jenseit des Tweed

Nach der Erstausgabe von 1860. Bleistiftzeichnungen von Bernhard von Lepel. Herausgegeben von Otto Drude. 439 Seiten, 14,80 DM

Band Nr. 156
Julius Jakob
Wörterbuch des Wiener Dialektes
Nach der Erstausgabe von 1929. 233 Seiten, 8,80 DM

Band Nr. 173
Hans J. Schickedanz (Hrsg.)
Der Dandy
Texte und Bilder aus dem 19. Jahrhundert. 206 Seiten, 70, teilweise farbige Abbildungen, 14,80 DM

Band Nr. 207
Rudolph Zacharias Becker
Noth- und Hülfsbüchlein für Bauersleute
Nachdruck der Erstausgabe von 1788. Herausgegeben und Nachwort von Reinhart Siegert. 499 Seiten, zahlreiche Holzschnittillustrationen, 14,80 DM

Band Nr. 221
Julius Nisle
Casanova-Galerie
Szenen aus den Memoiren des Chevalier de Seingalt. Nachdruck der Buchausgabe um 1840. 241 Seiten, 48 farbige Abbildungen, 16,80 DM

Band Nr. 224
Johann Heinrich Ramberg
Tyll Eulenspiegel
Nachdruck der Ausgabe von 1863. Radierungen von Johann Heinrich Ramberg. Nachwort von Georg Bollenbeck. 165 Seiten, 12,80 DM

Band Nr. 273
C. J. Cela / P. Picasso
Geschichten ohne Liebe
Farbillustrationen von Pablo Picasso. 151 Seiten, 32 farbige Abbildungen, 14,80 DM

Band Nr. 287
Karl Hobrecker
Alte vergessene Kinderbücher
Nach der Erstausgabe von 1924. Herausgegeben von Hubert Göbels. 215 Seiten, zahlreiche, teils farbige Abbildungen, 16,80 DM

Band Nr. 295
Ernst Wolfgang Mick
Goethes umränderte Blättchen
169 Seiten, 80, teils farbige Abbildungen, 16,80 DM

Band Nr. 357
Grimms Märchen
Die kleine Ausgabe aus dem Jahr 1825. Nachwort von Hermann Gerstner. 354 Seiten, 16,80 DM

Band Nr. 373
Fritz Janschka
Ulysses-Alphabet
Nachwort von J. Norton-Smith. 54 farbige Abbildungen, 119 Seiten mit einer signierten Originalgrafik, 38,– DM
Band Nr. 373a
Vorzugsausgabe von 999 Exemplaren mit einer lose beigegebenen, numerierten und signierten Originalradierung, 128,– DM

Band Nr. 378
Gabriel Rollenhagen
Sinn-Bilder
Ein Tugendspiegel. Bearbeitung und Nachwort von Carsten-Peter Warncke. 203 Abbildungen, 431 Seiten, 19,80 DM

Band Nr. 385
Francesco Petrarca
Trostspiegel in Glück und Unglück
Guter Rat für alle Lebenslagen. Mit einem Nachwort von Norbert Schneider. Ca. 320 Seiten, 14,80 DM

Band Nr. 405
Goethes geheime erotische Epigramme
Mit einem Nachwort von Arno Kappler. Ca. 30 Abbildungen, ca. 120 Seiten, 14,80 DM

Band Nr. 406
Friedrich Schiller
Die Räuber
Eine Dokumentation mit dem vollständigen Text, über 100 Illustrationen und ausführlichem Kommentar. Herausgegeben von Doris Maurer. Ca. 100 Abbildungen, ca. 180 Seiten, 12,80 DM
Erscheint August 1983

Band Nr. 413
Johann Wolfgang von Goethe
Götz von Berlichingen
Eine historische und theatergeschichtliche Dokumentation; mit vollständigem Text, über 100 Illustrationen und ausführlichem Kommentar. Herausgegeben von Ariane Thomalla. Ca. 60 Abbildungen, ca. 180 Seiten, 12,80 DM
Erscheint September 1983